COMPANHIA VIVA

Blucher

COMPANHIA VIVA

Psicoterapia psicanalítica com crianças autistas, borderline, desamparadas e que sofreram abuso

Anne Alvarez

Tradução
Gabriel Hirschhorn

Revisão técnica
Nilde Parada Franch

Companhia viva: psicoterapia psicanalítica com crianças autistas, borderline, desamparadas e que sofreram abuso
Título original: *Live Company: Psychoanalytic Psychotherapy with Autistic, Borderline, Deprived and Abused Children*
© 1992 Anne Alvarez
© 2020 Editora Edgard Blücher Ltda.

1ª reimpressão - 2021

Imagem da capa: iStockphoto

Blucher

Rua Pedroso Alvarenga, 1245, 4º andar
04531-934 – São Paulo – SP – Brasil
Tel.: 55 11 3078-5366
contato@blucher.com.br
www.blucher.com.br

Segundo o Novo Acordo Ortográfico, conforme
5. ed. do *Vocabulário Ortográfico da Língua Portuguesa*, Academia Brasileira de Letras, março de 2009.

É proibida a reprodução total ou parcial por quaisquer meios sem autorização escrita da editora.

Todos os direitos reservados pela Editora Edgard Blücher Ltda.

Dados Internacionais de Catalogação
na Publicação (CIP)
Angélica Ilacqua CRB-8/7057

Alvarez, Anne, 1936

Companhia viva : psicoterapia psicanalítica com crianças autistas, borderline, desamparadas e que sofreram abuso / Anne Alvarez ; tradução de Gabriel Hirschhorn ; revisão técnica: Nilde Parada Franch. – São Paulo : Blucher, 2020.

392 p.

Bibliografia
ISBN 978-85-212-1867-8 (impresso)
ISBN 978-85-212-1868-5 (e-book)

1. Psicoterapia infantil 2. Autismo em crianças 3. Esquizofrenia em crianças 4. Distúrbios da personalidade borderline – Crianças I. Título. II. Hirschhorn, Gabriel. III. Franch, Nilde Parada.

19-1871 CDD 618.92891

Índice para catálogo sistemático:
1. Psicoterapia infantil

Para Al.

Como a mente de um bebê pode identificar fisicamente pessoas? Que elementos de seu comportamento são sintomáticos dessa condição? O comportamento intencional apresenta algumas características que não são compartilhadas com objetos inanimados, então, um agente intencional pode estar equipado para responder a outros como ele... O movimento inanimado desloca-se rapidamente, oscila por trajetos simples, salta, mas não surge como impulsos autogeradores. Qualquer coisa que tenda a demonstrar explosões de ritmo não provocadas – como um ponto de luz do sol refletida – parece viva. Essa vitalidade rítmica do movimento é o que primeiro identifica a companhia viva.

COLWYN TREVARTHEN (1978)

Não tenho nenhuma dúvida sobre a necessidade de algo na personalidade para fazer contato com a qualidade psíquica.

WILFRED BION (1962)

Conteúdo

Prefácio	11
Agradecimentos	17
Introdução	21
1. A longa queda	37
2. Vida vegetal e despertares	59
3. Tornando-se vertebrado	81
4. Crescimento de uma mente	93
5. Reclamação e companhia viva	107
6. Tornando o pensamento pensável	133
7. O problema da nova ideia	155
8. Uma visão de "defesa" em termos de desenvolvimento	177
9. O anjo necessário	193

10. Depressão clínica e desespero	207
11. Alguns precursores de reparação na criança destrutiva endurecida	223
12. Abuso sexual infantil	241
13. Além do princípio do desprazer	259
14. Sonhos e mentiras extravagantes	275
15. Autismo	289
16. Ritos e rituais no autismo	313
Apêndice 1	347
Apêndice 2	351
Referências	353
Índice onomástico	379
Índice remissivo	383

Prefácio

Este livro é um registro de minhas reflexões a respeito da experiência de tratar crianças autistas, psicóticas e *borderline* com métodos da psicoterapia psicanalítica. Algumas das crianças e dos adolescentes que descrevo são pacientes psicóticos que começavam a melhorar. Outras são psicóticas *borderline* que estiveram pairando à beira do abismo. Todos, espero, dão uma ideia dos dois mundos: o da sanidade e o da loucura, da fragilidade de um e do poder ameaçador e sedutor do outro. Esses pacientes podem ser ajudados por métodos psicanalíticos, mas o tratamento é longo, árduo e quase sempre exerce uma pressão considerável sobre o terapeuta. Mesmo assim, há um consenso crescente de que essa pressão e esse peso são, de algum modo, fundamentais para o tratamento. Crianças cujas mentes e corpos foram danificados por intrusões como abuso sexual, violência ou negligência, e outras, bastante diferentes, prejudicadas por suas próprias e misteriosas sensibilidades a privações menores, podem experimentar um tipo de profundo desespero e cinismo de maneira muito mais intensa que pacientes neuróticos. Um terapeuta, sofrendo de uma dose muito

12 PREFÁCIO

grande de zelo terapêutico ou de uma crença apaixonada no poder terapêutico da explicação psicanalítica, pode vivenciar um grande desapontamento caso a criança não pareça se sentir ajudada por suas incríveis revelações e não apresente mudanças. Eu mesma tive muitos desses desapontamentos. Os terrores do paciente podem ser opressivos demais para serem simplesmente nomeados – que dirá explicados; sua destrutividade ou autodestrutividade pode ter se desenvolvido após, talvez, anos de prática, atingindo um nível de sofisticação elevadíssimo. O psicoterapeuta precisa ser capaz de sentir-se suficientemente transtornado para sentir pelo paciente e, ao mesmo tempo, suficientemente sadio para pensar com ele, até que o ego do próprio paciente – seu *self* pensante – cresça o suficiente para fazê-lo por si mesmo.

Poucas dessas crianças cronicamente doentes permaneceram simplesmente desesperadas ou aterrorizadas. Quase todas desenvolveram manobras protetoras que podem ser tão patológicas quanto o transtorno inicial e talvez até bem mais difíceis de reverter. O psicoterapeuta é testemunha da luta desses pacientes para se tornarem sadios e dos esforços exaustivos para assim permanecer; a atração que a loucura exerce pode ser tremenda, inclusive para o analista. O processo que pode tornar a criança mais viva geralmente é doloroso – uma menina que passou sua vida se comportando como uma idiota grotesca e retardada pode enfrentar verdadeiro terror ao começar a comportar-se com graça e inteligência. Os piores casos são os de crianças que praticamente desistiram, abandonaram a esperança, deixaram de ter desejos e se retiraram a tal ponto que ficaram quase inacessíveis. Nesses casos, o terapeuta pode precisar fazer mais do que sentir e pensar por esses pacientes tão retraídos ou endurecidos; algumas vezes, ele pode precisar carregar para os pacientes até mesmo a noção de que eles e o mundo realmente existem. Alguns, é claro, permanecem inalcançáveis. No entanto, muitos melhoram e, de fato, essas crianças psicóticas ou *borderline* são as que cada vez mais os psicoterapeutas de crianças são solicitados a tratar, porque chegaram a um ponto em que já não mais respondem ao consolo nem ao reasseguramento ou demandas razoáveis de pais e professores.

Na introdução, esboçarei os recentes desenvolvimentos da teoria e da técnica psicanalíticas que me influenciaram e formaram a base do trabalho aqui descrito. No restante do livro, tento formular as implicações desses avanços no trabalho com crianças psicóticas e *borderline*. A maior parte das crianças psicóticas a que me refiro são autistas, mas algumas são esquizofrênicas. A primeira parte do livro apresenta a narrativa do tratamento de Robbie, um menino autista severamente retraído, e das minhas batalhas e fracassos para tentar entendê-lo. O tratamento de Robbie foi excessivamente longo, e sua melhora, pouco expressiva. Comecei a tratá-lo não intensivamente no fim dos anos 1960, quando poucas dessas crianças recebiam terapia psicanalítica e pouco se sabia sobre como ajudá-las. Continuei porque, apesar de extremamente lento, seu progresso foi contínuo e seu ritmo chegou a acelerar quando passei a entendê-lo melhor – especialmente em relação ao incrível impacto de seu autismo sobre o restante de sua personalidade e sobre seu desenvolvimento.

O restante do livro discute questões teóricas e metodológicas do tratamento de Robbie e do trabalho com outras crianças psicóticas e *borderline* – incluindo algumas que foram severamente abusadas ou desamparadas. Embora as crianças psicóticas *borderline* tenham algum nível de desenvolvimento de ego ou sanidade, os problemas técnicos para o terapeuta são frequentemente similares àqueles experimentados com pacientes psicóticos mais doentes, com egos menos desenvolvidos. Em relação ao autismo, busco mostrar algumas áreas de convergência e divergência entre as teorias organicistas e psicodinâmicas do autismo. É lastimável que até

14   PREFÁCIO

agora tenha havido relativamente pouco diálogo entre os dois grupos, no Reino Unido. Nesse contexto, devo notar que psiquiatras organicistas não descrevem os pacientes autistas como psicóticos. Ressaltam, ao contrário, o elemento de déficit cognitivo e o distúrbio de desenvolvimento; não há dúvida de que a precocidade dos primeiros sintomas do autismo impacta o desenvolvimento cognitivo e emocional da criança, o que é muito mais devastador que o impacto de doenças psiquiátricas que emergem mais tarde na vida de uma criança, como a esquizofrenia (ver Kolvin et al., 1971). Entretanto, mantive o termo "psicótico" para enfatizar a extensão da falta de contato com a realidade e a fragilidade no desenvolvimento do ego.

Meu objetivo foi tentar discriminar a bagagem teórica que estava impedindo meu trabalho com Robbie e outros pacientes das teorias e linhas de pensamento que de fato ajudavam. Descobri que as teorias e ferramentas psicanalíticas que eu estava utilizando eram uma mescla das primeiras teorias psicanalíticas, baseadas principalmente em métodos que visavam ajudar pacientes neuróticos, com concepções mais recentes desenvolvidas a partir do trabalho com pacientes psicóticos – porém adultos. Era necessário o desenvolvimento de um pensamento mais apropriado ao trabalho com uma pessoa psicótica que *ainda é uma criança*, assim como o reconhecimento da importância de compreender como a doença psicótica na infância interfere nos desenvolvimentos cognitivo e emocional. O problema de uma depressão ou um desespero que perdure por muito tempo em alguém que ainda é criança levanta, creio eu, questões importantes para a teoria e a técnica psicanalíticas. A depressão clínica crônica, especialmente em uma criança cujo desenvolvimento não vai bem, impõe problemas muito diferentes daqueles colocados pela ansiedade – mesmo daqueles advindos da ansiedade do tipo depressivo. Um modelo da mente centrado em defesas contra ansiedades talvez precise ser suplementado pelo entendimento de que uma criança cronicamente deprimida talvez nem tenha desenvolvido essas "defesas" propriamente ditas – e, se tiver, talvez devam ser consideradas, em certos casos, como conquistas, em termos de desenvolvimento.

Minha base pessoal é a linha que vai de Freud a Klein e Bion, mas tento mostrar em que pontos algumas das ideias da psicologia do *self* norte-americana me foram úteis; ao longo do livro, vali-me das importantes descobertas recentes das pesquisas a respeito do desenvolvimento do bebê e da psiquiatria infantil. Utilizei, também, minha experiência na Clínica Tavistock, onde trabalhei com observação de bebês e psicoterapia com mães e bebês com distúrbios. O estudo de bebês na vida real é um campo de experiências fascinante para as teorias psicanalíticas do desenvolvimento do bebê, e fui levada às minhas próprias especulações a respeito da necessidade de alguns acréscimos à teoria estabelecida.

Agradecimentos

Este livro levou dez anos para ser escrito, e é enorme o número de amigos, colegas, professores e alunos que deram sugestões valiosas sobre um ou mais capítulos. Na esperança de ser perdoada por aqueles que não menciono, gostaria de agradecer a: Luke Alvarez, Gabrielle Crockatt, Ricky Emanuel, Betty Joseph, Israel Kolvin, Sebastian Kraemer, Juliet Hopkins, Athol Hughes, Anita Kermode, Sheila Miller, Mary Sue Moore, Edna O'Shaughnessy, Albert Reid, Elizabeth Spillius, Cathy Urwin e também a Sue Reid, Trudy Klauber e outros membros da Oficina de Autismo da Clínica Tavistock, assim como muitos outros colegas da Tavistock.

Tenho imensa dívida de gratidão para com a Fundação Laidlaw de Toronto, no Canadá, pela generosa bolsa que me permitiu realizar a longa formação em psicoterapia infantil na Tavistock nos anos 1960; a Harvey Brooker, da Universidade de Toronto, que me deu as primeiras sólidas lições sobre o estudo clínico e acadêmico da loucura. Agradeço imensamente a Otto Weininger, também da Universidade de Toronto, o primeiro a me sugerir a possibilidade de que crianças autistas podem também ser pessoas, e a Martha Harris, da Clínica Tavistock, por ensinar-me que as brincadeiras das crianças têm grande significado. Minha análise com o dr. Leslie Sohn ajudou-me a aprender que existe vida além da psicanálise, enquanto o ensinamento inspirador de Betty Joseph manteve o processo psicanalítico perpetuamente interessante e vivo para mim.

Sou grata a Edwina Welham, por sua sábia e ponderada assessoria editorial, a Eleanor Morgan, Michèle Noble, Davina Pariaug, Jane Rayner e Ann Westgate, por sua bem-humorada assistência secretarial, a Angela Haselton, da biblioteca da Tavistock, e a Jennie Allen e o restante da equipe de recepção do Departamento da Criança e da Família.

A professora Livia Di Cagno, a equipe e os alunos do Departamento de Neuropsiquiatria Infantil do Hospital Universitário de Turim permitiram-me testar quase todas as ideias deste livro em palestras ao longo dos anos. Seus comentários e suas contribuições imparciais foram inestimáveis.

Sou grata aos seguintes psicoterapeutas pela permissão de uso do material de sessões de seus pacientes e por muitas discussões entusiasmadas: Stella Acquarone, Paul Barrows, Eve Box-Grainger, Jonathan Bradley, Janet Bungener, Cate Carey, Carol Hanson, Sue Kegerreis, Jeanne Magagna, Ann Parr, Maria Teresa Pozzan, Sarah Randaccio, Ruth Selwyn, Valerie Sinason, Ann Thompson, Louise Whelan e Cathy Urwin.

Maria Rhode, Margaret Rustin e Valerie Sinason leram o manuscrito completo, em formato embrionário e muito confuso, deram inúmeras sugestões detalhadas e ajudaram a começar a transformá-lo em um livro. Quando estava quase terminado, tive a sorte de contar com as sugestões e a expertise de Frances Tustin; sou grata a ela por suas palavras cuidadosas sobre os perigos de adentrar o difícil terreno do autismo. O livro, contudo, nunca teria sido

ANNE ALVAREZ 19

finalizado sem o encorajamento, as críticas e, às vezes, as severas podas de Judith Edwards, Priscilla Roth e, acima de todos, Al Alvarez, meu marido, que acompanhou a mim e o livro em todos os estágios.

A Introdução foi inicialmente publicada em 1987 em *Giorn. Neuropsich. Eta Evol.* (volume 7, número 3). Parte do material dos Capítulos 1 a 5 e 13 foi publicada no *Journal of Child Psychotherapy* (1977, 1980, 1985 e 1988). O Capítulo 6 foi publicado em *Psychoanalytic Inquiry* (1992). Parte do material do Capítulo 7 foi lido pela primeira vez na conferência *Apprendimento e Patologia Neuropsichiatria nei primi anni di vita,* em Pisa (Itália), em 1989, organizada pela Sociedade Italiana de Neuropsiquiatria Infantil, na Universidade de Pisa e no Instituto Stella Maris. O Capítulo 8 foi primeiramente apresentado como uma Freud Memorial Lecture na University College, em Londres (Reino Unido), em fevereiro de 1991. Parte do material dos Capítulos 8 a 11 foi apresentada em palestras sobre psicose *borderline* na Association of Child Psychotherapists, em 1986. Uma versão inicial do Capítulo 11 foi inicialmente publicada in *Prospettivi psicoanalitiche nel lavoro istituzionale,* Roma (Itália), em setembro de 1990 (volume 8, número 3). Uma primeira versão do capítulo 12 foi publicada em *Association for Child Psychology and Psychiatry Occasional Papers* (volume 3), *The Consequences of Child Sexual Abuse [As consequências do abusosexual de crianças,* Capítulo 4, intitulado "A necessidade de lembrar e a necessidade de esquecer" (1990), e reimpressa com permissão da ACPP (70 Borough High Street, Londres, SE1 1XF). Uma versão inicial do Capítulo 13 foi apresentada na Margaret Lowenfeld Day Conference, na Universidade de Cambridge, em novembro de 1987. Uma versão inicial do Capítulo 14 foi publicada em 1990 em Bondioli, A. (ed.) *Il Bambino, Il Gioco, Gli Affetti.* Bergamo: Juvenilia. Essa versão foi apresentada em inglês pela primeira vez na conferência conjunta WAIPAD-Anna Freud-Tavistock, intitulada

O Efeito de Relações sobre Relações, em novembro de 1990, em Londres. Foi publicada em inglês pela primeira vez em 1991 no periódico *Psychoanalytic Psychotherapy* (volume 5, número 3).

Agradeço a todas as publicações mencionadas pela permissão para reproduzir material com direitos autorais. Também sou grata ao professor Michael Lewis, chefe do Instituto para o Estudo do Desenvolvimento da Criança da Escola de Medicina Robert Wood Johnson, New Brunswick, Nova Jérsei (Estados Unidos), pela permissão para reproduzir material de Brazelton no Capítulo 5 e em seu Apêndice.

Introdução
Desenvolvimentos recentes em psicanálise

Desde a virada do século XIX para o XX, a psicanálise mudou a ponto de tornar-se quase irreconhecível. Há várias linhas de desenvolvimento separadas e independentes, mas vou me ater a uma única linha, aquela que parte de Freud, passa por Melanie Klein e Wilfred Bion e vai até trabalhos mais recentes sobre as implicações clínicas desses acréscimos à teoria. Freud, grande orador e grande detetive que era, reportou com grande entusiasmo que pôde aliviar os sintomas de seus pacientes neuróticos concentrando-se em três áreas de investigação: a primeira, o passado dos pacientes, particularmente a infância; a segunda, o conteúdo sexual das memórias e fantasias conectadas a esse passado; e a terceira, as poderosas forças repressoras que mantiveram a tampa sobre esse caldeirão em ebulição. Nos últimos sessenta anos, cada um desses três princípios essenciais foi radicalmente reformulado – primeiro pelo próprio Freud, depois por outros –, produzindo mudanças na teoria, na prática, no âmbito de pacientes com acesso ao tratamento e, portanto, nos pressupostos metateóricos que constituem a base de toda a obra. Há, agora, espaço na psicanálise

22 INTRODUÇÃO

para o que pensadores pré-freudianos tomavam como certo: a qualidade mental da mente.

O passado

O passado sempre ocupou um espaço privilegiado nas teorias psicanalíticas. Embora os teóricos tenham discordado sobre quais experiências ocorridas no início da vida são realmente cruciais para a formação do caráter e dos sintomas e também sobre quão cedo, exatamente, as forças formadoras produzem seu impacto, hoje poucas pessoas duvidam que as experiências vividas no primeiro ano de vida e na infância são de fundamental importância na compreensão da vida atual da pessoa e de seu papel na definição de como ela será no futuro. Porém, o aclaramento alcançado pela reconstrução do passado como explicação do comportamento atual não é mais universalmente visto como um instrumento terapêutico tão mágico quanto se imaginava nos princípios da psicanálise. (O passado continua sendo extremamente importante em termos da política educacional, da psiquiatria infantil preventiva e do novo campo da psiquiatria de bebês.) De fato, a partir de 1905, Freud começou a perceber que o *insight* intelectual não era suficiente, que o aqui e agora da relação transferencial com o analista, com a emoção presente, era a área crucial em que as mudanças poderiam acontecer (Freud, 1905a). Mais tarde, ele também chamou a atenção para o processo de elaboração, enfatizando que o *insight*, ainda que importante, não resultava em um momento de súbita e milagrosa revelação, mas em um processo muito mais gradual e lento do desenvolvimento da compreensão (Freud, 1914).

Essas sensatas reflexões sobre a enorme quantidade de tempo necessária para se mudar a natureza de uma pessoa também foram acompanhadas de mudanças na teoria no que diz respeito a como a ação terapêutica da psicanálise acontece e à maneira pela qual o chamado *insight* é alcançado. Por exemplo, agora presta--se muito mais atenção à relação interpessoal entre o paciente e seu analista, isto é, às mudanças na transferência do paciente e na contratransferência mutável do analista – sentimentos e reações evocados nele pelo paciente. Não é apenas o paciente que deve ir mais devagar e prestar atenção aos mínimos acontecimentos no aqui e agora, mas também o analista ou o terapeuta de orientação psicanalítica. A atenção e o estudo dessas respostas no terapeuta têm sido estimulados no Reino Unido por avanços na teoria que resultaram do trabalho de teóricos das relações de objeto, como Klein e Fairbairn, bem como de outros pensadores na Europa e nos Estados Unidos (Klein, 1937; Fairbairn, 1952; Sullivan, 1953; Bion, 1962; Spillius, 1988; Stolorow, Brandchaft & Atwood, 1987; Greenberg & Mitchell, 1983).

O trabalho de Klein sugeriu que não é suficiente procurar aspectos ausentes no inconsciente reprimido e enterrado do paciente; essas partes ou sentimentos faltantes podem, algumas vezes, estar muito mais distantes: nos sentimentos de outra pessoa. Esse fenômeno, chamado "identificação projetiva", inclui situações em que, por exemplo, alguns conhecidos seus sempre fazem com que você se sinta inteligente e atraente, enquanto outros sempre fazem você se sentir inadequado. Os seres humanos, geralmente sem perceber, podem evocar em outras pessoas sentimentos bastante específicos e, às vezes, muito poderosos. Podemos fazê-lo repetidamente, de modo sistemático, para livrar-nos de partes não desejadas ou simplesmente não reconhecidas de nossa personalidade, ou porque genuinamente acreditamos que um sentimento ou pensamento ou talento em particular jamais poderia ser nosso. Uma criança pode, de fato, ter um irmão mais velho e mais inteligente ou mais estudioso que ela, mas se esse fato de seu histórico

24 INTRODUÇÃO

familiar levou-a a acreditar que todo mundo é mais inteligente que ela e que ela é burra, ela pode não apenas ver os outros como mais inteligentes (noção de projeção de Freud, 1911a): pode estar fazendo algo muito mais ativo e continuamente empobrecedor para sua própria personalidade do que estar simplesmente tendo uma percepção: ela pode realmente permitir ou mesmo convidar os outros a pensar por ela em situações em que poderia fazê-lo por si mesma (identificação projetiva descrita por Klein, 1946).

O terapeuta dessa criança pode precisar examinar cuidadosamente em si próprio a maneira como ela sempre o faz sentir-se tão protetor, inteligente e sábio. Discutir essas observações com o paciente e mostrar a ele como esses processos continuam se repetindo momento após momento nas sessões, parece ser muito mais efetivo do que simplesmente recorrer a reconstruções detetivescas sobre as causas passadas das crenças do paciente sobre si mesmo. Claro que ligações com o passado são importantes, mas não substituem o estudo das interações vivas e das erosões frequentemente perigosas de partes preciosas da personalidade que podem ocorrer nessas interações (Joseph, 1975).

De certa forma, essa atenção ao presente torna o trabalho do terapeuta de orientação psicanalítica muito mais difícil e exigente, mas também o faz ser muito mais interessante e infinitamente mais vivo. A imagem popular de um analista-cientista de boca fechada, distante e indiferente realmente não se aplica mais. A comparação, talvez deva ser feita com um músico bem treinado e habilidoso, mas que constantemente improvisa e que, como o paciente, deve viver e aprender a partir da experiência sentida e – compreensivelmente – também a partir da prática.

Um segundo fator que levou ao aumento da ênfase no presente é o desenvolvimento na teoria sobre como a psicanálise opera. As primeiras teorias tinham a ver com catarse e com o efeito liberador da descoberta e do desmascaramento do material reprimido. Tais métodos de fato trazem alívio, mas dois modernos analistas europeus, Bion e Matte-Blanco, enfatizaram muito mais a função interpretativa e hermenêutica como modo de produzir mudanças. (Ver também os norte-americanos Stolorow, Brandchaft & Atwood, 1987.) Matte-Blanco escreveu sobre uma função "reveladora" ou "tradutora", em que o paciente é ajudado a ver significados novos ou mais profundos em ideias que podem, na verdade, estar bastante conscientes (Rayner, 1981). Bion, observando em si mesmo o tipo de processo de identificação projetiva mencionado – isto é, sentimentos evocados pelo paciente –, começou a notar que, às vezes, seus pacientes esquizofrênicos não usavam esses processos como defesa, tampouco entendiam que a parte não considerada de sua personalidade simplesmente não era reconhecida como deles, mas porque, em algumas situações, porém, o paciente parecia realmente *precisar* que Bion carregasse sentimentos que ele próprio não era capaz de suportar. Bion sugeriu que algumas identificações projetivas expressavam a necessidade de comunicar algo a alguém em um nível muito profundo; começou a ver isso como algo ligado a um processo fundamental do desenvolvimento normal e comparou a "função continente" e a "transformação" de sentimentos e pensamentos do paciente por parte do analista com as comunicações pré-verbais primitivas, porém poderosas, que acontecem entre mães e recém-nascidos. A capacidade de *rêverie* da mãe, diz Bion, pode conter as crises e excitações do bebê e transformá-las em experiências suportáveis. Sugeriu que essa é uma função materna normal, e muitos analistas começaram a considerar essa qualidade de compreensão como central em seu trabalho com todos os pacientes, não apenas com os psiquiatricamente enfermos (Bion, 1962; 1965).

Essa noção de continência tem muito em comum com o conceito de "*holding*" de Winnicott, sendo de importância

26 INTRODUÇÃO

incomensurável para o trabalho clínico de psicoterapeutas de crianças (Winnicott, 1960). Com relação às crianças, o passado patogênico pode estar fora do nosso alcance, não porque está terminado e resolvido, mas precisamente porque não está, isto é, porque continua a causar danos no presente, na vida exterior da criança. Talvez possamos fazer algo para mudar esses fatores externos, mas em geral não é suficiente. O que se pode tentar, no entanto, é proporcionar uma oportunidade para algo novo acontecer dentro da criança. A confiabilidade e a regularidade proporcionadas pelo *setting* psicanalítico – a criança é atendida na mesma sala e na mesma hora – e a firme estrutura da técnica psicanalítica proporcionam uma oportunidade para que estrutura e ordem comecem a se desenvolver na mente da criança. Os resultados dessa oportunidade de "contenção" são particularmente impressionantes com crianças bastante doentes, *borderline* psicóticas, sexualmente abusadas ou desamparadas. Muitas pessoas que trabalham com crianças sabem quão inúteis para dominar o terror são as simples explicações sobre o que quer que tenha ocasionado o colapso da criança. No entanto, a corajosa escuta receptiva e uma atitude firme e não demasiadamente masoquista em relação às projeções possivelmente bastante terríveis da criança – isto é, à sua necessidade desesperada de fazer com o analista o que fizeram com ela – realmente parecem ajudar.

Sexualidade, repressão e teoria de personalidade

Ao aprender mais sobre a obstinada resistência de seus pacientes, não apenas em relação a *insights* desprazerosos como também às próprias saúde e felicidade que diziam buscar, Freud começou a levar mais a sério as forças destrutivas da natureza humana, assim como o sombrio e às vezes mortal poder da moralidade inconsciente. O domínio do "id" foi expandido para além de seu terreno sexual relativamente estreito, e a consciência, em vez de ser vista como não muito mais que uma tampa repressora no caldeirão em ebulição, começou a adquirir uma voz humana e, por vezes, até mesmo encorajadora. Os estudos de Freud e Klein sobre o luto (Freud, 1917; Klein, 1940) levaram a um interesse pelo desenvolvimento do amor, da preocupação e da criatividade. A sexualidade precisou assumir seu espaço no panteão lado a lado com o "aspecto mais elevado" da natureza humana, aspecto que críticos como Jung a princípio acusaram Freud de negligenciar (Storr, 1983, p. 184). O trabalho de Anna Freud com crianças e adultos que conseguiram sobreviver emocionalmente a desastres, como campos de concentração, resultou em muito mais interesse pelo ego e maior respeito pelas conquistas que a sanidade (mesmo que neurótica) pode envolver. Graças a Anna Freud e outros, como Hartmann e Sandler, as chamadas "defesas" puderam ser vistas – sob a perspectiva do desenvolvimento – mais como conquistas do que como impedimentos (A. Freud, 1936; Hartmann, 1964; Sandler & A. Freud, 1985).

Klein também ligou determinados grupos de defesa a fases (não estágios) particulares do desenvolvimento da personalidade, e, em especial, a diferentes tipos de ansiedade. A distinção que estabelece, de tão amplas consequências, entre ansiedade ligada ao medo e ansiedade relacionada a culpa e preocupação, junto com suas investigações sobre as diferentes defesas contra medo e culpa, bem como respostas a isso, resultaram na construção de um quadro bastante complexo e engenhoso do desenvolvimento da personalidade e do caráter. Essas considerações permitiram que analistas e terapeutas se tornassem mais sensíveis à vasta variedade de manifestações de estados mentais que poderiam parecer, em uma análise superficial, bastante similares: autoconfiança baseada em arrogância é entendida como tendo origens e consequências muito diferentes daquela que se baseia em amor-próprio, por exemplo;

28 INTRODUÇÃO

coragem como negação do medo tem implicações muito diferentes da coragem advinda da superação do medo; um tipo de depressão pode levar à doença, enquanto outro pode conduzir à recuperação e ao crescimento mental. O interesse kleiniano em distinguir diferentes tipos de aprendizado e motivações para aprender, somado às investigações de Bion sobre como alguns de seus pacientes esquizofrênicos com distúrbios de pensamento desenvolveram a capacidade de pensar seus pensamentos, levou a um entendimento mais profundo das condições e pré-condições para o pensar (Spillius, 1988a, p. 153ff).

As ideias de Bion sobre o que faz com que um pensamento se torne pensável, em termos de sua contenção prévia pelo analista ou pela mãe do bebê, levaram uma geração inteira de analistas a uma preocupação criativa a respeito das implicações técnicas dessas ideias. Há, agora, maior ênfase na necessidade de o analista ir até a experiência vivida pelo paciente naquele momento e na necessidade de dar tempo para que essa experiência seja observada cuidadosamente; isso permite que o paciente dê mais forma e significado a seus pensamentos e sentimentos. No grupo kleiniano, bem como em outros, há certo distanciamento das antigas técnicas que envolviam interpretações de tipo mais explicativo e que se centravam na troca de um conteúdo por outro, como: "você sente isso porque tem medo de sentir aquilo", "você acha que sente isso, mas o que realmente sente é aquilo" ou, ainda, "você pensa que eu não gosto de você, mas isso é, na verdade, uma projeção de seu desagrado em relação a mim". Essa mudança para uma abordagem mais cautelosa e de certa forma mais respeitosa ao inconsciente do paciente é exemplificada na ênfase que Joseph dá à importância de o analista tolerar o *não* compreender e na prática de analistas e terapeutas de tomarem consciência de seus próprios sentimentos em relação ao paciente e de como ele pode mudar de um momento para outro em uma mesma sessão. O analista, segundo Bion, deve ajudar a tornar o pensamento pensável antes de tentar passá-lo para o paciente. Fragmentos de explicação psicanalítica pré-digeridos ou, pior, indigestos não passariam nesse teste (Bion, 1962; Rosenfeld, 1987; Joseph, 1983; Casement, 1985).

Aplicações práticas

Esses avanços na teoria e na técnica psicanalíticas (e mencionei apenas algumas entre muitas linhas independentes de desenvolvimento) beneficiaram imensamente o trabalho dos psicoterapeutas de crianças. As mudanças ampliaram o âmbito de pacientes que podem ser tratados – embora tenham sido os próprios pacientes e sua incômoda recusa em se enquadrar nas teorias que levaram a lentas, mas contínuas, expansões e ruptura de modelos. A melhor compreensão dos processos de cisão e fragmentação possibilitou que psicoterapeutas incluíssem entre seus atendimentos os pacientes que são objeto deste livro: crianças e adolescentes psicóticos, *borderline* e também os aparentemente amorais e sem consciência, que anteriormente eram vistos como inalcançáveis pelos métodos psicanalíticos. Assim como o neurótico pode reprimir ou projetar o lado mais desagradável de sua natureza, o paciente psicopata ou delinquente que parece frio e sem sentimentos pode estar projetando um *self* bastante gentil, bem como sua consciência, em outra pessoa.

Têm havido muitos avanços, principalmente na área da psiquiatria preventiva. Os ensinamentos de Donald Winnicott, o grande pediatra e analista de crianças, inspiraram terapeutas de crianças já treinados em observação de bebês a trabalhar em clínicas de bebês e unidades de obstetrícia e pediatria de hospitais visando ajudar mães de bebês angustiados que apresentavam problemas de amamentação ou de sono (Daws, 1989). Alguns estão

30 INTRODUÇÃO

sendo consultados para ajudar mães de bebês que parecem retraídos demais para seu bom desenvolvimento. Alguns atendem em creches para bebês e para crianças com menos de 5 anos, outros, em abrigos ou unidades para bebês prematuros. Há ainda terapeutas trabalhando com o sofrimento emocional de crianças portadoras de deficiência física ou com doenças terminais, e também com o sofrimento de pais e enfermeiros que cuidam delas (Sinason, 1986; Judd, 1989). Embora esse trabalho não seja estritamente de terapia psicanalítica, ele envolve o uso de muitas de suas competências, especialmente a sensibilidade e a familiaridade com estados mentais primitivos e quase insuportavelmente dolorosos. O mito popular do psicanalista ou do terapeuta de orientação psicanalítica frio, complacente e insensível, distribuindo receitas de seu manual sexual para neuróticos de classe média-alta e sugestionáveis está muito distante da realidade. Profissionais que realizam trabalho analítico intensivo pagam caro em termos emocionais quando se dispõem a tratar de pacientes com problemas tão sérios como os que mencionei. Muitos de nós, quando começamos esse trabalho, temos o sonho de libertar das inibições as pessoas deprimidas ou reprimidas; os neuróticos que Freud pensou precisarem lembrar o passado para se livrar dele. Pensávamos nesse trabalho como algo dramático e empolgante. Na prática, na maior parte do tempo, nosso trabalho é ajudar nossos pequenos pacientes a aprender coisas como contenção, autocontrole e reflexão; não lembrar o passado para se livrar dele, mas esquecê-lo para ficar livre dele. O problema para o terapeuta é manter o equilíbrio entre aproximar-se emocionalmente do paciente o suficiente para permanecer em contato – o que com crianças muito perturbadas pode implicar sérias preocupações, raiva e desespero – e manter-se distante o suficiente para ser capaz de pensar. Não conheço quem alcance o equilíbrio perfeito todo o tempo.

Explicando mudança, inovação e o caráter mental da mente

A teoria psicanalítica está, atualmente, muito mais bem equipada para dar conta de mudança, desenvolvimento, inovação e crescimento mental de uma maneira que era impossível no passado. No sistema anterior e mais mecanicista em que as pulsões (geralmente sexuais) buscavam gratificação ou descarga, mas nunca estimulação nem ampliação mental, a unidade básica de personalidade era um pacote de energia autocentrada (um instinto ou pulsão). "Objetos" – isto é, outras pessoas ou aspectos de outras pessoas – eram simplesmente meios de gratificação ou descarga (Greenberg & Mitchell, 1983). Entendia-se que bebês, por exemplo, amavam suas mães porque as associavam à provisão de alimento e cuidado, e assim por diante. Mas, para adeptos da teoria britânica das relações de objeto, a unidade básica de personalidade é relacional, e o elemento de construção do caráter humano é a relação primeira do bebê com sua mãe – com seus olhos, voz, cheiro e toque somados a suas funções provedoras, mas não devido a elas. Segundo a antiga teoria, a necessidade de "pôr para fora e chorar à vontade" seria vista como a necessidade de catarse e descarga; a dificuldade seria vista como "inibição", uma forma de tampa ou obstrução. (Estou caricaturando um pouco, mas não completamente.) Na teoria de relações de objeto, por outro lado, o reconhecimento da dificuldade da pessoa para descarregar tensões insuportáveis seria acompanhada de uma questão: "Que tipo de objeto (pessoa ou aspecto de pessoa imaginada) está negando permissão a essas lágrimas, não está disponível para elas, ou não consegue suportá-las?". As motivações de uma pessoa, mesmo as mais sem sentido e repugnantes, sempre são vistas como dirigidas para a fantasia de um alguém e influenciadas por ela – independentemente de quão inconsciente, não reconhecido e esquecido

32   INTRODUÇÃO

esse alguém possa ser. Tal ênfase nas qualidades fantasiadas do objeto é particularmente importante no pensamento kleiniano.

Klein ressaltou a forma como o "objeto interno" (uma figura ou um aspecto de figura fantasiado ou imaginado) colore e molda relações com figuras reais– "objetos" – no mundo real. Uma adolescente pode sonhar à noite com bruxas más e temer a hostilidade das professoras durante o dia, mas isso pode ter pouca relação com o real comportamento das professoras ou mesmo de figuras maternas reais do passado. A interação entre sentimentos, projeções e introjeções da própria criança e as verdadeiras qualidades das figuras reais é vista como um processo altamente complexo, que leva à construção gradual de objetos internos que têm um papel duradouro, determinante e estruturante no desenvolvimento e na criação da personalidade. Uma psicologia de uma pessoa foi substituída por uma psicologia de duas pessoas, de tipo altamente imaginativo e mental.

Esse modelo relacional está mais de acordo com a teoria da relatividade pós-einsteiniana em que não existe evento sem contexto, e mesmo uma força tão fundamental quanto a gravidade é vista como a relação entre dois corpos. Freud, ao contrário, foi um pensador pré-einsteiniano. Apesar de toda a sabedoria e sutileza demonstrada em seus escritos clínicos e em muitas de suas reflexões filosóficas, seus resumos científicos eram quase sempre em termos da ciência mecanicista de Isaac Newton. O problema com máquinas, no entanto, é que se movem, mas não crescem. Os novos modelos também estão mais de acordo com recentes pesquisas de psicólogos do desenvolvimento, que acreditam que o recém-nascido é pré-estruturado para se interessar tão profundamente por elementos como a expressividade do rosto e da voz de sua mãe – e pelo que um pesquisador descreveu como diálogos pré-musicais e pré-linguísticos que o bebê tem com ela – tanto quanto por suas funções de pura satisfação de necessidades (Trevarthen,

1974). Pesquisas mais recentes demonstram o efeito devastador na personalidade e na inteligência de bebês nascidos de mães com depressão – que podem satisfazer as necessidades físicas básicas do bebê, mas não podem se engajar numa relação de reciprocidade que parece tão importante para o desenvolvimento da esperança e do crescimento mental (Murray, 1991). Klein tinha certeza de que bebês buscavam amor e compreensão além de alimentação, e Bion apontou que desde o começo da vida parece haver um desejo por conhecimento, até certo ponto independente das necessidades emocionais e corporais. Sugeriu, ainda, que a mente precisa ser nutrida pela experiência de *conhecer alguém* tanto quanto o corpo precisa de alimento e, se a mente for privada dessa experiência, haverá como resultado graves embotamentos e impedimentos para o desenvolvimento. Um pesquisador lidou de maneira brilhante com essa complexa questão: curiosidade intelectual é realmente apenas outra forma de busca por alimento? Peter Wolff (1965) mostrou que períodos de algo muito similar à curiosidade intelectual – quando o recém-nascido tem um brilhante e reluzente olhar de "o que é isso?" e estuda os estímulos novos e intricados com grande concentração – acontecem *após* a amamentação, não antes. Esses estados de prontidão psicologicamente mensuráveis parecem estar livres para acontecer quando a criança está fisicamente satisfeita, e não, como faziam crer os psicanalistas de antigamente e ainda o fazem muitos psicólogos comportamentalistas contemporâneos, quando a criança é incessantemente motivada por uma busca por alimento e conforto.

De certa forma, a psicanálise e suas teorias são agora mais respeitosas em relação a suas primeiras observações clínicas sobre a existência – a naturalidade[1] – do ódio, do sofrimento, do amor e

---

1 *Naturalness*, no original, significa a qualidade de ser real e não influenciado por outras pessoas [N.T.].

34 INTRODUÇÃO

até da preocupação altruísta. O novo não precisa mais ser definido apenas em termos do antigo, e a relação entre o mais elevado, em termos de desenvolvimento, e o inferior não é tão simples como se imaginava: versões *pop* do conceito freudiano de sublimação tendem a considerar atividades como realização artística ou amizade em termos reducionistas, como exibicionismo ou sexualidade encoberta manifestando-se sob formas disfarçadas e socialmente aceitáveis. Claro que muitas substituições simples como essas ocorrem na vida, mas também acontecem outros desenvolvimentos genuínos e profundos rumo a níveis "mais elevados". Klein insistia que reparação – a ação de reparar o dano feito a uma pessoa (ou causa ou padrão ou ideal) por problemas causados em consequência de maus-tratos ou negligência – não era uma defesa nem uma "formação reativa" contra a culpa, mas um resultado criativo: isto é, uma superação da culpa e da dor mental, um avanço e um desenvolvimento (Klein, 1940, p. 265). Há, creio eu, um enorme salto metateórico nessa teoria kleiniana da reparação (ver Capítulo 11), que tira a teoria psicanalítica do antigo modelo da gangorra e, em seu lugar, utiliza noções de crescimento. As forças que promovem mudança são vistas não como mecanismos, mas como processos. Tal modelo relacional implica o tipo de processo interativo entre *self* e objeto que permite o surgimento de elementos genuinamente novos: o *self* pode, por exemplo, projetar algo para dentro de um objeto que transforma a projeção e a devolve de forma modificada; o *self* pode, então, reintrojetá-la com as novas modificações de maneira que o que é reprojetado é novamente diferente. Em vez de um ciclo, pode-se tratar de uma espiral ascendente. Em casos patológicos, em vez de um caminho sem saída, pode haver deterioração.

O problema geral de como explicar as mudanças tem preocupado filósofos desde o princípio da filosofia. Em seu livro *Gödel, Escher, Bach*, Douglas Hofstadter (1981) descreveu os "estranhos *loopings"* e espirais que ocorrem não apenas nos teoremas matemáticos de Gödel, nas pinturas alucinatórias de Escher e, sobretudo, na *Oferenda Musical* de Bach, como ainda em áreas tão diversas quanto o sistema genético do DNA (em que cadeias agem sobre enzimas e, então, enzimas reagem ativamente sobre cadeias para produzir novas informações) e o fato estranho, circular, de uma mente poder ter consciência de si mesma. Hofstadter disse que todas essas coisas o lembravam, de maneiras que não era capaz de explicar, de uma linda "fuga", ou seja, uma composição musical polifônica da mente humana (ver Capítulo 11 para uma discussão mais completa sobre esse tema). Ele não escreve sobre psicanálise, mas é animador pensar que a teoria psicanalítica alcançou um nível de beleza e complexidade merecedor de um lugar na lista desse autor.

Resumo

Busquei delinear alguns dos avanços da técnica, teoria e metateoria psicanalíticas que são importantes para o trabalho dos atuais psicoterapeutas de crianças. Incluem: menos ênfase em interpretações que evocam o passado como explicação para o comportamento e mais atenção à necessidade e ao funcionamento do paciente no aqui e agora; o acréscimo, na teoria da ação terapêutica da psicanálise, da noção de levantamento de barreiras repressoras com a inclusão de um processo que envolve, por meio da função de contenção analítica, a ampliação das fronteiras do *self* para poder incluir suas partes perdidas, porque cindidas e projetadas; o acréscimo à teoria da sexualidade, de maior atenção e respeito ao lado mais "elevado" da natureza humana; e, finalmente, o desenvolvimento de uma metateoria mais relacional, menos reducionista e mecanicista e mais capaz de conter o novo, o crescimento, as mudança e a qualidade mental da mente.

1. A longa queda

Em *O livro do riso e do esquecimento*, de Milan Kundera, uma viúva exilada, Tamina, tenta desesperadamente recuperar alguns diários deixados em sua terra natal, a Tchecoslováquia, na esperança de recuperar a memória cada vez mais reduzida de sua vida com seu marido. Ela sabe que há muitas coisas desagradáveis nos diários:

> *Mas (diz Kundera) não é isso o que conta. Ela não deseja transformar o passado em poesia, ela quer devolver o passado a seu corpo perdido. Porque, se a frágil estrutura de suas memórias colapsa como uma tenda mal montada, tudo o que restará a Tamina será o presente, esse ponto invisível, esse nada que se move lentamente na direção da morte. (Kundera, 1981, p. 86)*

Tamina fracassa. Ela termina em uma ilha cheia de crianças sensuais que não têm nem memória nem passado. Kundera

38 A LONGA QUEDA

descreve seus últimos momentos na ilha, antes de sua fuga e virtual suicídio:

> *Tamina está escondida atrás do grosso tronco de um plátano. Não quer que a vejam, mas não consegue desviar os olhos deles. Eles estão se comportando com a sensualidade provocante dos adultos, movendo seus quadris para a frente e para trás, como que imitando o coito. A obscenidade dos movimentos estampada nos corpos infantis abole a antinomia entre obsceno e inocente, entre o puro e o imundo. A sensualidade se torna absurda, a inocência se torna absurda, o vocabulário se decompõe, e Tamina se sente enjoada, como se seu estômago tivesse sido esvaziado.*
>
> *E, enquanto a idiotice dos violões continua ressoando, as crianças continuam dançando, ondulando sensualmente seus pequenos ventres. São pequenas coisas, totalmente sem peso, que estão deixando Tamina enjoada. Na verdade, a sensação de vazio no estômago vem de uma insuportável ausência de peso. E assim como um extremo pode a qualquer momento se transformar em seu contrário, a leveza levada a seu máximo tornou-se o terrível peso da leveza, e Tamina sabe que não poderá suportá-lo nem mais um segundo. Ela dá meia-volta e dispara. (Kundera, 1981, p. 188)*

Uma mulher desvairada que eu vi certa vez num hospital psiquiátrico costumava agarrar pelo braço todos os enfermeiros ou visitantes que passavam e dizer a eles que algo terrível tinha acontecido com ela. Ela fazia o visitante olhar o relógio na parede e, então, explicava que podia ver perfeitamente que o relógio marcava quatro e quinze, mas isso não *significava* nada para ela. Apresentava um sintoma chamado "desrealização" e, assim como Tamina, pouco tempo depois tirou sua própria vida.

Essas duas mulheres estavam desesperadas devido à perda de sentido e realidade, mas estavam desesperadas porque podiam lembrar-se de um tempo em que a vida tinha valor, pensamentos tinham peso e densidade e a memória dava sentido ao presente. Elas tinham uma unidade de medida, e talvez isso lhes desse o desejo de escapar, por mais terríveis que fossem os meios escolhidos. Às vezes, quando não não existe essa memória nem esperança, existe algo que vai além do desespero, numa espécie de aceitação resignada. Algumas das crianças psicóticas que vou descrever parecem ter esquecido – se é que algum dia souberam – que pode existir outra maneira de ser. Nesses estados, elas não dão meia-volta e fogem – nem mesmo em direção ao suicídio. Não costumam gritar nem chorar. Parecem ter ido além da esperança, da lembrança e até mesmo do medo. Nadezhda Mandelstam (1970, p. 42) sugere que é correto gritar sob tortura porque o grito é a expressão concentrada do último vestígio de dignidade humana. Diz que é o modo de uma pessoa deixar um vestígio, de contar para as pessoas como viveu e morreu. No entanto, para crianças nesses estados de retraimento profundo, é como se não restasse nada em que deixar um vestígio, não há um interlocutor imaginado. Em seus piores momentos, parecem desistir. Para o psicoterapeuta que pode ter visto anteriormente sinais de vida em seu paciente, é terrível testemunhar isso. Porém, é ainda mais terrível caso, como seu paciente, o terapeuta se acostume a esse estado de coisas. Como descobriu Tamina, permitir que a alma escape sorrateiramente pode dar uma sedutora sensação de paz e tranquilidade.

Gostaria de descrever um jovem de trinta e poucos anos que esteve comigo em terapia psicanalítica de diferentes níveis de intensidade desde a infância. Infelizmente, ele não teve uma terapia intensiva antes dos 13 anos. Aos 4 anos, foi diagnosticado com autismo infantil. Quando comecei a vê-lo, aos 7 anos, após a partida de seu analista anterior, achei excepcionalmente difícil fazer contato emocional – em parte por conta de muitos anos de condições inadequadas de tratamento, mas também em razão de seu profundo e crônico retraimento. O diagnóstico foi confirmado diversas vezes por profissionais de diferentes escolas de pensamento, mas devo dizer que ele era muito diferente e, de certa forma, muito mais enfermo que o tipo de criança autista que se apresenta mais ativamente retraída e tem alguma estrutura de personalidade. A personalidade de Robbie parecia quase inteiramente sem forma. Ele me ensinou muito, em parte devido à lentidão de sua melhora, sobre a natureza dos estados de dissolução e colapso, mas também sobre as condições necessárias – nele e em mim – para que alguma regeneração fosse possível.

Indicação

Robbie foi encaminhado para uma consulta aos 4 anos de idade, com uma observação do médico da família apontando que estava atrasado em termos de fala e comportamento e que, por vezes, era muito retraído. Ele fez testes psicológicos na época e diversas vezes desde então, e, na maior parte delas, foi considerado como tendo pelo menos um nível médio de inteligência. Tratamento cinco vezes por semana foi recomendado, mas isso não foi possível, e ele começou, aos quatro anos e meio, o tratamento com duas sessões semanais com sua primeira terapeuta. Sua mãe tinha consultas com um assistente social, e os encontros eram quase sempre a quatro.

Robbie falava pouco, costumava pisar em poças de água, correr para o meio da rua e tentava desesperadamente grudar folhas caídas de volta nas árvores. Ele nunca usava a palavra "eu" e, um dia no jardim de infância, disse que um quebra-cabeça era uma "mamãe quebrada". Eu costumava vê-lo na escadaria da clínica, e ele era uma criança bonita, de aparência delicada, com um olhar perdido de boneca de pano sem vida. Ele não tinha a agilidade e a graça que muitas crianças autistas têm. Depois de um ano de tratamento com sua primeira terapeuta, finalmente se referiu a si mesmo como "eu". Isso aconteceu depois de um episódio dramático com sua mãe. Ela tinha se cansado da forma como ele a confundia constantemente com sua avó, que ajudava a criá-lo. A mãe gritou com ele: "Eu sou sua mãe e você tem que aceitar isso!". Como tantos outros aparentes avanços nos primeiros anos do tratamento, essa nova capacidade logo desapareceu novamente.

História

Os pais e os avós maternos de Robbie vieram do exterior um ano antes de ele nascer. Ele é o filho do meio, com um irmão dois anos mais velho e uma irmã oito anos mais nova. Ele nasceu com um atraso de três semanas e meia do previsto, e sua mãe teve uma considerável hemorragia. Ela estava profundamente deprimida na época do nascimento dele e foi deixada sozinha por um bom tempo durante o longo trabalho de parto. Disse que quando o bebê finalmente nasceu, ela queria simplesmente morrer.

Ele foi amamentado no peito por três semanas, mas nos primeiros três meses não conseguia reter o alimento. Chorava depois

42   A LONGA QUEDA

de quase todas as mamadas. Bebeu no copo cedo, falou algumas palavras com 11 meses e ficou de pé com um ano.

O evento que parece ter precipitado sua doença, ou, pelo menos, suas características manifestas, ocorreu quando tinha 18 meses. Sua mãe estava muito preocupada e triste enquanto cuidava do pai moribundo e mandou Robbie para casa de amigos, no interior, por três dias. Ele não conhecia a família e ficou aterrorizado com alguns cachorros de lá. O avô de Robbie faleceu e, oito dias depois, sua mãe foi internada às pressas com pneumonia e em estado de choque. Robbie foi mandado de volta para seus cachorros. Parece que ele se retraiu cada vez mais após esse episódio e parecia estar literalmente apavorado com tudo. Quando chegou a mim, aos 7 anos, frequentava uma escola para crianças com dificuldades, numa classe em que predominavam crianças psicóticas.

Tratamento

A primeira sessão

Freud concordava com Adler sobre a especial importância das primeiras comunicações feitas pelos pacientes (Freud, 1909, p. 160). Alguns clínicos foram além e sugeriram que tudo que devemos saber sobre o paciente está contido na primeira sessão, se tivermos perspicácia e entendimento para perceber. Isso é verdade, tenho certeza, mas é difícil ser um microscópio e um telescópio ao mesmo tempo. Precisamos estar atentos cuidadosamente ao detalhe que nos é apresentado, mas também ao que não se apresenta – ou que é apenas remotamente e vagamente visível. Muito do que estava presente na primeira sessão com Robbie me deu motivos para ter esperança. Em alguns aspectos, ele era muito menos retraído que outras crianças autistas atendidas por mim. Ele respondeu a minhas interpretações sobre seus sentimentos, mas não percebi, naquele momento, quão frágeis e escorregadias eram as fundações nas quais sua aparente responsividade estava baseada nem com que rapidez devastadora cada nova aquisição podia ser perdida. No entanto, por mais frágeis que fossem seus movimentos para fora, ele saía de seu isolamento para fazer dois tipos de contato bastante diferentes comigo. Um deles parece, até hoje, promover nele alguma mudança, crescimento e vida. O outro é fatal para o desenvolvimento.

Robbie era uma criança bonita, com aparência descoordenada, molenga, como se não tivesse ossos. Ele entrou na sala de atendimento de crianças em um estado bastante perdido e atordoado, balbuciando "foi embora" e parecendo assustado. Entretanto, depois de alguns minutos em que começou a relaxar e a talvez sentir que meus comentários indicavam que eu tinha entendido algumas de suas preocupações sobre o que havia acontecido com sua terapeuta anterior, ele pegou um pequeno bloco em forma de arco e disse: "ponte". Sugeri que talvez a ponte fosse como uma ligação entre sua terapeuta anterior e eu, e que talvez ele tivesse sentido que, afinal, eu poderia não ser uma estranha tão perigosa. Tive certeza de que a ponte também envolvia um momento de contato vivo e real comigo, mas não interpretei para ele. Na primeira parte da sessão, embora ele tenha dito algumas palavras, elas não foram dirigidas para alguém em particular, ao passo que no momento em que falou da ponte, já tinha começado a olhar para mim e falar comigo com um olhar mais sereno. Essa serenidade, infelizmente, logo foi perdida. Ele achou um rolo de barbante que começou a enrolar em torno de si e a amarrar à minha mão com gosto e prazer crescentes, até que finalmente ficou enredado. Ele disse "preso" com claro prazer e sem indícios de pânico claustrofóbico. Interpretei sua esperança de que eu ficasse presa a ele e não o deixasse, como teve de fazer sua terapeuta anterior.

Pouco tempo depois, ele retomou o jogo do barbante e depois soltou sua ponta, enquanto insistia para que eu segurasse a minha; começou a enrolar uma massa de modelar. Ele estava tendo dificuldade e disse: "Senhora Alvarez, amacia". De fato, esse pedido, sob vários disfarces, foi repetido interminavelmente por Robbie ao longo dos anos e envolveu muitos problemas técnicos para mim, em termos de quanto eu deveria amaciar. Na época, entendi como um pedido para que eu fosse uma figura materna maleável, macia, que viria a se adaptar a quaisquer demandas que ele pudesse fazer. Esse pedido teve, infelizmente, seu correlato na demanda, e na necessidade, de que nada jamais fosse duro demais.

O jogo do barbante teve, de certa forma, conotações tocantes para mim na época, em termos do desejo de Robbie por contato. Não compreendi, até muito mais tarde, que não se tratava de um comovente *símbolo* de contato – diferentemente da ponte, essa brincadeira não dava acesso a um relacionamento vivo, firme e móvel; era muito mais limitada e sem saída. A terrível ilha da sensualidade de Tamina estava à nossa espera. Essa era a única forma de contato que ele desejava quase o tempo todo – algo concreto, físico, sensual e muito macio. Quando isso não estava presente, como veremos, ele simplesmente desmoronava. A verdadeira ponte da vida real era muito tênue para sustentá-lo.

A queda

As dificuldades de Robbie em manter com outros seres humanos vínculos do tipo imaginativo e mental deixaram-no enormemente suscetível a separações e mudanças. Ele já tinha passado por uma mudança de terapeuta, e suas esperanças de ficar preso a alguém de maneira emaranhada como descrevi foram terrivelmente frustradas no segundo ano de tratamento pelos nascimentos, primeiro, do bebê de sua mãe e, cinco meses depois, do meu bebê. Eu estava, de toda forma, vendo-o apenas uma vez por semana, o que claramente não era suficiente, mas era tudo o que a clínica, eu e seus pais podíamos fazer naquele momento. Ele voltou depois do nascimento de sua irmãzinha em um estado bastante desesperado, descontrolado, frenético, rindo sem parar de maneira vazia, jogando-se no chão e expressando muitas fantasias suicidas que permaneceram por alguns meses.

Entretanto, a coisa mais difícil de suportar e de enfrentar era seu vazio. Era, para mim, também a coisa mais difícil de compreender. Com exceção de pacientes crônicos em hospitais psiquiátricos, eu nunca tinha visto tanto vazio nos olhos de alguém – certamente não em uma criança. Eu tinha uma espécie de fé na possibilidade de salvar os doentes mentais e de conseguir contato com eles; além disso, tinha a ajuda das teorias de Melanie Klein, que declarou que somos seres sociais desde o nascimento e que mesmo nosso interesse pelo mundo e pelo universo não humanos tem seu fundamento nos humanos, na primeira e mais íntima e intensa relação entre o recém-nascido e sua mãe. Klein e seus colaboradores que estavam conseguindo psicanalisar pacientes psicóticos descobriram que mesmo as fantasias mais bizarras e falas sem sentido e neologísticas podiam ser decodificadas e entendidas, tendo um significado humano e interpessoal. Esse significado não era necessariamente positivo. Aprendemos que a destrutividade podia colocar a mente contra si mesma e produzir terríveis fendas e explosões e fragmentações na vida mental. Mas isso denota que significado pode ser encontrado no não significado. No entanto, com Robbie os problemas reais não eram o comportamento esquisito nem a fala entrecortada, como eu tinha visto em outras crianças psicóticas – mesmo que ele também apresentasse essas características. Mais que isso, o problema era a sensação, às vezes, de simplesmente não existir absolutamente nada nele.

46 A LONGA QUEDA

Penso muito no tempo em que fiquei dando voltas em torno dessa questão. Quando releio minhas notas, percebo um sentimento de dolorosa descrença quando tentava lembrar o que tinha visto. Eu tinha que continuar falando sobre o que não estava lá, andando em círculos, talvez com medo de enxergar a verdade. Eis aqui um breve exemplo do período logo após o nascimento de sua irmãzinha, quando Robbie estava em terapia há seis meses:

> *Parecia descontrolado – lembrou-me de um esquizofrênico hebefrênico – rindo desesperadamente – tentou jogar o barbante pela janela – tentou tirar a roupa – tentou correr para fora – parecia determinado a me fazer segui-lo – mas havia algo terrivelmente desesperador na fraca risada – quase nada de prazer (até sórdido) nela.*

Um mês depois, notei que, ocasionalmente, um pouco de cor aparecia em seu rosto perto do fim das sessões. Ele estava menos descontrolado e mais verbal, mas às vezes também havia algo mais morto nele. A seguir, uma sessão em detalhe:

> *Quando entrei na sala de espera, sua única reação ao me ver foi virar-se com o rosto sem expressão e pedir doces à senhora D (que o trouxe da escola para o tratamento). Ela disse "depois" e, então, ele veio na minha direção com um olhar vazio. Segurei sua mão no caminho. Ele não olhou para mim. Havia algo de muito vazio nele e no jeito como andava. Foi direto para sua gaveta e pegou um pouco de massa de modelar azul. Foi até uma mesa perto de mim, olhou-me rapidamente e, com um olhar sem vida, murmurou baixinho: "Quer enrolar isso", e me deu a massinha para que eu*

a enrolasse. Comecei a enrolar e, enquanto o fazia, ele olhou pela janela com um olhar que eu chamaria de sonhador, se essa palavra não tivesse conotações agradáveis. Ele fora para longe – mas o lugar para onde ele tinha ido não era agradável. Dei a massinha de volta para ele quando tinha mais ou menos 15 centímetros de comprimento – ele a mediu e, de novo, com a mesma voz morta, disse: "Quer enrolar isso". Essa brincadeira (se é que se pode usar essa palavra) com a massinha continuou por alguns minutos. Às vezes, ele indicava que queria que eu a enrolasse; outras vezes, ele a enrolava. Fiz várias interpretações pseudopsicanalíticas sobre seu desejo de fazer um longo pênis para si, mas agora acho que eram tão inúteis quanto erradas. Inúteis porque não desencadearam nenhuma resposta dele e porque evitaram a questão de como realmente era estar com ele; erradas porque ele queria muito pouco naquele momento. Desejo era principalmente o que faltava em suas sessões naquele período. No entanto, sua falta de desejo, creio eu, não significava que tivesse um sentimento de completude arrogante e onipotente sobre sobre si mesmo. Ele não se comportava, como algumas crianças autistas, como se estivesse no paraíso, como se o tivesse encontrado. Ele queria algo na forma de uma atividade automática repetitiva e queria que algo fosse mais longo, mas não parecia querer muito isso e, em todo caso, demorou anos para que eu descobrisse o que era. Talvez o que ele realmente quisesse fosse o doce da senhora D, mas, como não pôde tê-lo, todo seu corpo e mente pareceram ficar vazios.

Acredito, como sugeri, que preferi me distanciar do poderoso impacto que seu vazio e sua desesperança tinham sobre mim. Eu procurava por significados e sinais de vida onde eram mínimos. No entanto, um pouco mais tarde na mesma sessão, parece que consegui chegar um pouco mais perto disso, e acho que isso o ajudou:

A brincadeira da massinha continuou por algum tempo, e de novo ele olhou pela janela com o olhar morto. Então correu para a porta, colocou suas mãos nela, e virou-se com um olhar dissimulado. Havia algo de frio e sórdido em sua expressão. Eu disse que achava que ele estava ameaçando sair (ele tinha feito isso antes) para que eu o seguisse e para me desconectar de mim mesma e dos meus vínculos com o marido que ele imaginava que eu tivesse e que me mantinha tão distante dele. Além disso, queria que eu ficasse assustada por ele e preocupada com ele. Disso eu tenho certeza. Ele realmente queria isso, e eu realmente me preocupei, porque ele não tinha senso de autoproteção e podia começar a correr por toda a clínica e até para fora totalmente sem direção. Quando eu disse que ele queria que eu ficasse assustada e preocupada, primeiro surgiu o olhar dissimulado e vazio, mas sua expressão gradualmente relaxou um pouco. Não suavizou exatamente, mas pareceu mais alegre que dissimulada – ainda que maldosa. Aproximou-se, olhando para mim, e se jogou pesadamente no divã. Olhou bem nos meus olhos, com seu queixo apoiado nas mãos, a princípio um pouco sonhador; depois o olhar frio, morto, vazio apareceu, e olhou-me nos olhos desse jeito por um longo tempo. Eu disse: *"Acho que você sente que está olhando para dentro de mim e que, com seus olhos, você entrou bem dentro de mim, mas não está gostando do que está vendo. Não é legal – parece que você está vendo algo horrível".*

Esta última interpretação chegou um pouco mais perto, mas foi bastante tímida. O que ele via era o nada. Instantes depois, pegou um pouco de cera da tampa de um pote e chamou de "gelo". Interpretei que estava me sentindo como uma espécie de pessoa-mãe fria, morta, gelada, que não tinha calor para lhe dar. Isso, creio eu, estava certo, mas era tarde demais, e, de qualquer forma, eu estava pegando carona no conteúdo de suas observações – ele próprio usara a palavra "gelo". Na verdade, o gelo estava na atmosfera há semanas. Estávamos juntos em um necrotério. Não havia nenhum pênis vivo confiável, tampouco doces seios maternos deliciosos e reconfortantes.

Durante esse período, ele começou a desenhar árvores – umas coisas sem folhas, sem frutos, rígidas e ameaçadoras, ainda que caídas – o que entendi transmitir seu sentimento de que eu não lhe estava dando qualquer fruto e que, de fato, não lhe oferecia nenhum vínculo. Também transmitiam algo sobre a natureza de seu mundo imaginativo interno. Lembremos que, aos 4 anos, ele tinha apresentado o sintoma de tentar grudar folhas caídas de volta nas árvores. Algo em Robbie não tinha permanecido unido dentro dele ou em seu mundo interno. Será que a seiva não fluiu da mãe-raiz para nutrir e dar suporte à folha, ou será que seus próprios ódio, ciúmes e desespero destruíram dentro dele a cálida e vivificadora influência do amor? Talvez ambos. O que eu sei é que essa Árvore da Morte não tinha relação com os pais reais de Robbie. Eles eram pessoas calorosas, alegres, sensíveis e extremamente carinhosas quando os conheci, e seus outros filhos eram

50 A LONGA QUEDA

normais. Talvez a depressão da mãe no início da vida de Robbie tenha influenciado – um recém-nascido pode não ser capaz de diferenciar uma mãe pouco responsiva, por estar deprimida, de uma que é indiferente de forma mais fria e insensível. E talvez houvesse algo frágil em seu cérebro desde o princípio que o tenha tornado tão vulnerável. Outras crianças sobreviveram ao tipo de separação que ele sofreu aos 18 meses sem ficarem destruídas. Qualquer que fosse a causa, seu mundo interno ficou extraordinariamente empobrecido. Ele parecia não ter virtualmente nada, nem mesmo os mais patológicos mecanismos de defesa aos quais recorrer em momentos de estresse.

No verão e no outono do ano em que Robbie tinha 8 anos, durante o período anterior ao nascimento de meu bebê e alguns meses depois do nascimento de sua irmã, senti como se o tivesse perdido emocionalmente em definitivo. Disse a ele que teríamos que parar de nos ver por alguns meses. Eu tinha considerado, com colegas da clínica, uma mudança de terapeuta, mas, afinal, decidi continuar com ele, apesar da longa interrupção. Isso se deu, em parte, porque ninguém com experiência estava disponível para atendê-lo – pouquíssima gente tratava crianças autistas com o método psicanalítico naquela época –, mas também porque ele já tivera uma mudança de terapeuta. Ainda me pergunto se essa foi ou não a melhor decisão. Anos preciosos certamente foram perdidos. Ele tinha 13 anos quando começou a fazer cinco sessões por semana. Ao mesmo tempo, outro terapeuta podia ter deixado a clínica. Outros pacientes que encaminhei de fato acabaram ficando sem tratamento. Também sentia que Robbie era *meu* paciente e minha responsabilidade e, no fim das contas, acho que isso era importante. Mas, à época, ele claramente se sentiu abandonado por mim. Simplesmente se encolhia ou olhava para o espaço sem expressão. Anos mais tarde, quando pôde sair e distanciar-se suficientemente de tais sentimentos a ponto de encontrar palavras para eles, pôde descrever a sensação de ter estado "no fundo de um poço escuro" e de ter "caído fundo dentro da noite, como a chuva – que demora tanto tempo para cair". É difícil transmitir o sentimento terrível que eu frequentemente tinha a respeito de quão longe ele tinha caído ou tinha se afastado. Minhas tentativas de mostrar que entendia o quão abandonado ele tinha se sentido – o que poderia ter ajudado um paciente mais moderadamente ou deliberadamente retraído – foram inúteis. Eu estava longe demais. Em *Sob o vulcão*, de Malcolm Lowry, a esposa distante de um cônsul alcoólatra retorna para tentar salvá-lo dele mesmo. Quando ela descobre que ele estava fora de alcance, grita: "Você não me ama mais?". Ele pensa consigo mesmo: "Ela não percebe? Claro que eu a amo. Mas sua voz é como a voz de alguém soluçando numa sala distante". Suspeito que Robbie tenha sentido o mesmo. Quanto a mim, estava como alguém vasculhando o fundo de um rio: esperando sinais de vida e arrastando um peso terrivelmente inerte.

Havia, contudo, minúsculas variações em torno desse tema apocalíptico. Algumas situações eram, para ele, muito mais difíceis de suportar que outras. Às vezes, ele se aproximava – um pouco – no meio de uma sessão e fazia pequenas tentativas de se conectar a alguma coisa e alcançá-la. Começos e fins de sessões eram particularmente agoniantes para ele. Não podia entrar nem deixar a sala de brinquedos sem tocar as paredes ao longo do corredor. Às vezes, apenas roçava a parede; outras vezes, tocava seu nariz e então a parede, como se tentasse conectar as duas coisas. Anos mais tarde, quando conseguiu falar comigo sobre essas coisas, concordou que estava dizendo para a parede algo como: "Oi. Você ainda está aí?". Nessa época, ele achou aquilo engraçado, mas não no passado. Na verdade, agora eu preferiria dizer que não estava perguntando para a parede se ela ainda estava lá. Acho que a parede, eu e toda a realidade material desaparecíamos na semana entre as sessões. Acredito que estava perguntando algo como: "Você está aí? Tem alguém ou qualquer coisa aí?". No entanto, naquele tempo, essas mínimas tentativas de ligação, essas pequenas roçadas na realidade, geralmente falhavam. Uma vez, perto do fim da sessão, ele desenhou uma lagarta surgindo da própria pele e, quando a sessão acabou, simplesmente caiu três ou quatro vezes no caminho para a sala de espera. Nem a parede nem eu éramos suficientes para segurá-lo. Ele praticamente não tinha suportes internos, e, então, suportes externos eram desesperadamente essenciais.

Muitas crianças perturbadas têm dificuldade com separações. Para qualquer ser humano, uma partida é como uma pequena morte. Robbie, porém, não vivenciava uma partida como a perda de algo ou de alguém. Tampouco se sentia deixado em um lugar em que não quisesse estar. Na verdade, ele se sentia deixado em lugar nenhum. Ele não tinha perdido algo ou alguém com a separação; tinha perdido tudo, inclusive a si mesmo. Anos depois, chamou isso de "Apagou – acabou o Robbie". E eu era apagada também. Esse estado de lugar nenhum significava que o mundo – um possível mundo imaginativo com figuras humanas, o mundo que nossa parte não psicótica habita e que nos sustenta em períodos de solidão – desaparecia. Uma vez ele descreveu seu mundo como uma "rede esburacada". Era um universo irreal, e ele estava perpetuamente caindo através dela. Como eu poderia me tornar suficientemente densa, comprometida e concentrada e suficientemente real para capturá-lo?

Em sua vida exterior, algumas coisas eram bastante reais: seus terrores. Ele morria de medo de cachorros latindo, do barulho do motor de um táxi, do som dos limpadores de para-brisa, de homens trabalhando em construções, de quase qualquer barulho alto. Frequentemente sentia que luzes brilhantes machucavam seus olhos e, uma vez, quando um caminhão passou como um raio, ele cobriu sua cabeça – não só as orelhas – dizendo "Machuca meu cérebro". Ele parecia não ter uma membrana mental para colocar entre um *self* central e as experiências – particularmente as visuais e as auditivas. Tudo chegava demasiadamente perto, então se retirava ou caía longe demais para ser resgatado.

Ele manteve um ou dois canais abertos. Sua principal via de investigação sensorial era o nariz. Raramente me olhava e me escutava durante esse período, mas cheirava literalmente tudo. Se eu soubesse falar a língua dos cheiros, acho que poderia ter feito contato antes. Mais tarde, quando conseguia falar mais e sabia o nome das cores, amarelo significava o cheiro de um limão-siciliano, que ele adorava; e ainda mais tarde, quando queria descrever a voz das pessoas, não o fazia com sons, mas sim com cores. Alguém tinha uma voz amarela; outro, uma voz laranja-claro; outro, uma voz verde-escura. A maioria das pessoas normais e todos os poetas usam imagens de alguma modalidade sensorial para descrever experiências de outra modalidade. Robbie, no entanto, nos primeiros anos, não tinha escolha. Seu olfato e seu tato eram quase suas únicas fontes de boas experiências. Tanto quanto conseguia, fechava-se para imagens e sons. Ou, talvez, eles estivessem fechados para ele. Mais adiante, discuto sobre quando isso era volitivo e defensivo e quando parecia não haver escolha. Tive de aprender que ele tinha muitos tipos de retraimento. Seu interesse por odores, porém, significava que, em algum lugar, ele se interessava por algo – e também significava que se alimentava bem. Mantinha-se vivo fisicamente, embora nesse período eu não tivesse certeza de sua sobrevivência mental.

Mencionei anteriormente que Robbie parecia carecer até mesmo dos mais patológicos mecanismos de defesa. Naturalmente, isso é uma questão de grau, já que ninguém pode ser absolutamente destituído de defesas. O que mais se percebia sobre sua capacidade intermitente e oscilante de autodefesa e autoproteção era sua fragilidade.

Faltava-lhe até mesmo o método mais patológico que muitas outras crianças autistas empregam para se proteger de experiências demasiado intensas. Frances Tustin (1972) chamou esse método de encapsulamento, e muitos terapeutas descreveram a impressão de que tais crianças dão a impressão de estarem dentro de uma concha. Tustin fez a distinção entre os "crustáceos", que são capazes de interpor algum comportamento desenvolvido entre eles e a realidade não desejada, e o tipo "amebas", que não têm essa capacidade. Muitos anos atrás, no Canadá, levei um menino autista ao zoológico, imaginando que até mesmo ele, com sua preocupação com luzes, demonstraria algum interesse infantil por leões, tigres e macacos. Porém, sobre as jaulas, havia um ventilador elétrico que criava, com sua rotação, um complicado jogo de luz e sombra no teto. O menino fixou seus olhos, e aquilo foi simplesmente tudo o que ele viu – e tudo o que se permitiu ver. Outra criança que eu conhecia do mesmo hospital passava o dia todo escutando determinado ruído de estática específico em seu radinho de pilha. Ambas conseguiam criar quase que uma auto-hipnose. Tustin chamou de "objetos autísticos" esses objetos de amor aos quais a criança adere rigidamente e que podem ser eficientemente utilizados para cortar o contato com o mundo vivo (Tustin, 1981).

No entanto, Robbie realmente era mais como uma ameba indefesa. Tenho certeza que, às vezes, ele se desligava voluntariamente – e, de fato, o elemento volitivo aumentou com o passar dos anos e ele começou a desenvolver algo próximo de uma vontade. Minha dificuldade estava no fato de que, na maior parte do tempo, durante esse doloroso período inicial, ele não parecia ter ido a lugar algum; não estava se escondendo, estava perdido. Se existe um equivalente mental do coma profundo a que o cérebro pode estar submetido, acredito ter visto lampejos dele. Quando a ameba se machucava, acontecia algo parecido com a morte. Até então, só tinha visto isso nas alas especiais de hospitais psiquiátricos. A Tamina de Kundera era capaz de sentir essa sensação de vazio como uma perseguição e como o "peso da leveza". Mas é preciso haver alguma parte da personalidade fortalecida pela percepção de um mundo em algum outro lugar para que seja possível sentir o peso e odiar o peso. Naturalmente, essa não era a história completa: havia momentos fugazes de esperança, como na primeira sessão; havia momentos de ódio frio e dissimulado, como na sessão descrita na página XX; e havia momentos de fusão onírica. Por muito mais tempo do que posso fazê-los acreditar sem descrever semanas, meses e anos de sessões silenciosas de vazio, havia simplesmente o vácuo.

O que a maioria de nós faz quando se sente perseguido? Nós nos exilamos – exílio real talvez, ou exílio imaginado, se somos imaginativos ou autistas. Ou ficamos e protestamos. Robbie, por outro lado, quase nunca protestava. Ele também não tinha esse outro mecanismo de defesa. Parecia que não tinha praticamente nenhuma capacidade que envolvesse métodos de projeção e identificação projetiva de sentimentos ou partes más do *self*, no sentido primeiramente descrito por Melanie Klein. Ele não podia se exilar e se distanciar do medo e da dor, tampouco não podia ficar e lutar. O mecanismo de identificação projetiva é muito complicado, e levaria um capítulo inteiro para descrever os muitos tipos diferentes que foram estudados pela psicanálise. Mas um desses diferentes tipos explica o que o bebê em desenvolvimento pode fazer depois de ter uma experiência ruim: ele pode evacuá-la.

Mães se esforçam muito para proteger bebês recém-nascidos de sentimentos de desamparo, mas sabemos também da enorme, e rapidamente crescente, capacidade que, desde o começo, os bebês também têm de autoproteção. Um dos modos é uma versão mais branda do menino encapsulado com a estática. Eles retiram sua atenção e a colocam, quando conseguem, em algo mais agradável. Podem desviar o olhar de uma luz muito brilhante para uma mais suave. Podem prestar atenção apenas na voz de sua mãe em uma sala cheia de estranhos falando. Mas o que ocorre quando o inevitável acontece e os estímulos assustadores ou dolorosos os atingem? O bebê se assusta e, então, grita ou chora. Adultos fazem o mesmo após um choque – ou conversam emocionados com amigos. Há, obviamente, graus de patologia nessas projeções e evacuações. Se esfaqueamos alguém que nos ultrapassou muito agressivamente em uma estrada, provavelmente somos esquizofrênicos paranoides ou psicopatas. Se gritamos com nosso cônjuge ou parceiro porque acabamos de dar uma topada em uma cadeira, estamos apenas tendo uma crise paranoide passageira. Se exclamamos "Ai" quando o dedo dói, apresentamos um mecanismo projetivo comum e aparentemente bastante essencial.

Na visão kleiniana, a projeção é dirigida para dentro de uma figura humana imaginada com vários níveis de receptividade, amizade ou inimizade. Robbie, no entanto, nunca gritava nem chorava nem explodia. Algumas vezes, choramingou. Não sei quanta força pode ter havido em seus gritos quando era bebê, mas duvido que houvesse muita. Nada dentro dele parecia capaz de receber más experiências, suportá-las e mandá-las de volta para fora; talvez ele sentisse que não havia ninguém esperando por elas. Refiro-me, claro, às más experiências, mentais ou físicas. Agarrava-se freneticamente a produtos corporais quando sua ajuda era necessária para lidar com os produtos mentais. Sofria de constipação e, às vezes, de longos processos gripais por todo o inverno. Ele não suportava assoar o nariz. Quanto mais entupido ficava, mais Robbie sentia que precisava aspirar a secreção de volta. Realmente parecia sentir que não podia colocar aquilo para fora ou corria o risco de se perder completamente, e isso era de fato um perigo real: seu único meio de se livrar de sentimentos aflitivos de desamparo era correr para a frente e para trás, meio que arrastando os pés e sacudindo as mãos na direção do chão. Ele acabava emergindo dessa situação não aliviado, mas simplesmente vazio e sem vida; talvez menos desesperado, mas ainda mais morto.

Bion (1962) escreveu que alguns pacientes psicóticos projetam em um espaço mental tão vasto que todos os fragmentos da experiência e deles mesmos assim projetados se dispersam a grandes distâncias uns dos outros. O próprio Bion fez trabalhos incríveis com esquizofrênicos adultos muito doentes e conseguiu unir fragmentos do material de pacientes que, às vezes, apareciam em intervalos de quatro anos. Ele destacou que o vasto espaço mental pode se traduzir em grandes períodos de tempo. Acredito que algo como isso estivesse acontecendo com Robbie nesses momentos. Muito saiu dele e foi para muito longe. A rede ainda estava muito frouxa. Levou anos até que ele pudesse usar métodos de identificação projetiva em um objeto identificável e receptivo ou que conseguisse o que chamava de "deixar uma marca". Enquanto isso, finalmente conseguiu restabelecer o vínculo envolvente que fizera comigo na primeira sessão.

2. Vida vegetal e despertares

Meu amor vegetal deveria crescer
Mais que impérios, e mais devagar.

Andrew Marvell

Bion, cujo trabalho com adultos esquizofrênicos mencionei anteriormente, fez uma distinção interessante entre dois tipos de vínculos que seres humanos podem ter com uma realidade externa viva. O primeiro é o vínculo articulado, que permite, por sua flexibilidade, sentir e vivenciar a condição de estar vivo. O segundo, o vínculo rígido, restringe a experiência e o pensamento a fragmentos manejáveis, porém mecânicos. Bion frequentemente comparava a aproximação do bebê ao seio materno com a resposta emocional do paciente ao analista – e ambas com a atitude mental voltada para seus próprios pensamentos. Parece ter escolhido deliberadamente o conceito de articulação em razão de seu duplo significado: de liberdade de movimento e de flexibilidade de expressão verbal. Observou que o vínculo rígido era muito comum nos processos de pensamento de seus pacientes psicóticos (Bion, 1957). Embora eu

60 VIDA VEGETAL E DESPERTARES

prefira chamar os processos de pensamento de Robbie, da forma como eram, de flácidos em vez de rígidos, eles compartilhavam com os pacientes de Bion a negação absoluta de ação, movimento, inovação e mudança. O efeito em mim e em outros que tentavam contato real com Robbie era a emergência de terríveis sentimentos de desespero e impotência.

Houve, como eu disse, um breve momento de real contato e vida acompanhando o material da ponte na primeira sessão. Porém, o sentimento de esperança imediatamente se transformou no contato emaranhado e saturante do barbante. Essa é a história da vida dele, pois era uma criança incrivelmente molenga, como que sem ossos – e, naquela época, momentos de felicidade mudavam apenas a qualidade, nunca a força de sua resposta. Demorou muito até que descobrisse que tinha ossos, músculos e articulações em seu corpo – ou potência, força de vontade e liberdade de escolha disponíveis em sua mente. Objetos caíam de suas mãos flácidas, assim como seus membros pareciam pendurados a seu tronco, assim como palavras e pensamentos pareciam vazar de seus lábios impotentes e de sua mente vazia.

No fim daquele ano, quando Robbie tinha 8 anos, começou a fazer um novo desenho. Estávamos prestes a interromper as sessões por dez meses, já que eu, em breve, seria mãe – e minha gravidez avançada devia, de alguma forma, estar evidente para ele. O tema presente em seu desenho e suas variações preocuparam-no por muitos anos. Ele chamou o desenho de "o gancho de uma porta". Era uma porta que parecia uma espécie de portão de ferro forjado. Parecia envolver algo em desenvolvimento ou, para ser mais precisa, talvez a retomada dos momentos esperançosos da primeira sessão. Comparado às árvores vazias e estéreis, era mais elaborado, intricado, gracioso e controlado. Estava estruturado, entretanto, com suas curvas e arabescos – era muito mais vivaz que as árvores jamais haviam sido. Além disso, esse desenho pareceu coincidir com o fato de suas sessões serem relativamente mais ricas, com ele mais falante, e também de demandar algo novo de mim. Ele insistia que, em vez de simplesmente desenhar seu "gancho de uma porta", deveria poder copiar minha versão dela. Para saber que versão específica ele queria em cada sessão, pedi que desenhasse primeiro e, então, eu copiava. Mas ele simplesmente fingia que essa primeira parte do encontro não tinha acontecido; insistia que tinha copiado o meu desenho.

Essa parecia ser uma forma de se assegurar de que eu estava permanentemente presa e amarrada a ele durante as sessões. O que não percebi à época foi quanto o fato de eu ter atendido a seu pedido conspirava a favor de sua descrença a respeito de sua própria existência. No entanto, ele tinha encontrado um caminho para sair de seu escuro poço vazio. Ele tinha encontrado algo em que se segurar, em que se enganchar, em que se agarrar, como uma trepadeira se enrosca em torno de uma estaca, de uma corda ou outra planta que possa apoiá-la em sua busca pela luz do sol. De qualquer forma, seu apoio-gancho não o ajudou a seguir em frente e para cima. Ele não conhecia uma relação mais completa, mais ampla, mais viva ou mais profunda. Parecia simplesmente inexpressivo quando eu perguntava o que haveria por trás de sua porta, e claramente não considerava que poderia haver qualquer coisa dentro de mim, ou qou dele *para mim*. Esse método de manter a si mesmo e a nós dois unidos atrapalhou muito minha tentativa de alcançá-lo de uma forma mais viva. Eu era mantida ocupada demais para pensar, enquanto ele, por sua vez, ficava totalmente concentrado em conseguir fazer uma linha regular e sem quebras em seu desenho, particularmente onde a curva mudava de direção. No desenho, apareceram finalmente folhas, mas permaneciam descoladas dos tortuosos galhos com aspecto de planta. Ele ainda não era capaz de conceber, ou talvez suportar, um vínculo articulado e diferenciado com um ser humano. Precisava ficar encolhido, fundido, despercebido. Em nível mais profundo, talvez em sua fantasia, sua língua e sua boca de bebê tinham encontrado algum tipo de seio ao qual se enroscar, mas, nesse caso, elas (sua língua e sua boca) não conseguiam largá-lo e não percebiam claramente quem possuía a boca e quem possuía o seio. Também não tinham qualquer ideia de que aquilo que um bebê normalmente faz com o seio em sua boca é sugá-lo. Um movimento de sucção implica chupar e relaxar, chupar e relaxar. A boca do bebê trabalha arduamente: há muita atividade não aparente no movimento de sugar e relaxar; de extrair e deixar ir; esse é o ritmo fundamental da vida, de toda a biologia: dentro e fora, para a frente e para trás, trabalho e descanso. Robbie não teria tido nada disso, ou então não suportaria nada disso. As quebras de regularidade eram devastadoras para ele, e insistia em fazer sua própria passagem muito suave para fora e para cima. Era, de toda forma, indescritivelmente lenta. Estávamos ambos presos a uma agradável, porém eterna, natureza morta.

No entanto, essa situação era um pouco menos concreta que o jogo do barbante. Além disso, ele encontrou algo a que se agarrar durante a longa interrupção do tratamento. Lidou com esse problema da seguinte forma: ele tinha, na época do desenho do "gancho de uma porta", começado a trazer para as sessões longos bilhetes de ônibus não utilizados – quanto mais longos, melhor. Na última sessão antes da interrupção, deixou o bilhete em sua gaveta, como de costume. Para meu espanto, quando a pausa de dez meses chegou ao fim e ele voltou em setembro, aos 9 anos de idade, entrou na sala dizendo: "Onde está o bilhete?". E ele o achou.

À época, fiquei espantada com a capacidade de uma criança tão doente, tão perdida e aparentemente tão sem mente de se segurar a esse longo bilhete de memória. Isso o impediu de me esquecer e deve tê-lo ajudado a sentir não exatamente que eu me lembravadele – porque demorou muito até que pudesse entender a noção de uma pessoa conter outra em sua mente –, mas que na minha gaveta, concretamente, eu havia guardado seu bilhete.

Nos três anos seguintes, ele alternou entre recaídas a estados de desilusão e apatia e recuperações do tipo imitação, enganchamento e envolvimento. Mesmo dentro dessa estrutura rígida e lenta, algum progresso foi alcançado. Seus pais tiraram-no da escola para crianças desajustadas e o colocaram em uma escola para crianças psicóticas, onde podia, de alguma forma, ter mais atenção individual; lentamente começou a aprender a ler. Quando tinha 10 anos, tive de reduzir suas sessões de uma vez por semana para uma vez por mês. Ele reagiu de maneira muito deprimida a essa situação e demonstrou até remorso e preocupação. Imaginou que era porque eu me cansava muito com ele e tornou-se consideravelmente mais prestativo para sua mãe em casa. Ele não recaiu na espécie de frouxidão desamparada que eu tinha visto antes.

Despertares

O primeiro

Em dezembro do ano em que Robbie tinha 11 anos, tivemos outra interrupção de três meses por conta do nascimento de meu segundo filho. Robbie retornou dessa interrupção em condições mais mais animadas e sadias que eu já tinha visto nele. Sua gramática tinha melhorado, suas orações e frases ocasionais eram mais longas e ele havia começado a fazer certas reivindicações, não apenas por bilhetes de ônibus, massinha macia e cópias, mas para que eu me mantivesse inteiramente atenta. Se eu parasse de falar, mesmo que por um minuto, ele pedia: "Senhora Alvarez, fale". Isso não quer dizer que ele estivesse ouvindo – na maior parte do tempo, não estava –, era mais algo com o que ele pudesse se conectar, se enganchar e, talvez, em certa medida, algo pelo que pudesse se sentir envolto. Uma linha de comunicação nova e auditiva estava se abrindo, mesmo que o que estivesse ouvindo fosse algo como uma canção de ninar ou um confortante murmúrio de fundo. No entanto, isso não significava que havia possibilidade um pouco maior de minhas interpretações serem ocasionalmente ouvidas.

É interessante notar as mudanças em seu desenho do gancho de uma porta. As folhas estavam finalmente conectadas firme e confiantemente e havia maior diferenciação entre as partes e seções. Creio que ele estava começando a aprender, em algum nível básico, que, embora sua mãe e eu o tivéssemos deixado para termos bebês, tínhamos voltado para ele. Havia um espaço para ele também, e ele podia até mesmo reivindicá-lo.

Os pais de Robbie estavam me pressionando para vê-lo com maior frequência, mas eu ainda não podia. Eles marcaram sessões de fonoaudiologia com uma profissional muito talentosa que avaliou que seu problema não era apenas a fala, mas também compreensão, causalidade e desorientação espacial. Ele não tinha ideia de escala de tempo, de antes ou depois. Noções cotidianas rudimentares de causalidade pelas quais compreendemos os acontecimentos eram impossíveis para ele. O copo quebrou porque eu o derrubei; ou meu joelho dói porque eu caí; ou estou encharcado porque está chovendo. Todas essas conexões invariavelmente eram trocadas ou confundidas. Retornarei mais adiante a seu problema com o tempo. Além disso, ainda era relativamente indiferenciado como um *self* vivendo em um universo espacial. Agora ele era um pouco menos suscetível a cair em seus estados de distanciamento ou ser levado para eles; o que ele fazia, ao contrário, era chegar perto demais de um objeto, enroscar-se demais nele, e, portanto, tornar-se incapaz de ter uma noção ou foco adequados a respeito do que havia à sua volta. Ainda assim, seus desenhos e suas demandas em relação à minha pessoa mostravam-me que houve avanços, e a fonoaudiologia começou a ajudá-lo muito.

Sua última sessão antes das férias de verão, quando ele tinha 13 anos, foi muito comovente para mim. Eu vinha falando com ele sobre sua dificuldade em acreditar que eu podia me lembrar dele durante as férias e sobre suas dificuldades em usar seu *self* de 13 anos para ajudá-lo a pensar em mim. Quando percebia que ele estava muito angustiado, como seguramente ficava nas interrupções, eu sempre precisava falar com ênfase e intensidade consideráveis. Eu nunca sabia se ele estava escutando, ou mesmo me ouvindo, ou se algo estava sendo absorvido. Sempre pareceu estranho falar com ele sobre ideias como sua mente ou o tempo, já que não parecia possuir tais conceitos. Sei que, por causa de tudo isso, eu falava com ele com um grande sentido de urgência.

Enquanto eu falava, ele sacudia suas mãos, dispersando toda sua aflição e raiva do modo ineficaz e esvaziador que descrevi anteriormente. De repente, ele parou, veio na minha direção e examinou meu rosto com muita ternura. Em seguida, a área dos seios e, então, disse, devagar, "Oi", quase como se tivesse acabado de reconhecer uma velha amiga que não encontrava há dez anos. Escrevi, à época, que era como se ele tivesse repentinamente emergido, mas levou ainda alguns meses até que viesse a falar de seu "poço escuro" e eu entendesse que ele se sentira exatamente assim. Não há dúvida de que seus métodos de enganchamento enredado eram uma expressão de um tipo de esperança. Ele havia emergido parcialmente de seu poço; ou melhor, seu gancho-apoio o havia impedido de cair mais fundo. Mas esse "oi" foi completamente diferente. Não éramos mais plantas delicadas nos entrelaçando uma na outra nem duas imagens especulares idênticas. Acho que ele realmente me viu, pela primeira vez desde a ponte na sessão inicial, como um outro ser humano separado dele, mas, dessa vez, profundamente familiar.

Senti que algo extremamente importante tinha acontecido com Robbie, mas o *timing* em que isso se deu foi desastroso. Ele disse "oi" quando estávamos prestes a dizer "tchau" por dois meses (eu ainda o via apenas uma vez por mês). Nos anos seguintes, isso se tornaria uma pequena tática dele, uma forma de prolongar o contato e adiar o temível dia – mas, naquele momento, não se tratava disso. Acho que a separação iminente ajudou a acordá-lo, assim como a longa caminhada ladeira acima dos anos de trabalho. Também tive a estranha sensação de que havia algo em minha *voz* naquele dia que tenha feito toda a diferença. Mas era tarde – tarde na sessão, tarde no ano e, apesar da ajuda que estava recebendo em casa de seus devotados e agora mais esperançosos pais, tínhamos uma longa pausa de dois meses pela frente.

Uma semana após nosso último encontro, Robbie passou por uma espécie de colapso em casa. Ele estava de cama com um resfriado e, de repente, chorou e implorou para sua mãe que não saísse para fazer compras. Ela me disse – mantivemos contato por telefone durante a interrupção – que teria saído por apenas vinte minutos, mas decidiu não ir porque sentiu que algo diferente estava acontecendo com Robbie, e ela tinha de levar a sério. Ela e seu marido literalmente sentaram ao lado da cama de Robbie por uma semana enquanto ele chorava e gritava. No começo, estava morrendo de medo de que os cachorros que tinha temido por tantos anos estivessem vindo matá-lo. Ao longo da semana, começou a falar com seus pais sobre o terrível período em que, aos 11 meses e meio de idade, tinha ficado longe com os cachorros e de sua crença de que eles o *tinham* de fato matado. Parecia estar descrevendo algo como o começo de seu colapso autista, mas também, de certa forma, anunciando seu final. Ele tinha medo, estava com o coração partido, mas estava gritando, estava vivo, e queria que as pessoas mais importantes de sua vida escutassem sua terrível história.

Quando retornou, em setembro, começou ocasionalmente a substituir os desenhos da porta por imagens de castanhas com as cascas cheias de espinhos e uma ou duas castanhas confortavelmente acomodadas ali dentro. Às vezes, ele trazia castanhas de verdade que achava na rua e parecia profundamente fascinado pelo fato de que coisas tão lindas e macias pudessem ser encontradas dentro de algo extremamente espinhoso. Ao mesmo tempo, passou a se interessar pelas gavetas de outras crianças na sala de brinquedos e por tentar desabotoar meu avental, mas ficava muito assustado com minhas solicitações para que não mexesse nessas coisas. Nesses momentos, parecia que eu havia me tornado algo como um espinhoso pai bravo que o mantinha longe do desejado, porém proibido, espaço-mãe. A fantasia era muito primitiva e ainda muito física e concreta, mas ao menos era tridimensional. Ele podia sentir real curiosidade em vez de apatia desesperançada ou contentamento ameno e grudento. Finalmente havia algo atrás das portas fechadas. Sua imagem da vida além das portas fechadas era muito idealizada. Em seu desenho, havia duas castanhas dentro da casca, os contornos de uma acomodando-se perfeitamente aos da outra. Não havia calombos, ângulos agudos, não se comprimiam nem colidiam. Toda a aspereza estava do lado de fora. Um dia, anos mais tarde, quando eu o atendia em minha casa, ele foi ao banheiro que ficava depois de um pequeno pátio saindo da sala de brinquedos. Então, pela primeira vez, tomou coragem para olhar pela janela da sala de estar, sobre a qual ele já tinha falado, mas nunca ousado olhar. Teve imediatamente uma alucinação de um monstro verde e espinhoso olhando para ele. Parecia que, mesmo naquele momento em que as figuras de seu mundo imaginário estavam começando a assumir uma forma mais ou menos humana,

68 VIDA VEGETAL E DESPERTARES

ainda era muito perigoso conceber a si mesmo como tendo extremidades pontiagudas ou permitir-se ter um olhar perspicaz penetrante, ou dentes que mordem, ou sentimentos intrusivos. O modo usual de Robbie penetrar em lugares internos desejáveis era, ao contrário, muito gentil e suave. Um desses modos era deitar-se no sofá com a face na almofada, olhando fixamente nos meus olhos, como se sentisse que isso o colocava diretamente dentro de mim. Quando esse estado não era alcançado, porém, uma verdadeira avalanche de sentimentos brotava dele – o que, àquela altura, seus pais eram incapazes de conter. Seus medos, desamparo e angústias em relação a qualquer separação – dos pais ou de mim – e suas travessuras sexuais com amigas dos pais estavam ultrapassando até os tolerantes limites de seus pais e, certamente, não podiam ser contidos por um tratamento uma vez por mês. Organizei minha agenda para começar a vê-lo cinco vezes por semana.

Um segundo despertar

A mudança para um tratamento cinco vezes por semana propiciou uma situação de contenção muito mais firme e forte. A mãe de Robbie contou que, pela primeira vez em sua vida, ele estava dormindo a noite inteira, sem precisar estar embaixo de mais ou menos dez cobertores. Pareceu ter interpretado essa notável alteração em meu comportamento de duas maneiras. A primeira como muito semelhante à das cópias do passado que "amaciava", ou seja, como uma operação de resgate sentimental e culpada, de minha parte. A segunda, porém, era como uma genuína corda salva-vidas atirada para ele.

Gostaria de ilustrar as duas situações com material de duas sessões, uma em janeiro e outra em fevereiro, após a interrupção de fim de ano – a primeira depois do novo sistema.

Soltando-se – o movimento dele

Na primeira sessão de Robbie em minha casa, ele imitou a voz de sua mãe ou irmã dizendo-lhe: "Robbie, querido, por favor me perdoe. Me desculpe por ter te machucado, deixa eu fazer um curativo no seu joelho". Ela o examinava, enquanto ele estava deitado, como merecedor, porém passivo, dessas atenções movidas por culpa. Em outra sessão, perto do Natal, esse objeto sufocante se aproximou mais, ficou ainda mais grudado nele na forma de uma história sobre espaguete grudado no nariz de um homem. O homem não conseguia tirá-lo, assim como Robbie não conseguia defecar facilmente, nem assoar seu nariz, nem expelir seus sentimentos de ofensa sobre a interrupção iminente. Quanto maior sua aflição, mais ele sugava para dentro. Ele parecia incapaz de soltar.

Após o intervalo de Natal, voltou amargurado, mas finalmente capaz de impelir parte de seu sentimento para dentro de mim. Começou a sessão ligando e desligando a luz da sala em um rápido movimento estroboscópico, de maneira a, literalmente, ferir o cérebro de quem estivesse ali. Ele concordou comigo quando eu disse que queria que eu sofresse como ele sofrera pelo modo como o liguei e desliguei no Natal e em cada dia. Então, ele nos deixou na escuridão e sentou no sofá com seu casaco enrolado em volta de si, dizendo "Cê – Eu" com uma voz de velho cruel, que concordou ser para me assustar. Era, disse ele, a voz de seu avô. Eu falei com ele sobre sua relutância em sair à luz e ser ele mesmo. Ele estava se escondendo na voz de seu avô, assim como sob o manto da escuridão, mas, na verdade, era ele, Robbie, que estava furioso comigo e tinha medo de nos deixar ser um Você e Eu. Então separou os dois sons um pouco mais: "Cê – Eu". E calou-se. Perguntei algumas vezes o que ele estava pensando, e ele acabou respondendo "Prancelott" – "Espaguete". Busquei mostrar como ele tentava fazer de mim uma mãe espaguete – grudada a ele na escuridão; como

70   VIDA VEGETAL E DESPERTARES

eu tinha que continuar fazendo perguntas, adivinhando, puxando respostas dele como se estivesse assoando seu nariz, pensando nele a cada minuto, sempre grudada nele.

Ele respondeu com muita emoção, dizendo "Joga o espaguete fora – tira tudo – caramelo grudento por todo lado – tira tudo", gesticulando vigorosamente. Ficou muito animado, mas, como frequentemente acontecia nesses momentos de volta à vida, dava a impressão de não saber o que fazer com essa onda de sentimentos desfocados, difusos, em ebulição, que era parcialmente agressiva, parcialmente amorosa, parcialmente sexual. Ele veio em minha direção, como que para me bater, e então meio que afagou meu cabelo e tentou desabotoar minha blusa. Eu o detive, ele tentou abrir a porta para o jardim, mas eu o impedi. Ele então parou, abaixou-se um pouco, olhou para o espaço e disse com uma voz desolada: "Beijo-pedra" e "Não muitas coisas boas na água".

Essa sessão me parece demonstrar dois avanços importantes: primeiro, a habilidade de Robbie de expelir para dentro de mim de maneira focada e direcionada seu sofrimento a respeito da experiência torturante de ligar e desligar; segundo, sua capacidade, quase pela primeira vez, de largar o objeto aparentemente bom e macio, mas terrivelmente saturante e sufocante que tentava criar em mim e dentro dele. A sessão mostra também o preço que ele sente pagar a cada vez que abre mão desse objeto. Ele recobra a vida, seus sentimentos e sensualidade se elevam na direção de um objeto mais separado e vivo, mas qualquer movimento que o objeto faça para limitar seus avanços é tomado como rejeição total, e ele fica novamente paralisado. Um ano depois, ele pôde demonstrar como, se algum aspecto dele fosse rejeitado, sentia-se completamente "apagado – acabou Robbie".

Por outro lado, sua confiança estava aumentando, sua constipação e seus refriados começaram a melhorar, e sua percepção de que um objeto vivo e separado podia alcançá-lo de um modo não grudento estava aumentando.

A longa meia – uma corda salva-vidas – meu movimento

Em uma sessão de fevereiro, ele revelou, creio eu, alguma crença na possibilidade de que poderia haver ajuda a seu alcance se desistisse de seus métodos autistas de retraimento. Contou de uma brincadeira que fizera com sua irmã, em que um menino e uma menina tinham sido mantidos prisioneiros no fundo de um poço escuro. Uma meia longa, longa, longa – ou um pênis longo, longo, longo – foi jogada lá embaixo, e cada um deles subiu voando pelos ares, falando e gritando, pousando do outro lado rua. O mesmo aconteceu com as pessoas de quem Robbie gostava, pais, antigos professores, alguns repreendendo-o, mas todos falando e extremamente vivos. Ao fazer essas descrições, sua voz crescia e diminuía, e crescia ainda mais em ritmos e ondas quase musicais. Geralmente ele falava com uma voz monótona e baixa; suas palavras eram mais como pequenas nuvens de fumaça ou sopros de vento – era possível pensar que não tinham sido faladas por ninguém, e ele próprio as esquecia em segundos.

Provavelmente o desenvolvimento de sua sexualidade adolescente estava ajudando enormemente a despertá-lo do tipo particularmente inerte de retraimento com o qual estava tão acostumado no fundo de seu poço. Creio, porém, que também tenha interpretado o novo sistema de cinco sessões por semana como uma genuína corda salva-vidas.

Há um terceiro elemento no material sobre a longa meia que, nos anos seguintes, ajudou-me imensamente a compreender o sentimento que Robbie tão frequentemente despertava em mim: meu alcance realmente precisava ser muito longo. Em certos momentos eu senti – e seguramente demonstrei – urgência e desespero

72 VIDA VEGETAL E DESPERTARES

terríveis a respeito do que aconteceria se não pudesse alcançá-lo e ajudá-lo. Frequentemente tinha de literalmente colocar minha cabeça na sua linha de visão para lembrá-lo de que eu estava lá. Ele parecia tão morto – ou, na melhor das hipóteses, tão em risco de morte psíquica – e, ao mesmo tempo, completamente incapaz de dar qualquer passo que fosse para se trazer de volta à vida. De fato, parece provável que meu sentimento de urgência tenha sido absolutamente essencial para ele em certo momento, já que ele mesmo não conseguia sentir. Eu aprendi algo sobre o quanto, infelizmente, ele explorava essa situação.

A falta de garra de Robbie

Já descrevi como Robbie parecia precisar me manter falando e interessada nele o tempo todo. Nenhum espaço para respirar me era permitido; meus silêncios pareciam significar para ele que eu estava caindo no sono e o deixando à deriva. Esse fluxo perpétuo de fala de minha parte não era, na maior parte do tempo, usado por ele para fins de compreensão. A mãe copiadora espaguete eternamente grudada a ele não estimulava nenhum sentimento ou curiosidade. Ele parecia não entender que podia acompanhar minhas palavras. Nem parecia tentar, exceto quando estava muito desesperado. Agora que tinha mais ou menos o que queria de mim, dava a impressão de se acomodar para um sono perpétuo em meu divã.

Comecei a me perguntar onde estariam nele os impulsos comuns que impulsionam para adiante, dão vida, os impulsos volitivos; por que, por exemplo, ele nunca se entediava e por que tão raramente se agarrava à "meia" quando ela estava lá? Por que eu sentia toda a urgência, todo o sentido de tempo, impaciência, preocupação sobre sua falta de desenvolvimento e, às vezes, um tédio indescritível? Está bem documentado por autores psicanalíticos que crianças autistas de fato têm uma necessidade genuína de que os outros ajam como uma extensão de seu *self* para desempenhar funções de ego para elas. Esse evitar a consciência de ser separado não teria simplesmente propósitos de controle onipotente (Meltzer, 1975; Tustin, 1972). Isso, creio eu, era verdade para Robbie, mas também era verdade que ele explorava essa situação de necessidade e déficit genuínos.

Resistia a qualquer tipo de esforço, em parte porque tinha medo, mas também, creio eu, pela inércia oriunda de uma vida toda de imobilidade. Suas mãos pareciam não ter articulações: eram abertas, pareciam não ter ossos, como se nunca tivessem segurado ou agarrado nada. Afinal, ele fora autista durante muito tempo. Seu autismo havia se tornado não apenas uma reação aos horrores do passado como também um indiscutível estilo de vida. Retraía-se – ou, como dizia, "era levado" – não apenas quando estava angustiado, mas também para evitar situações de mínimo desconforto. Chamava isso de "Robbie preguiçoso". Era simplesmente mais fácil, por exemplo, deixar ir embora um pensamento ou sentimento que havia tido dois segundos antes e fazê-lo desaparecer para sempre do que voltar atrás e retomá-lo. Faltavam a ele poderes de lembrança e memória e meios para se integrar a si mesmo, mas também era particularmente relutante em adquiri-los.

Um sentido de tempo

Depois de muito trabalho relacionado a esse aspecto "preguiçoso", Robbie de fato começou a vivenciar alguma impaciência e crescente preocupação com o tempo. Antes, seu conceito de tempo era praticamente inexistente. Quando examinamos o assunto, ele começou a assumir uma forma bastante similar à da antiga e monótona situação da porta fechada dos tempos do "gancho de uma porta". Quando começou a dramatizar essa questão nas sessões,

74 VIDA VEGETAL E DESPERTARES

ficou claro que tinham começo e fim, mas não meio. Começos e fins pressionavam-no brutalmente. O começo da sessão produzia permanentemente o sentimento de "é um pouco cedo demais", de que eu nunca estaria pronta para ele; o final era tão terrível que invadia todo o espaço desde o começo. A agitação que ele experimentava, mesmo muitos anos depois, quando eu passava os olhos pelo relógio, era indescritível. Nos dias em que ficava sonolento, o tempo absolutamente parecia não passar. Agora, sua percepção da transitoriedade do tempo era tão atormentadora para ele quanto sua luz "estroboscópica" tinha sido para mim. O tempo não era algo que ele podia preencher nem algo que podia preenchê-lo com alguma coisa de interesse ou valor. Ele parecia não ser capaz de manter dentro de si a experiência de um intervalo de tempo vivenciado como suficientemente longo. Sua atenção era muito fugidia, e ele se desligava tão frequentemente que de fato só estava presente alguns segundos em cada contato. Sua experiência de um objeto sólido, confiável e permanente era, por definição, muito limitada. Gradualmente, começou a falar sobre seu ódio e medo do tempo, e isso pareceu pavimentar o caminho para passos mais ativos na direção de garantir que conseguisse o máximo de prazer e segurança nas sessões – e também em sua vida. Ele tornou-se capaz de um certo planejamento.

Movimento – para a frente e para trás

Perto das férias de verão, quando Robbie tinha 15 anos, desisti de grande parte de minha anterior adaptação "macia" a certos rituais obsessivos dele que nos atrasavam em nosso caminho para a sala de atendimento. Embora irritado com isso, pareceu impressionado com minha observação: disse-lhe que, embora eu não fosse deixá-lo perder tempo mexendo em tudo no caminho, ele deveria vir para nossa sala e "lá nós poderíamos falar sobre o assunto, juntos". Ele me fez repetir essa sugestão por várias semanas, especialmente a parte do "nós". No início do outono, como eu persistia em minhas recusas, ele teve a ideia de me convidar para jogar um faz de conta com ele. No jogo, fingiríamos que eu não lhe negava aqueles rituais, mas, ao contrário, permitia todos eles e até fazia todas as velhas interpretações a respeito deles. Ele já havia brincado com jogos imaginativos antes, mas raramente eu fazia parte deles, e nunca eram tão organizados assim. Esses jogos se ramificaram, cresceram e foram elaborados até que incluíram quase toda a nossa história juntos, desde que ele começara a a vir à minha casa. Descreviam seus trajetos, suas chegadas, suas partidas, seus desenhos – até os faz de conta dentro do faz de conta. Parte dessa história foi dramatizada em nossa brincadeira, e parte foi incorporada às imensas listas que ele fazia dos assuntos que tinham sido tratados em suas sessões.

Um segundo tipo de jogo surgiu da dramatização da fala de seus pais dizendo a ele que não deveria tentar fazer brincadeiras sexuais com sua irmã e que "não podia tocá-la" sexualmente. Esse segundo tipo de jogo parecia também estar ligado ao nascimento da percepção de que o "nós", que eu constantemente lhe oferecia como substituto da antiga dupla "Cê – Eu", em que um estava grudado ao outro, não era uma promessa de relação sexual. Ele lidou com essa fugaz consciência de crescimento, frustração, mudança, alteridade e diferenças sexuais fazendo sua irmã se vestir como todos os tipos de menino que ele escolhesse. Começou até a fazer planos com uma ou duas semanas de antecedência a respeito do dia em que essas transformações – surpreendentes para seus pais, não para ele – deveriam acontecer.

Essas brincadeiras, a meu ver, envolviam esforços genuínos para lidar com questões que eram importantes para ele: tempo, mudança, crescimento, separação de seus objetos (externos e internos) e também separação em relação a seu próprio *self* anterior.

Elas lhe davam enorme prazer, e tenho certeza de que realmente o ajudavam – como qualquer brincadeira imaginativa – a expandir seu mundo interno. Constantemente se lembrava de alguém que havia estado paralisado por toda a vida e agora estava flexionando um músculo quase atrofiado, que nem sabia possuir. Ele adorava aumentar suas longas listas e, no dia seguinte, checava se eu lembrava a lista toda, inclusive o último acréscimo. Ficava encantado quando eu lembrava e sempre fingia não notar se eu deixasse algum item de fora. (Eu não sabia, à época, o quão importante era mostrar-lhe que ele tinha notado minhas falhas, assim como as fendas nesse mundo ideal que insistia em criar.) No entanto, a alegria que acompanhava esse flexionamento muscular mental e essa brincadeira mental era bastante real. Era como se antes ele não tivesse se dado conta de que podia usar sua imaginação e fazer coisas com sua mente. Essas longas listas, diferentemente da longa meia, eram criação sua.

As brincadeiras representavam, acredito, um avanço considerável no sentido de Robbie abandonar técnicas de adesividade externa e apego em favor de reconstruções imaginativas; ou melhor, começavam assim. Cada brincadeira se iniciava com algum sentido e função, geralmente uma ansiedade passada ou corrente. Após vários dias de repetição, parecia muito menos preocupado enquanto jogava e podia, às vezes, até sorrir do Robbie que estivera preocupado pouco tempo atrás. Entretanto, no ponto em que outra criança passaria para um novo jogo, seu processo entrava em uma terceira fase de congelamento, entorpecimento, de rigidez ritualística e assustadoramente entediante. E continuaria assim, imutável para sempre, se eu não passasse a me recusar a fazer minha parte. Ele se prendia não somente a mim como também a seu antigo *self* e a seu modo antigo de fazer algo. (Ele encontrou, ao longo dos anos, métodos ainda mais sutis para evitar o pensar. Faria qualquer coisa, por exemplo, para me levar a formular uma interpretação antiga em vez de uma nova.) Precisei aprender a resistir à pressão no sentido de ser o objeto macio e moldável, sentido como extensão dele e que se adapta a essa confortável, mas sonolenta inércia. Enquanto eu prontamente provava ser uma boa figura materna que se lembrava de recitar minhas listas e minhas falas, ficava impedida de pensar e de compreender o que ele realmente estava sentindo em um dia específico; e ele ficava impedido de avançar. Havia uma grande dificuldade nesse processo. Por um lado, de certa forma ele apreciava esse funcionamento. Figuras amigáveis em seu jogo imaginativo começaram a reassegurá-lo de que era seguro ir adiante, mudar e conhecer novas situações; era "OK cometer erros", "defender-se", "sair do congelamento profundo e aprender a caminhar". Ao mesmo tempo, ele ainda se deparava com uma figura ameaçadora – agora em forma humana, mas extremamente maligna – que o alertava de que qualquer passo adiante na direção de um crescimento (observar, escutar, falar, protestar) traria enorme risco. Ele seria "deixado para morrer para todo o sempre, sem olhos, orelhas, boca ou pênis".

Aos poucos, Robbie tornou-se mais atento à sua própria necessidade e desejo de se desenvolver, de "alcançar", como ele dizia. A figura cruel não se apresentava mais tão frequentemente em seu caminho; em vez disso, estava atrás, incentivando-o, dizendo que ele "precisa falar com as pessoas", "parar de encarar" e "entrar na linha". Esse objeto parecia acompanhar cada passo que ele dava, mas seu poder estava diminuindo ligeiramente. Da "rede esburacada", em que os perseguidores de Robbie eram vagos ruidos não humanos, luzes e sensações dispersas, começou a cristalizar-se um objeto assustador, às vezes aterrorizante, cuja forma humana começava a assumir proporções manejáveis. Por mais ameaçador que fosse, o objeto tinha uma localização e uma forma.

Uma complicação – autismo nocivo

É interessante notar, como uma triste consequência de sua atitude mais corajosa, que agora que ele estava mais *ativamente* capacitado para utilizar seu hábito autista de retraimento para evitar qualquer situação que não lhe agradasse. Nos primeiros anos de trabalho com ele, frequentemente era impossível que qualquer pessoa o tirasse de seus estados de retraimento. Depois, veio uma época em que seus pais e eu descobrimos que, com dificuldade, podíamos conseguir. Então, quando sua consciência de tempo aumentou e houve algum desenvolvimento de ego, começou a ser capaz de se retirar desses estados e até de evitá-los. Mais tarde, no entanto, tornou-se cada vez mais evidente que ele podia entrar em tais estados quase por vontade própria, como objetivos defensivos. Ele fazia isso para evitar qualquer situação que não lhe agradasse ou qualquer fato desagradável da vida: o reconhecimento de sua doença e do que tinha lhe custado, sua incapacidade, até então, de ganhar a vida, seu "cérebro de bebê", seu ciúme de meus outros pacientes e de minha família e a consciência de que a figura materna que "amacia" poderia estar relacionada com um marido e outros objetos – um fato duro de engolir em sua idade e nível de despertar sexual. Ele simplesmente anunciava ameaçadoramente quando não gostava do curso que uma sessão estava tomando: "Senhora Alvarez, vou apagar" ou "Senhora Alvarez, vou virar o Toby" – um garoto seriamente autista que Robbie conheceu em sua antiga escola. O que originalmente havia sido – e ainda era algumas vezes – uma real dissolução e colapso, agora era colocado a serviço de uma parte mais ativa e perniciosa de sua personalidade. Ao mesmo tempo, ele também estava colaborando mais ativamente com o tratamento, tornando extremamente difícil prever o curso dos próximos anos.

Possibilidades

Robbie tinha agora 17 anos, e seu ódio por novidades e pelo desconhecido produzia incalculáveis interferências nas oportunidades de crescimento mental. Entretanto, ele me mostrou claramente sua possibilidade – e dificuldades – de despertar para a vida. Uma vez, dramatizou uma situação em que alguém o libertava de uma paralisia profunda na qual havia sido "largado para morrer para todo o sempre sem olhos, orelhas, boca ou pênis". Mostrou-me uma pessoa lutando para avançar no espesso gelo, começando a usar suas pernas e gradualmente se movendo e andando mais livremente ao passo que se afastava. Isso me deu uma enorme esperança: parecia que ele sabia que estava despertando para a vida e valorizava esse movimento, mais do que o temia.

No entanto, dois problemas persistiam e, constantemente, abalavam minhas esperanças. O primeiro era o trágico fato de que seus sentidos eram simplesmente muito pouco utilizados para funcionar de uma maneira normal – às vezes, eu me perguntava se não estavam atrofiados. É bem verdade que finalmente estavam ligados. Porém, ele preferia usar seus olhos para algo mais semelhante ao tocar e fundir-se que para olhar *para* alguma coisa ou alguém. Ele precisava aprender a usar suas orelhas para escutar palavras e frases inteiras, em vez de tentar se enganchar a um som, forma ou – como eu ainda suspeitava algumas vezes – gosto e cor de uma palavra. Claro que todos os bebês escutam (e a maioria produz) a música da fala antes de prestarem atenção a palavras isoladas e à gramática, mas Robbie prendia-se a apenas alguns poucos sons. O significado das palavras parecia irrelevante para ele.

O segundo problema é que parecia não conhecer o conceito de, ou ter interesse por, *tentar* mudar. A própria ideia de esforço mental era estranha para ele. Havia levado anos para aprender que poderia pensar seus próprios pensamentos. Além disso, tinha um poderoso e permanente devaneio. Constantemente sonhava viver em uma casinha de campo onde todo mundo fizesse absolutamente tudo junto o dia inteiro. Os habitantes, diferentemente das castanhas, moviam-se, mas apenas em perfeito uníssono. Era um tipo de casa no meio do caminho entre autismo e vida – uma estufa que permitia algum contato com outras pessoas e algum desenvolvimento intelectual, mas sob condições rígidas e definidas por ciúmes. Ele era capaz de se locomover por Londres, usar telefones públicos, ir a restaurantes, trocar de trem caso sua ausência mental o levasse a pegar o trem errado e até fazer parte de algumas atividades esportivas. No entanto, em termos acadêmicos e sociais, estava muito aquém de seus 17 anos, e não havia possibilidade de ter iniciativa suficiente para se manter em um emprego. Ainda assim, estava começando a não gostar dessa situação e a ter consciência da impaciência e da irritação que sua loucura, sua imprecisão e suas intermináveis protelações produziam em pessoas normais. Ele finalmente encontrou as bases – apenas as mais rudimentares – de alguma real motivação para ser sadio. Insistia que queria "alcançar", mas nem ele nem eu tínhamos ideia de quão longe tinha de ir. Nem eu percebi quão poderoso era seu envolvente apego à vida vegetativa. Um apego que parecia ser suave, dócil e inofensivo, mas, na realidade, fatal. Demorou muito até que eu entendesse isso e muito mais até que eu começasse a ter alguma ideia de como utilizar esse entendimento nas sessões com Robbie.

3. Tornando-se vertebrado

Jacques Barzun, em *Uma caminhada com William James* (1987), destacou que apenas William James, olhando para um polvo em um aquário inglês, teria observado tamanha "intensidade flexível de vida sob uma forma tão inacessível à nossa simpatia". Um dos incríveis filmes sobre a vida submarina de Jacques Cousteau termina com uma sequência mostrando uma lula gigante dentro de uma caixa enorme no convés do iate. A caixa está destampada e, lenta e horrivelmente, a criatura escorrega, primeiro seus tentáculos e depois seu corpo viscoso, ultrapassando a borda da caixa, e então desce pela lateral, atravessando o convés até finalmente escorregar para fora do iate. Câmeras deviam estar preparadas dentro do mar, porque senão o que testemunhamos seria um milagre. O horrível, esquisito e obsceno deslizante transforma-se em uma bailarina nas profundezas. Os tentáculos ondulam e deslizam atrás da cabeça como salgueiros ao vento. Tudo é fluxo e graça, e a criatura redescobre seu elemento. Muitas crianças psicóticas dão a impressão de que a terra firme tem obstáculos demais, é estática, áspera e angulosa demais. Há, atualmente, muitos estudos sobre a

82 TORNANDO-SE VERTEBRADO

necessidade de recém-nascidos serem reconfortados nas transições de um meio para outro – por exemplo, durante a transição maior, do meio aquoso para o gasoso, chamada nascimento; quando são mergulhados na água durante o banho ou tirados dela; quando são colocados para mamar, tirados do seio, vestidos, despidos.

Aqueles que trabalharam com alguma profundidade com essas crianças muito doentes sabem quão difíceis são as transições para elas e quão importante é, em certas etapas do tratamento, tranquilizá-las e confortá-las sempre que possível. Com isso, não quero dizer que psicoterapeutas experientes nunca tiram férias de seus pacientes psicóticos nem os confrontam com verdades dolorosas. Mudanças não são negadas. O que quero dizer é que interrupções ou mudanças iminentes – por exemplo, uma mudança de horário ou de sala ou, pior, uma mudança de terapeuta – são preparadas e conversadas antes e depois do evento, de maneira que os choques dolorosos possam ser absorvidos, digeridos, suportados e, assim, tomados como aprendizado, em vez de negados. A dificuldade com Robbie era que ele próprio tinha encontrado um modo extremamente efetivo, mas destruidor da mente de suavizar suas próprias passagens; ele o chamou, em sua primeira sessão, de "amaciar". Infelizmente, esse enganchamento passivo à mesmice e essa evitação do novo ou de dificuldades havia se tornado uma parte tão séria de sua doença quanto qualquer pânico ou angústia original que o tenha causado. Precisei encontrar um modo de me tornar sensível ao pânico e à dor onde ainda existiam – e acredito que estava bem treinada para fazer –, mas também de afrouxar seu agarramento adesivo. Essa parte era muito mais difícil, sobretudo porque seus métodos se tornavam mais sofisticados com o passar dos anos; acredito ter facilitado e ter sido enganada por ela por tempo demais. Creio que eu, com meu "entendimento" pseudopsicanalítico mal orientado, proporcionei, por muito mais tempo que deveria, um meio líquido demais no qual ele se sentia bem, mas não conseguia se desenvolver.

Tustin cunhou uma palavra para os brinquedos e objetos que crianças autistas comumente carregam com elas. Chamou-os "objetos autísticos" e distinguiu-os claramente da noção de Winnicott de "objeto transicional" – o ursinho de pelúcia ou cobertor macio que crianças normais de 1, 2 ou 3 anos levam para cama à noite (Tustin, 1972; Winnicott, 1958). O objeto transicional de Winnicott é em parte um verdadeiro símbolo – isto é, uma lembrança simbólica da mãe – e em parte uma maneira de esquecer sua importância. Consequentemente, é algo no meio do caminho de ser um verdadeiro símbolo.

Há uma importante teoria psicanalítica relevante aqui, diretamente relacionada a um artigo seminal de Hanna Segal a respeito da diferença entre o processamento de pensamento normal e o psicótico (Segal, 1957). Esquizofrênicos geralmente têm sido descritos – mesmo nos textos psiquiátricos ou behavioristas de cunho mais organicista – como pensadores tipicamente concretos. Segal sugeriu que a capacidade de formar símbolos é característica do pensamento e da linguagem normais; que um símbolo é vivenciado como relacionado ao objeto e representando-o, mas fundamentalmente diferente do objeto que representa. A insubstituibilidade e a essência fundamental do original são respeitadas. Uma equação simbólica, por outro lado, iguala o símbolo ao objeto e nega suas diferenças. A autora citou o exemplo de um psicótico que não conseguia mais tocar violino porque sentia como se estivesse literalmente masturbando-se em público. Isso é similar à proposição de Freud do bebê que chupa o dedo e acredita, por um tempo, que ele é o seio, como um exemplo de realização alucinatória do desejo (Freud, 1900, p. 566). O objeto transicional de Winnicott está no meio do caminho entre o símbolo e a equação simbólica.

O ursinho fofo ou o cobertor macio da criança fazem-na lembrar a mãe, representam sua calidez e sua proteção e ajudam-na a dormir como se a mãe estivesse ali. No estágio do objeto transicional, a criança sabe, em parte, que o ursinho é apenas um substituto da mãe e, em parte, nega-o dizendo a si mesma que o ursinho é tudo de que precisa. Quando esses objetos transicionais passam a ser extremamente importantes, tão bons quanto – ou melhores que – a verdadeira mãe, permitindo que a criança ignore permanente e cronicamente tanto a mãe como a necessidade de um ser humano vivo, transformam-se equações simbólicas – ou objetos autísticos. Como aponta Tustin (1981), passam a ser usados para evitar o contato humano e para manter os objetos vivos, humanos, menos controláveis fora da mente da criança.

Na infância de Robbie, havia muitos objetos (como os bilhetes de ônibus que ele trazia para as sessões) e rituais obsessivos (como tocar a parede) que se encaixam perfeitamente na descrição de Tustin. Ela enfatizou que objetos autísticos não são usados em termos da função à qual foram destinados. Mostrou que eles parecem não estar associados a qualquer fantasia e são usados de maneira extremamente canalizada e perseverante. Escreveu: "Eles são estáticos e não têm as qualidades de abertura e flexibilidade que levariam ao desenvolvimento de novas redes de associação" (Tustin 1981, p. 96). Essa é uma descrição brilhante da patologia e das dinâmicas da criança. Porém, para poder transmitir o que isso significa para pais, professores e terapeutas que lidam com essas perseverantes cegueira e surdez aos valores humanos, também precisamos de Kundera. Quando me imagino testemunhando os infindáveis rituais repetitivos de Robbie, esvaziados de qualquer significado anterior e sem perspectiva de fim, com sua terrível tolerância para o não tempo, creio que sentia o mesmo que Tamina: enjoada, desesperada e com um buraco no estômago. "São pequenas coisas totalmente sem peso que estão deixando Tamina nauseada. Na verdade, o sentimento de vazio no estômago vem de uma insuportável ausência de peso" (Kundera, 1981, p. 188). É exatamente isso – a insuportável ausência de peso, a insuportável ausência de sentido ou significado no que ele estava fazendo. Como diz Tustin, nem mesmo a fantasia permanece – apenas detritos. O que a psicanálise – eu frequentemente pensava – com sua interminável busca por significado, tem a ver com tudo isso?

Espinha dorsal em mim

Quando Robbie tinha 20 anos, embora tivesse abandonado muitos de seus rituais psicóticos mais evidentes e fosse muito mais verbal, aquele esquivamento do passado, insidioso, persistente e sensual havia invadido sua linguagem. Ele não mais tocava paredes para amenizar sua passagem por um corredor de um lugar para outro; simplesmente paralisava mentalmente, tocando e acalentando sempre os mesmos velhos pensamentos. Por muitos anos, foi incapaz de falar de maneira coerente ou narrativa; pensamentos ou imagens simplesmente passavam por sua cabeça devagar, como peixes, em geral sem conexão entre si. Quando se tornou mais coerente, fui percebendo que seu hábito de se apegar ao que juntos chamamos de "velharias" tinha invadido sua fala e, claro, o modo como ouvia a fala dos outros. Ele tinha muito orgulho de ser capaz de se locomover por Londres e até fazer viagens para outras partes da Inglaterra usando transporte público. Um problema recorrente no começo não era tanto o de pegar o trem certo – geralmente ele ficava nervoso e, portanto, alerta naquele momento –, mas sim lembrar-se de *descer* na estação certa. Sentava-se no trem, deixava-se levar por suas próprias preocupações psicóticas e acordava apenas muitas paradas depois de seu destino. Um dia, veio à sessão muito agitado, mas incomumente acordado e alerta, dizendo que deveria ter encontrado sua mãe na estação Camden Town, mas tinha continuado até Tufnell Park. Pareceu--me que ela teve de ir a seu encontro porque ele deu uma vívida descrição da resposta zangada e da expressão do rosto dela. Explicou que a resposta dela quando eles de fato se encontraram no local combinado era bem diferente e descreveu sua expressão como amigável, com batom e roupas diferentes. Isso ocorreu durante um período em que ele estava lutando bravamente para fazer discriminações e distinções, então era importante podermos distinguir entre o tipo de mãe que tinha de correr atrás dele e gritar com ele para fazer contato e o tipo que, como ele sentia, sorria quando ele se esforçava para encontrá-la. Em algumas sessões depois dessa, Robbie e eu utilizamos os nomes dessas duas estações como metáforas úteis para seus variáveis estados: vigilância e dispersão, desligamento e as concomitantes percepções de sua mãe interna (isto é, imaginada) e de mim.

Gradualmente, no entanto, tornou-se claro que ele começara a fixar-se a essa metáfora, anteriormente tão vívida, da mesma maneira adesiva e rígida como fazia no passado com tantos objetos físicos e rituais. Começou a usá-la não para seguir adiante, mas para permanecer onde estava e garantir que eu o fizesse também. Simplesmente não podíamos descer do trem. Bion (1962) descreveu a linguagem clara e articulada do psicótico como unidimensional, sem ressonância e fazendo o interlocutor perguntar: "E daí?", porque ele não tem capacidade de evocar uma sequência de pensamentos (p. 16). Robbie muitas vezes me enganava quando, sem que eu pudesse evitar, pegava ideias que uma vez haviam sido tridimensionais, mas que agora não tinham qualquer significado novo ligado a elas. Ele parecia sentir que abrir mão das coisas antigas e familiares o deixaria sem meios de alcançar uma ligação nova e diferente. Renovação era um conceito quase inteiramente ausente em sua imaginação. Sobre seu antigo ritual de tocar a parede, explicou-me, anos depois, quando foi capaz de verbalizar, que tocava a parede para "ver se ela ainda estava lá". Quando foi visitar o Palácio de Buckingham e eu lhe perguntei a respeito, a única coisa que conseguiu dizer foi: "Tem uma bandeira no alto para dizer se ela (a rainha) está lá ou não". Mesmo assim, a disponibilidade dos seus objetos raramente estimulava seu interesse ou curiosidade; simplesmente o reassegurava. Comecei a ficar cada vez mais atenta à questão de ele estar fazendo uma comunicação verdadeira ou falsa, e sempre que tinha certeza de que o material estava desvitalizado, eu me recusava a ser conivente e parava de utilizar a metáfora. Tentava indicar rapidamente quando achava que ele estava começando a se acomodar muito confortavelmente em uma banalização das palavras, que o conduzia a uma terrível espiral descendente: se eu o deixasse por muito tempo ou fizesse interpretações muito brandas, o material assumiria qualidades fetichistas e perversas, e ele se excitava.

Tenho a impressão de que, durante aquele ano (Robbie tinha 20 anos), ele não tinha experimentado essa firmeza ou essa determinação de minha parte como rejeição, mas como tentativas de aproximá-lo, de conseguir um tipo de contato menos grudento. Frequentemente, ele ficava irritado e aturdido com minhas recusas, mas de fato pareceu se tornar mais capaz de distinguir os dois tipos de comunicação. Era um árduo trabalho, e eu estava sempre caindo ou me segurando para não cair em alguma armadilha verbal confortável ou confortante. Nos anos seguintes, tornei-me ainda mais vigilante, mas também, infelizmente, mais impressionada com o incrível poder do processo psicótico. Era como abrir caminho através do mato, em terreno pantanoso: se eu pudesse manter minha cabeça e meu equilíbrio e utilizar sempre uma linguagem renovada – isto é, evitar as palavras e frases viciadas e psicóticas de Robbie –, podíamos nos mover para um pouco adiante. Se eu cometesse um deslize ou se simplesmente o deixasse ir em frente por um tempo demasiado, sem intervir, afundaríamos no pântano. A palavra, com qualquer possível associação confortante, passava a ser excitantemente sensual, densa e louca, e assumia o controle, passando a ser muito mais forte que eu. Com um paciente neurótico ou menos doente, um erro ou um atraso na interpretação pode ser corrigido ou compensado, e o paciente pode ser conduzido de volta pela próxima interpretação; não haveria perigo de afundar no pântano, pois o analista simplesmente poderia falar a palavra e, em seguida, analisaria a resposta. Com Robbie, porém, uma vez que essas palavras assumiam o controle, era como areia movediça: ele caía em sua psicose pantanosa e eu o perdia.

Espinha dorsal nele

Em uma sessão do início de julho do ano em que Robbie completou 21 anos, ele chegou na hora e em um estado relativamente integrado. Depois de um tempo, virou-se no divã e olhou para mim. Perguntei o que ele tinha visto; ele disse: "Você – olhando – ereta e rija". Mas ele disse isso gentilmente, com admiração e sem medo, e não parecia agitado. Alguns dias depois, me disse: "Fui ao Museu de História Natural, e eu tenho ossos e músculos e é com eles que me movo". Falou tudo isso por iniciativa própria, e entendi que começava a ter consciência de que tinha ossos para sustentá-lo e músculos para movê-lo. Da mesma forma, tinha mantido ideias em sua mente, contado tudo isso sobre o museu e se movido na minha direção na conversa, sem esperar que eu o empurrasse, puxasse e questionasse. Era como se estivesse descobrindo os ossos e músculos de sua mente. Alguns anos antes, seus sapatos tinham se tornado importantes para ele; disse: "Eles me seguram em pé". Naquele tempo, isso tinha parecido um avanço valioso, mas estava muito distante de um sentimento de que tinha qualquer núcleo central próprio que o sustentava. Por ser tão frouxo, eu sempre tive dificuldade em acreditar que tinha uma espinha dorsal, então era estranho e esperançoso ouvi-lo demonstrar interesse por seus ossos.

Mais tarde naquela semana, ele disse que queria fazer uma operação para se livrar de seus ossos. Ele tinha se irritado com alguns homens em um trem super lotado que não tinham deixado espaço para ele entrar, fazendo-o chegar atrasado. Queria ter os ossos removidos para não machucar e para que Vic, seu supervisor no trabalho, não o machucasse quando batesse nele. (Robbie tinha um trabalho simples à época e, às vezes, sua apatia e seu aspecto aéreo eram terrivelmente irritantes para os colegas, então é possível que Vic tenha de fato batido nele.) Ele queria ser todo macio na barriga, nos braços e nas pernas.

Dias depois, quis ir direto para seu caderno cheio de desenhos ligados ao material de Camden Town e Tufnell Park. Àquele ponto, isso era tudo coisa velha e desvitalizada, e eu fiz essa interpretação. Ele voltou ao divã e disse: "Quero desenhar só mais um desenho". No entanto, permaneceu no divã quando interpretei; então disse: "Eu quero bater na Julie [sua irmã] – mulheres cometem erros – homens pensam – mulheres não separam a roupa suja – elas as deixam na gaveta". Eu disse que talvez ele sentisse que era uma parte menina ou mulher dele que não separava os pensamentos velhos, amanhecidos e sujos conectados com aquele caderno, os pensamentos que nunca eram lavados nem renovados. (Agora penso que ele pode ter sentido que era hora de eu me livrar do seu caderno antigo.) Ele disse, emocionado: "Eu não quero ser um homem – eu quero ser um menininho – quero diminuir – começar de novo. Quero me afogar – morrer – ser um menininho". Eu disse que o achava um pouco confuso porque, caso se afogasse, não poderia começar de novo; apenas morreria.

Então perguntei-lhe por que queria ser um menininho de novo e, em vez de me dar a habitual resposta aplacadora que eu tinha aprendido a esperar para esse tipo de questão, começou um tipo de avalanche de lamentações dolorosas e tristes a respeito de sua infância perdida. Ele disse apaixonadamente: "Quero brincar com blocos e construir uma casa. Eu quero catar castanhas e ter uma boneca". Comecei a dizer algo, mas ele me interrompeu dizendo: "Quero colocar móveis na casa – uma TV – uma câmera – tirar uma foto – colocar o grito na câmera".[1]

Assinalei que era verdade que ele nunca tinha brincado com blocos ou bonecas quando criança, nem comigo, mas que poderia brincar ali, naquele momento. Palavras e pensamentos podiam ser juntados como castanhas e reunidos para criar uma conversa, como tijolos fazem uma casa. (Eu vinha tentando mostrar-lhe há alguns anos, que ele não tinha consciência de sua capacidade para juntar, armazenar e organizar seus pensamentos; disse que eu achava mais importante o que ele *estava* fazendo naquele dia, não o que *poderia* fazer. Frequentemente, ele se deitava, como alguém no fundo de um aquário, observando seus pensamentos passarem flutuando, sem nunca perceber que podia reivindicá-los como seus e fazer algo com eles ou para eles. Naquele dia, porém, foi diferente, e achei importante mostrar isso a ele.) Disse-lhe também que tínhamos aberto as gavetas de sua mente e de seus pensamentos, e que não estavam vazios nem cheios de coisas gastas, velhas e sujas, mas cheios de coisas importantes e novas. Ele disse, ainda muito envolvido e alerta: "Quero um ursinho para abraçar". No entanto, ele desviou o assunto para um tipo muito diferente de conversa sobre ursinho; passou para uma conversa de tipo ritual masturbatória, que nos era bastante familiar. Quando apontei isso, ele voltou

---

1 A pronúncia incorreta de "tela" (em inglês, *screen*) por parte de Robbie, transformava a palavra em "grito" (*scream*). No original em inglês: "[...] *set up the camera scream (he pronounced it with an 'm')*" [N. T.].

ao seu estado mais desperto e falou de seu anseio pelo primeiro tipo de ursinho. Interpretei que ele queria encontrar um meio de me manter sempre com ele, abraçando-me; ele disse, ainda com grande emoção: "Quero ir para o *playground* de aventura e subir nas coisas. Escalar até o alto. Quero chutar uma bola". Eu disse: "Mas você pode e está chutando as palavras para mim, e escalando por cima de mim com seus sentimentos e ideias". Eu deveria ter mostrado quão livre ele se sentia para me interromper hoje, mas não consegui. Disse, no entanto, que ele estava descobrindo que tinha ossos e músculos dentro dele que possibilitavam tudo aquilo e faziam-no sentir-se forte, capaz de se mover e de tomar atitudes com sentimentos, pensamentos e palavras. Robbie começou a bater em seu próprio peito, dizendo: "Quero bater neste osso – no centro – quero quebrá-lo – quero ver como sou dentro de mim".

Há muitas coisas interessantes nessa sessão. Tudo, por exemplo, parecia ter um dentro: as gavetas, a casa, seu corpo; de fato, cada pensamento parecia conter mais pensamentos tanto dentro como além dele. Também havia o desejo de construir e juntar coisas. Porém, o elemento para o qual quero chamar a atenção é o movimento. É difícil explicar, sem descrever centenas de sessões desvitalizadas, quão estranho o movimento era para essa criatura semelhante a um vegetal. Essa sessão, no entanto, estava cheia de movimento imaginado – construir, coletar, preencher, tirar fotos, abraçar, escalar, chutar, irromper e, acima de tudo, querer. A linguagem, por vir dele, era extremamente vigorosa, cheia de verbos, cheia de ossos e músculos verbais. Parecia, primeiro, ser a imagem de um objeto com o qual e para o qual ele podia fazer as coisas e, em segundo lugar, a imagem dele mesmo como um fazedor. Suspeito que um prelúdio importante para esse avanço tenha sido o dia em que me viu como "rija e ereta", e isso anunciou o início de um importante processo de introjeção e identificação. Ele estava começando a ter alguma coluna vertebral e substância próprias.

4. Crescimento de uma mente

A função de reclamação

Despertares, de Oliver Sacks, conta a história das reações de pacientes com Mal de Parkinson pós-encefalíticos que tinham estado mergulhados em profundos estados de "sono" ou estase[1] desde a epidemia da doença do sono de 1916. Em 1969, meio século depois, foram medicados com L-Dopa. Sacks descreve o profundo e perturbador retorno desses pacientes à saúde e expressa sua própria perplexidade ao constatar que "o potencial para a saúde e o *self* podia sobreviver após parte da vida e da estrutura da pessoa ter sido perdida e após uma imersão tão longa e exclusiva na doença". Ele adiciona em nota de rodapé:

> *A comparação desses despertares com os chamados "intervalos lúcidos" será evidente para muitos leitores. Nesses momentos – apesar da presença de perturbações cerebrais maciças funcionais ou estruturais, o paciente é repentina e completamente devolvido a si mesmo. Isto*

---

1 Estase: na medicina ocidental, significa o estado em que o fluxo normal de um líquido corporal para, por exemplo: fluxo do sangue [N.T.].

> *pode ser observado diversas vezes no auge de delírios tóxicos, febris ou outros: às vezes, a pessoa se lembra dela mesma quando chamada pelo nome; então, por um momento ou por alguns minutos, ela é ela mesma, antes de ser novamente levada pelo delírio. No caso de pacientes com avançada demência senil ou pré-senil (como Alzheimer, por exemplo), em que há abundantes evidências de grande perda de estrutura e função cerebrais, pode-se – de forma bastante repentina e comovente – observar vívidas lembranças momentâneas das pessoa original perdida. (Sacks, 1973, p. 203)*

Uma característica central da teoria psicanalítica de Melanie Klein é ser uma teoria de relações de objeto, e não – ao menos em suas últimas formulações – uma teoria de instinto ou de pulsão. É uma teoria de duas pessoas, não de uma. Um psicoterapeuta trabalhando com um modelo de relações de objeto consideraria vital notar não apenas que Robbie despertava para a vida em alguns momentos como também para quem ou para que tipo de figura ou paisagem ou objeto em seu mundo real ou imaginário ele despertava, e qual figura ou paisagem ou objeto facilitava um tipo particular de despertar. Parecia importante fazer três perguntas. Primeira, como é que a parte minúscula, não desenvolvida, não exercitada, mas, não obstante, viva de sua mente conseguia escapar do atoleiro de sua indolência louca? Ou melhor, que condições nele possibilitavam que isso acontecesse? Segunda, que variações em mim podem ter facilitado isso? E terceira, qual modo de relacionamento entre nós pode ter sido fundamental para fazer fluir novamente os líquidos vitais? Especulei frequentemente a respeito de eventos e mudanças em sua vida exterior que certamente influíram em sua melhora, mas eu só podia observar diretamente o que acontecia entre nós no consultório, isto é, o que a psicanálise chama de atitudes transferenciais e contratransferenciais.

A recuperação da loucura mais comovente encontrada na literatura é a cena em que o Rei Lear, senil e vagando a esmo pelo campo, é resgatado por Cordélia. Por alguns momentos, o delirante e alquebrado rei crê que ela seja um espírito, ou então que, se for real, certamente zombará dele por pensar que ela é sua filha. Reclama que ela estava errada ao tirá-lo de sua sepultura. Ela insiste, implorando que olhe para ela. Sua piedade e afetuosa consideração pela dignidade e orgulho do pai (ele lembra a si mesmo, mais tarde, que a voz dela foi sempre doce e grave), um tipo de redenção, tudo isso parece desempenhar um papel para salvar Lear da loucura. Porém, isso é uma grande especulação para meus propósitos. Rei Lear tinha uma mente sadia para a qual voltar. A situação de Robbie era mais terrível e as Cordélias de seu mundo interno mais evanescentes, fugazes, distantes e esquecidas. Na maior parte do tempo nos primeiros anos, ele praticamente não percebia que havia alguém na sala com ele. Como poderia eu, uma "rede esburacada", ser suficientemente tricotada, tecida, densa e sólida para prender e manter sua atenção e sua esperança? Como poderia eu esperar mobilizar suas energias vitais? Nas raras ocasiões em que ele ou eu conseguimos remexer as cinzas e suscitar um lampejo de vida, como deveríamos agarrar o momento e reproduzi-lo?

No Capítulo 3, sugeri uma resposta parcial a minhas três perguntas. Penso que minha firmeza – ou, caso prefira, dureza – em recusar-me a fazer conluio complacente com seus métodos de enredamento foi, provavelmente, um elemento importante no desenvolvimento de uma espinha dorsal mental e de coragem e determinação próprias. Os mesmos choques com a realidade que o destruíram nos estágios iniciais de sua doença pareceram ter tido um efeito revigorante e energizante mais tarde. Imagens de

96 CRESCIMENTO DE UMA MENTE

ar fresco colorem meus pensamentos a respeito daquele período porque, no meio e no fim de sua adolescência, quando ele tinha começado a exalar odores mais masculinos, mas ainda não cuidava de sua higiene pessoal ou aparência, às vezes era quase insuportável ficar com ele em uma sala. Ele cheirava como um velho em situação de rua. No entanto, o mau cheiro de sua mente não usada, não arejada, em decomposição, era ainda pior. Ele havia se aferrado a um tipo de linguagem repetitiva, altamente sensual e inesperadamente excitante; se deixado entregue a seus próprios recursos, passaria anos repetindo as mesmas frases e histórias. Meu erro nos anos iniciais foi ter pensado que, porque ele as estava repetindo, ainda tinham significados até então não compreendidos que requeriam minha atenção cuidadosa. Pouco a pouco, fui enfrentando o fato de que o vazio e o incrível teor rançoso dessas histórias estavam me inundando de raiva impotente, revolta, de desespero e, pior ainda, de um indescritível tédio. Na realidade, se houvesse algum significado, ele estava na qualidade sensual das palavras, não nas histórias. Robbie ficava excitado e deliciado não pelo conteúdo das histórias, mas por palavras específicas que adorava enrolar em sua língua. Ele era fascinado, como mencionei anteriormente, pela cor e pela textura da voz das pessoas. Alguém tinha uma voz verde-escura aveludada, outro tinha uma voz laranja brilhante. E essas não eram meras experiências metafóricas: sons eram sentidos, literalmente, como se o tocassem, acariciassem, fizessem cócegas ou, estranhamente, proporcionassem sensações visuais.

No entanto, eu não entendia isso à época. Simplesmente comecei a perceber que as histórias eram incrivelmente desvitalizadas. Frequentemente, eu podia imaginá-lo em uma ala para pacientes psiquiátricos crônicos – apesar dos esforços de todos – e, pior, bastante contente por estar lá. Noções de neutralidade psicanalítica e até compaixão humana pareciam, por vezes, implicar um estado de conluio alienado de minha parte. Seres humanos civilizados escolhem enterrar seu monte de sujeiras e seus mortos e oferecer internação em asilo para pessoas que preferem suas alucinações e delírios à "realidade". Estaria eu, ao escutar tão atentamente suas risadinhas e murmúrios, realmente fazendo parte de algum tipo de perversão necrófila?

Mas estou me adiantando. Quero voltar à questão sobre que tipo de relacionamento, nos períodos iniciais e mais desalentadores da doença de Robbie, pode ter ajudado a trazê-lo de volta à vida.

A atitude psicanalítica: neutralidade, continência e reclamação[2]

A neutralidade como atitude psicanalítica tem uma história longa, importante e bastante experimentada. Segundo Freud (1912), a experiência ensinou que a apropriação, por parte do analista, das funções de repressão, orientação ou encorajamento podia interferir no processo de autoconhecimento e autopercepção do paciente. Posteriormente, analistas alertaram a respeito dos perigos não só da sedução manifesta dos pacientes como também de atitudes sedutoras mais sutis, porém igualmente poderosas por parte do analista, pois, devido à dependência do paciente e à natureza poderosa dos sentimentos transferenciais, o analista se encontra em uma posição altamente privilegiada, mas, por isso mesmo, de extrema responsabilidade. Reasseguramento, ou encorajamento, ou o que foi chamado de "experiências emocionais corretivas" foram consideradas por muitos analistas como interferências no

---

2 No original, *reclamation*: uma de suas acepções está ligada ao ato de atrair aves por meio do "reclamo", instrumento que o caçador usa para imitar o canto das aves. O sentido é o de *chamar de volta* [N.T.].

98 CRESCIMENTO DE UMA MENTE

processo do paciente de trazer seu mundo interno imaginário – por mais cruel e devastador que seja – para a relação transferencial, onde poderá ser realmente, e não superficialmente, transformado.

Bion propôs um modelo relativamente diferente da função analítica. Seu conceito de continência ressalta, de certa forma, mais o que a atitude deveria ser do que aquilo que não deveria. Parece, à primeira vista, bastante próximo do conceito de neutralidade de Freud, mas, na verdade, vem de uma estrutura teórica diferente, do tipo relações de objeto. Neutralidade parece implicar um estado de coisas bastante estático, ao passo que função continente é uma noção muito mais dinâmica, referente a conter e administrar um jogo equilibrado de forças e também aos métodos pelos quais essa contenção balanceada é alcançada. Refere-se a uma emotividade pensada, refletida, a um pensar que é informado pela emoção – isto é, ao trabalho feito dentro do analista a respeito dessas forças.

Bion comparou isso ao estado de *rêverie* materna, em que a mãe sente o impacto e a aflição projetados nela por seu bebê angustiado, mas consegue contê-los e devolvê-los de forma modificada. Mais tarde, Bion deu um nome ao processo de modificação que se passa dentro da mãe ou do analista como consequência do impacto da contenção inicial: chamou-o transformação e comparou-o à atividade do artista. Ele disse: "Uma interpretação é uma transformação... Uma experiência, sentida e descrita de um modo, é descrita de outro" (Bion, 1965, p. 4).

As noções bionianas de continência e transformação parecem-me portar uma correspondência muito maior com o que de fato ocorre entre terapeuta e paciente no consultório do que com a imagem bastante estática do espelho neutro de Freud. Espelhos não são modificados pelo que refletem – terapeutas são. Entretanto, em razão da evidente importância de o terapeuta estar aberto para sentir o impacto das projeções do paciente, acredito que os elementos receptivos do modelo de Bion tenham, às vezes, sido sobrevalorizados (em meu próprio pensamento, ao menos; para uma discussão mais completa a respeito da questão da neutralidade e da função continente, ver Alvarez, 1985). Assim, o que algumas vezes pareciam ser implicações um tanto passivas da função continente, com sua noção de *rêverie* pensada, podia deixar algo a desejar quando eu ficava, semana após semana, mês após mês, buscando as revelações e projeções de Robbie que nunca aconteciam; comecei a sentir necessidade e urgência de ser mais ativa e mais ágil do que com outros pacientes para quem o modelo continência tinha se provado útil – à época, isso me preocupou. Sentia, o que às vezes devem ter sentido outros terapeutas desesperados trabalhando com crianças psicóticas do tipo vegetal, que talvez terapia analítica realmente não fosse o tratamento certo para tais crianças. Robbie nem mesmo queria uma fusão comigo naqueles estágios iniciais de sua doença; simplesmente não percebia ou não se importava com minha presença ali. Ele queria, na verdade, quase nada.

Essa situação parecia requerer uma ampliação dos modelos da função analítica que me eram familiares. Eu não sentia que Robbie estava projetando em mim sua necessidade de ser encontrado, nem mesmo que ele quisesse ser encontrado. Creio que ele tivesse desistido. Comecei a sentir que eu, como a mãe ou o pai na transferência, tinha que ir a seu encalço, não porque ele estivesse se escondendo, mas porque estava profundamente perdido. Parecia-me que minha função era reclamá-lo como membro da família humana, porque ele não sabia mais fazer suas próprias reivindicações. Eu não podia – e ainda não posso – esquecer o quanto enfatizava repetidas vezes que o *comprimento* da corda era tão importante. E isso correspondia perfeitamente a meu sentimento de que, de fato, eu teria que atravessar enormes distâncias – criadas, creio eu, tanto pelo nível como pela cronicidade de seu retraimento: ele estava

100 CRESCIMENTO DE UMA MENTE

terrivelmente distante e há muito tempo. Ideias de neutralidade, de adaptação e até de *rêverie* eram soluções inertes e inadequadas às suas dificuldes tão sérias. A imagem que o próprio Robbie construíra de uma longa, longa, longa meia que o resgatava e a seus entes queridos do poço escuro parecia implicar que o resgate viria de muito longe e que a capacidade de despertar, dar vida, estimular e, acredito, gerar esperança era central; mesmo a receptividade mais compadecida e compreensiva, do tipo "Cordélia" teria sido inadequada. Não era suficiente que eu, como a mulher do cônsul, continuasse chorando baixinho em um quarto distante. A enorme distância psicológica através da qual ele poderia cair tinha de ser percorrida, não apenas para chamá-lo para o contato humano, mas, mais urgentemente, para trazê-lo de volta a si mesmo.

Não há dúvida de que a receptividade da mãe em relação ao apego revelado pelo bebê ou pelo terapeuta em relação à transferência do paciente é uma função materna ou analítica fundamental. Porém, há outras funções maternas e talvez outras funções terapêuticas. O que não esqueço a respeito do dia em que Robbie me contou sobre o resgate do menino e da menina que estavam aprisionados no fundo do poço escuro é que, enquanto descrevia como tinham voado alto e para o outro lado da rua, sua voz mudou radicalmente. Ele começou a falar em cadências crescentes, quase musicais, com tremenda urgência e fluidez. Suas ideias tinham direção e propósito. Elas, assim como todas as pessoas da história falando e gritando, tinham para onde ir – um lugar que ele chamou "o outro lado da rua". Essa fonte de vida nele tinha significados claramente sexuais e de nascimento ou renascimento (a longa meia era também um longo pênis, ele disse), mas a nota ascendente parecia também ter a ver com noções da fala cotidiana, como coração batendo, humor melhorando, esperanças crescendo. Mesmo assim, um ponto continuou me intrigando e perturbando: Robbie tinha enfatizado que a corda tinha sido lançada para baixo e também que era muito, muito longa. Parecia a imagem de uma corda salva-vidas. Ele parecia descrever não apenas um despertar, mas uma experiência de ser *despertado*. Pareceu-me que, em seu estado mais doente, mais retraído, ele emergiu e veio para onde eu consegui chegar, quando fiz um movimento fundamental para alcançá-lo onde quer que ele estivesse em seu estado perdido de estupor. À época, escolhi a palavra "reclamação" para descrever a situação. Uma terra improdutiva não pede para ser recuperada, mas sua potencialidade oculta para germinar pode florescer quando é reclamada. (Eleonora Fe D'Ostiana (1980), ao detalhar seu trabalho com um garoto psicótico profundamente retraído e previamente inalcançável, descreve que o via como que no fundo de um poço escuro, completamente sozinho. Ela passou a imaginar como seria estar em um lugar tão vazio e solitário e, quando fez isso, o menino voltou à vida e cantou uma música sobre flores e primavera. Ela parece descrever algo relacionado a reclamação, mas diferente: um tipo de profunda empatia.)

Uma visão clássica, proposta por Strachey, em 1934, é de que o analista, por meio de sua atitude neutra, agia como um superego auxiliar – isto é, como uma figura que não julga, não seduz, que poderia ser vista como diferente de imagens e vozes parentais internas mais severas. Ao emprestar esse novo ponto de vista neutro ao paciente e ao resistir ao esforço dele para identificá-lo com esses pais, o analista poderia ajudar o paciente a externalizar seus medos, culpas e ilusões e a libertar-se deles. No entanto, a experiência e a teoria psicanalíticas precisaram ir além dessa noção do analista como um superego auxiliar. Atualmente, sabemos que as pessoas projetam aspectos não só de seus pais na pessoa do analista ou terapeuta, mas também partes básicas e preciosas delas mesmas, inclusive funções egoicas como o bom senso ou a inteligência. Bion escreveu sobre uma situação ainda mais drástica com esquizofrênicos severamente doentes, em que toda a personalidade pode ser

102 CRESCIMENTO DE UMA MENTE

evacuada, até mesmo o desejo de viver (1962, p. 97). Para Robbie, a palavra "perdida" parece mais apropriada do que "evacuada", já que está mais de acordo com minha experiência com pacientes como ele, que desistiram, que parecem ter abandonado a esperança mais que tê-la projetado e para os quais podemos ter que carregar não apenas seu desejo de viver como o próprio conhecimento de que eles realmente existem.

Rosenfeld (1972), que analisou diversos pacientes psicóticos, sugeriu que o modelo de Strachey deve ser ampliado e que, às vezes, o analista funciona como um *self* auxiliar para o paciente, desempenhando certas funções que ele não pode realizar por si mesmo. Enfatizou as funções egoicas, as funções de percepção, introjeção e verbalização, que o paciente não consegue dominar. Entretanto, o que faltava em Robbie era algo ainda mais básico: seu próprio senso de existência e, portanto, qualquer consciência de quão perto ele podia estar da morte psíquica. Mais tarde, ele frequentemente falava do período em que havia sido enviado para o campo como o tempo em que havia morrido, e, realmente, algo parece ter morrido – ou quase – nele. Para pacientes cuja desperso-nalização é profundamente crônica, que estão tão desligados e tão esquecidos de si mesmos como Robbie, o sentimento do terapeuta de terrível urgência sobre a situação deles pode precisar ser levado absolutamente a sério por ser completamente apropriado. Nesse ponto, o terapeuta pode estar temporariamente funcionando como quase todo o *self* do paciente – isto é, não apenas como o ego racio-nal, pensante, que escolhe, tampouco como o *self* infantil depen-dente, mas como algo possivelmente anterior a ambos: o próprio sentimento de estar vivo.

Urgência, horror e desespero podem ser respostas apropriadas para alguns estágios da doença mental, dissolução mental e qua-se morte psíquica. O terapeuta pode precisar sentir essa urgência sem perder seu equilíbrio e sua capacidade de pensar para ajudar o paciente a entender a seriedade de sua condição. É possível que, em casos de doença mental crônica ou depressão crônica ou apatia crônica, *mesmo em crianças*, a própria cronicidade tenha de ser trabalhada muito antes que questões mais sofisticadas, como os motivos originais de a criança ter ficado deprimida ou apática ou louca, possam ser tratadas. Autismo pode começar como uma fuga defensiva de um colapso e da dor mental. Há diversas evidências na história de Robbie, como a pouca alegria por seu nascimento e as duas separações traumáticas no segundo ano de vida que sugerem que esses fatores desempenharam ao menos um papel precipitador em sua doença e retraimento. Porém, anos de retraimento trazem mais consequências em seu rastro. A subnutrição ou o estado de inanição é uma condição muito diferente da fome. Inanição mental extrema pode, de fato, ser muito diferente de necessidade mental. Não adianta falar para alguém com avançado câncer no pulmão parar de fumar. Prevenção é de uma ordem diferente de cura, e interpretações a respeito do motivo do retraimento podem ignorar os perigos do grau de retraimento. Ignoram também o enorme problema de definir, de apreender e, depois, de atravessar os imensos espaços mentais não mapeados por meio dos quais o paciente se retirou.

Até agora, mencionei brevemente algumas teorias sobre como se pensava que o processo da psicanálise funcionava. As noções iniciais da psicanálise como uma atividade de descoberta e desmascaramento pareciam bastante irrelevantes para as condições de Robbie. Noções de crescimento, aprendizagem, inadequação e mesmo de deficiência pareciam oferecer uma descrição melhor dos problemas terapêuticos com um paciente assim; voltarei às teorias psicanalíticas de aprendizagem no próximo capítulo.

104 CRESCIMENTO DE UMA MENTE

Reclamação e identificação projetiva

Ainda uma questão teórica permanece: os poderosos sinais de alarme despertados na mente do terapeuta surgem por terem sido enviados para lá pelo paciente? Ao menos, seriam evocados pelos processos de identificação projetiva descritos por Klein e Bion? Bion enfatizou que um tipo de identificação projetiva, normal na infância, envolvia uma forma de comunicação muito primitiva – talvez a mais primitiva (Bion, 1962, p. 36). Seria o despertar do alarme, em nós, pelo paciente retraído uma comunicação de alarme? Ou talvez uma evacuação de seus sentimentos inaceitáveis de alarme? Ou nenhuma dos duas? Depende muito de como se define uma comunicação. Bateson (1955) fez uma distinção clara entre dois tipos de comunicação: sinais e signos.[3] Especulou que um importante estágio na evolução da comunicação é alcançado quando o organismo cessa de responder "automaticamente" aos signos de humor de outro e passa a ser capaz de reconhecer o signo como um sinal: isto é, reconhecer que os sinais do outro indivíduo, assim como seus próprios, são apenas sinais, que podem ser confiáveis ou não confiáveis e que podem ser falsificados, negados, ampliados, corrigidos, e assim por diante. Ele descreve sua própria perplexidade quando foi estudar signos metacomunicativos (isto é, sinais) no Zoológico de São Francisco (Estados Unidos) e viu dois jovens macacos *brincando*. Eles estavam brincando de luta, e o autor explica que esse fenômeno só poderia ocorrer se os organismos participantes fossem capazes de algum grau de metacomunicação – ou seja, de intercambiar sinais que poderiam conter a mensagem "isto é brincadeira". Indicadores de humor, por outro lado, são semelhantes aos odores sexuais – automáticos, involuntários, mas

---

3 Sinal é um signo causado por uma ação ou utilizado para levar a ela. Signo é o que representa algo, pode ser definido como símbolo, indicador ou sintoma [N.R.T. (nota da revisão técnica)].

eventos externamente perceptíveis que fazem "parte do processo fisiológico que chamamos de humor" (Bateson, 1955, p. 120). Parece provável que a identificação projetiva de Bion como forma primitiva de comunicação não verbal possa se referir a algo que está entre um signo de humor e um sinal. Eu sugeriria que parte da sintomatologia vista no mais psicótico dos pacientes pode operar em um nível ainda mais baixo, ou seja, no nível de um indicador (signo) de humor. Parte do alarme que sentimos em relação a um paciente profundamente retraído pode ser parcialmente uma resposta a uma poderosa projeção de desespero que o paciente é incapaz de sentir nele mesmo. Porém, o alarme pode ser uma resposta a algo ainda mais doente no paciente, algo de que tenha desistido, tornando-se incapaz de enviar absolutamente qualquer comunicação. O paciente desmoronou; em parte, ele parou de mandar sinalizações, mas algo como sinais de humor permanecem. A resposta do terapeuta a esse tipo de situação pode ser, digamos, evocada dentro dele por um ato ativo da imaginação. Não há discussão sobre o fato de que pessoas severamente doentes fisicamente devem receber tratamento de emergência e cuidados intensivos. Antes, contudo, a situação precisa ser identificada como grave. Suspeito que a percepção emocional necessária para identificar a necessidade de tratamento emergencial intensivo apropriado para doenças psicológicas severas em crianças seja semelhante aos sentidos receptivos da visão e da audição em humanos; em outros momentos, em que não há luz suficiente sobre os processos de comunicação, ela pode ser mais parecida com a ecolocalização[4] – como morcegos que enviam impulsos ultrassônicos para "enxergar" no escuro. Talvez se assemelhe mais a um processo projetivo do que a um processo introjetivo. Algumas vezes a sombra da criança que está lá dentro pode ser localizada por tais métodos; outras vezes os movimentos

---

4 Localização por radar e sonar [N.R.T.].

reclamatórios talvez tenham que preceder qualquer evidência de que, de fato, existe uma mente lá dentro para ser reclamada.

5. Reclamação e companhia viva

Contrapartidas normais na relação cuidador-bebê

Haydn surpreende-nos com o inesperado;
Mozart surpreende-nos com o esperado.

Alfred Brendel

Gostaria, agora, de investigar se existem funções maternas normais e comuns que podem corresponder às respostas do terapeuta descritas no capítulo anterior. Teriam as atividades "reclamatórias" ligadas a alarme, urgência, cuidados intensivos, ecolocalização, empatia, dirigidas a situações desesperadas em pacientes desalentadoramente doentes, algo a ver com atividades "reivindicatórias" mais normais realizadas por mães comuns em relação a seus bebês comuns? Examino, primeiramente, alguns exemplos bastante claros do que me parecem reivindicações cotidianas, para depois discutir atividades que me parecem mais ligadas a "reclamações".

O conceito bioniano de continência materna é este: ele descreve como a mãe, por meio de sua *rêverie*, faz um tipo de digestão mental que, em razão de seus processos digestivos mentais mais maduros, possibilita a ela vivenciar de uma forma suportável a angústia, a raiva ou o medo do bebê (Bion, 1962). Assim, ela será capaz de, sem demasiado pânico, mas também sem distanciamento excessivo, confortá-lo e acalmá-lo. Bion descreve isso como uma função materna normal e comum. É importante considerar, no entanto, algo mais: aquilo que mães comuns fazem quando seus bebês estão ligeiramente deprimidos – isto é, não quando estão expressando ou mostrando desamparo, mas quando não estão conseguindo demonstrar tais sentimentos, porque perderam temporariamente interesse ou esperança e ficaram um tanto retraídos. Isso quer dizer que mães funcionam também como alertadoras, instigadoras e estimuladoras de seus bebês.

Os estudos de pesquisadores do desenvolvimento infantil sobre as interações recíprocas entre mãe e criança parecem sugerir que o contato interacional é rítmico e cíclico, que os altos são tão importantes e tão mutuamente buscados quanto os baixos, e que funções de alerta e estimulação são tão significantes quanto as de conforto (embora estas sejam silentes e envolvam grande sensibilidade quando se trata de um bebê muito novo ou particularmente delicado). Pesquisas apontam para noções como curvas de intensidade, uma espécie de função onda, contornos, ritmos, períodos de intensidade seguidos por quietude, mutualidade intensa seguida por recuo, retraimento pacífico e isolamento. Aparentemente, uma mãe normal permite e respeita algum nível de retraimento por parte de seu bebê, mas também desempenha, mesmo que gentilmente, *um papel ativo* em trazê-lo de volta para a interação com ela. Angústia excessiva evoca algo que se assemelha com *rêverie* e continência (Bion, 1962); retraimento excessivo evoca a busca sensível por contato (Brazelton, Koslowski & Main, 1974; Trevarthen, 1984; Stern, 1985).

Eu não tinha lido a pesquisa sobre desenvolvimento infantil, quando comecei a especular acerca da noção de reclamação, mas duas observações de bebês normais me fizeram pensar que a longa longa meia de Robbie tinha algumas conotações perfeitamente normais. Em uma das observações, uma bebezinha chamada Lucy tinha sido desmamada prematuramente e se tornado, em comparação com seu *self* usualmente alegre, relativamente deprimida e retraída. Durante a observação, a mãe se ajoelhava em frente à bebê, mostrava-se incansavelmente preocupada e simpática e oferecia muito mais seu rosto e sua voz naquele dia do que em outras oportunidades em que seu seio estivera disponível. Esse tipo de "animação" precisa ser distinguido dos tipos reasseguramento maníaco e negação da depressão, que poderiam encorajar o desenvolvimento de um "falso *self*" na criança – que, por exemplo, teria que se animar para animar a mãe. Pareceu-me, no entanto, que a mãe talvez estivesse demonstrando algo diferente para sua filha: sua compreensão de que, embora algo tivesse sido perdido – o seio –, nem tudo estava perdido e que, onde parecia haver vazio, havia ainda plenitude e maturidade. Sheila Miller sugeriu um exemplo de ocorrência cotidiana na vida de uma criança: uma criança que há pouco aprendera a andar estava brincando feliz e animada, sozinha com seu ursinho e perto de sua mãe, mas, pouco a pouco, sua brincadeira tornou-se meio automática e desanimada. A mãe aproximou-se da criança e brincou com o ursinho por um momento, e em seguida a criança e seu brincar ficaram novamente mais vivos. Esses exemplos de *input*[1] por parte da mãe que parecem tirar o bebê da depressão fazem pensar em outras situações comuns em que um *input* – ou, para usar outro termo altamente inadequado retirado da psicologia, uma estimulação – não traz uma criança deprimida a um nível normal, mas leva uma criança *já em nível normal* a um estado de deleite, surpresa, maravilhamento, prazer.

---

1 No original, *input*: usado no sentido de contribuição [N.T.].

As palavras "*input*" e "estimulação" são inadequadas; baseiam-se em um modelo-máquina behaviorista de personalidade que ignora as implicações das relações de objeto da pesquisa sobre intersubjetividade e interação. Elas são, para meus propósitos neste momento, contrapesos úteis para "continência". "Consolar" é um termo ligado a relações de objeto; "estimulação", não. "Deleitando", "divertindo", "brincando" são todos termos ligados às relações de objeto. Assim como "cantando para". Parte do pensamento da teoria psicanalítica – especialmente aquele derivado da confiança inicial de Freud em um modelo relativamente reducionista – implicava que intervenções por parte da mãe serviam apenas para gratificar, adaptar-se a ou ajustar-se às necessidades do bebê. Não parece haver, nesse modelo, nenhuma ideia de acréscimo para enriquecimento.

A seguir, duas outras intervenções maternas – ambas observadas por mim – que foram vivenciadas pelos bebês como estímulos a curiosidade, interesse e atenção em vez de interferências invasivas. Elas surgiram em observações de bebês normais, efetuadas de acordo com o método desenvolvido por Bick na Clínica Tavistock (Bick, 1966; Miller et al., 1989). No primeiro exemplo, uma bebê de três dias chamada Cathy tinha acabado de completar uma mamada aparentemente satisfatória, mas ainda estava acordada. A mãe segurou a bebê em frente a seu rosto e começou a falar com ela de maneira delicada e animada. Era possível ver claramente a bebê virando a cabeça para um lado e para o outro para fixar e focalizar a fonte desse som incrível. Ela parecia tentar agarrar ou decifrar aquele quebra-cabeça. Não pareceu incomodada com essa novidade (pesquisas sugerem que a voz da mãe é reconhecida pelo recém-nascido a partir de seu aprendizado das características prosódicas identificáveis no útero (Trevarthen, 1986)); mas ela parecia muito interessada e, possivelmente, até fascinada. Outra mãe comentou comigo, mais ou menos na mesma época, que seu bebê muito pequeno parecia fascinado por esse tipo de experiência *após* a amamentação, mas a achava estimulante demais antes da mamada. No segundo exemplo, Martin, um bebê de 5 meses, tinha sido amamentado principalmente sob demanda e estava acostumado a acordar de manhã chorando ou gorgolejando antes de sua mãe ouvi-lo e vir a seu quarto para amamentá-lo. Ou seja, ele estava acostumado a trazer sua mãe para si por meio de sua voz – um bom exemplo de "adaptação" materna, não inconsistente com teorias hidrostáticas da mãe como aquela que satisfaz necessidades, reduz tensão etc. No entanto, um dia, a mãe ouviu o bebê se mexendo *antes* de estar completamente acordado e esperou ao lado do berço até ele acordar. Quando ele abriu os olhos, viu o rosto da mãe e, lentamente, demonstrou absoluto e maravilhado deleite.

Esses exemplos podem parecer simplistas, mas podem servir para lembrar-nos de que há mais na maternidade que ideias passivas e mecanicistas de adaptação e ajustamento ou receptividade. Certamente, novidade, surpresa, diversão e deleite, em quantidades manejáveis, desempenham um papel tão vital no desenvolvimento do bebê quanto suas contrapartidas mais serenas – estrutura, rotina, familiaridade, canção de ninar. A mãe de Lucy, a bebê que tinha acabado de ser desmamada e parecia deprimida, estava realizando – estou sugerindo – um tipo de atividade "reclamatória" bastante comum; as mães de Cathy e Martin estavam proporcionando interesse e surpresa ao realizar o que pode ser chamado de atividade de "reivindicação". Elas estavam *buscando* a atenção de seus bebês não porque estivessem deprimidos nem mesmo porque estivessem demonstrando uma necessidade específica; as mães fizeram o primeiro movimento e os bebês parecem ter sentido prazer nessa oportunidade de comunicação.

As teorias psicanalíticas da aprendizagem: reconsiderando o princípio do prazer

O que me impressionou em Cathy e Martin, à época, foi o elemento de prazer em seus estados de alerta[2] – ou, mais precisamente, o elemento de alerta em seu prazer. Muitas teorias psicanalíticas inferem que são as experiências negativas da vida as grandes mestras, as grandes estimuladoras, que o prazer conforta e alimenta a ilusão, enquanto o desprazer nos desperta e nos alerta para o grande mundo exterior da "realidade". A expressão mais concisa dessa ideia está no artigo de Freud, de 1911, "Formulações sobre os dois princípios do funcionamento mental". Embora a identificação dos estimuladores essenciais para o pensar tenha sido grandemente refinada desde os tempos em que Freud enfatizou as frustrações de anseios sexuais, a frustração como mestra ainda é bastante vista como negativa: desilusão em Winnicott, frustração e alteridade em Bion. (A ênfase de Michael Balint na importância do amor primário e na necessidade de um objeto inicial sem muito contorno é uma exceção.) A realidade que precisa ser digerida, por mais balanceada que seja com amor e sentimentos de maior satisfação, é dolorosa (Freud, 1911b; Winnicott, 1971; Klein, 1940; Segal, 1957; Bion, 1962; Balint, 1968, p. 167). (Ver Capítulo 13 para uma discussão mais completa a respeito do assunto.)

Um artigo interessante de O'Shaughnessy enfatizou um aspecto da qualidade frustrante do objeto: sua ausência. A autora salientou que o primeiro objeto de apego – o seio que alimenta – é, quando presente, *a priori* um objeto bom porque, quaisquer que sejam suas dificuldades, sustenta a vida. O lactente tem uma relação com o seio, não uma associação – uma relação que inclui presença e

---

2 No original, *alertedness*: estado de alerta, atenção, prontidão [N.T.].

ausência. A experiência do objeto ausente – e, portanto, frustrante – é um estímulo para o desenvolvimento. O'Shaughnessy propõe também que isso não é uma coincidência porque há uma conexão lógica entre pensamento e ausência.

> *Você pode ser solicitado a lembrar de algo que está ausente, um quadro em um museu (digamos), mas não posso pedir que lembre de um quadro para o qual você já está olhando. Você pode pensar a respeito de – no sentido de refletir sobre – qualquer coisa, presente ou ausente, mas, antes de "pensar sobre", você precisa desenvolver a capacidade prévia de "pensar".*
> *(O'Shaughnessy, 1964, p. 34)*

A autora ainda sugere que a capacidade de "lembrar" é essencialmente ligada a coisas ausentes – em termos de desenvolvimento, ao seio ausente. Em seu último texto, enfatiza a condição de ser separado, mais do que a separação e a ausência, e esse parece ser um modo bem mais sutil de considerar a questão (O'Shaughnessy, 1989). Tento mostrar mais adiante que, enquanto certos pacientes, para terem consciência da vitalidade de seu objeto, precisam de ajuda para aprender sobre a condição de ser separado e as diferenças entre eles e o objeto, outros podem precisar aprender sobre a disponibilidade, familiaridade e similaridade do objeto. Chegadas e retornos podem ser tão estimulantes e provocadores de pensamento quanto partidas, especialmente se o paciente está mais acostumado a partidas do que a retornos. O que provoca pensamento certamente deve ser a condição de perceptibilidade do objeto. A ausência seria percebida quando o objeto habitualmente está presente, mas a presença seria o fator operativo quando o objeto mais comumente está ausente.

114 RECLAMAÇÃO E COMPANHIA VIVA

Chegadas e retornos

Proponho, assim, que a noção de perspectiva possa ser um complemento útil para as noções de ausência e de separabilidade.[3] (Ver Capítulo 6 para uma discussão mais completa sobre a noção de perspectiva.) A condição de separabilidade permite a percepção da distância entre o *self* e o objeto, necessária para o pensamento operar, mas não explica situações como a de Robbie em seus primeiros anos de vida, em que o objeto simplesmente parece ter estado longe demais, separado demais, para que seja mantido na mente. Um conceito de perspectiva leva em consideração situações em que o paciente pode precisar ser alertado para sentimentos de proximidade, de experiência compartilhada, ainda que fugazes. Talvez o modelo seio-boca seja muito limitado para todas as interações que se dão entre a mãe e o bebê nas primeiras semanas de vida. Facilmente, ele se presta a ideias como encaixe, adaptação, presença, ausência. Entretanto, não se pode dizer que a voz de uma mãe se ajuste precisamente à necessidade de som do bebê. Há centenas de línguas e dialetos diferentes nos quais mães conversam com seus bebês. A voz da mãe é, a meu ver, motivo para surpresa, senão encantamento, assim como seu aparecimento inesperado em condições não muito repentinas ou invasivas. Bebês gostam de olhar para luz, cor e padrão, e de ouvir certos sons não apenas porque esses "estímulos" o fazem focar e reter sua atenção de maneira confortável, mas porque foram, a princípio, suficientemente fortes para captar e atrair seu interesse. Tustin escreve a respeito da primeira infância de algumas crianças psicóticas:

---

3   Para discriminar as noções de separação em relação a um objeto e de consciência de ser separado, D. Houzel sugeriu a F. Tustin o termo "separabilidade" para esta última (*separateness*) [N.T.].

Sempre me surpreendi com o fato de algumas crianças com psicose psicogênica serem descritas como tendo sido retraídas desde o nascimento. Enquanto escrevia este artigo, ocorreu-me que essas crianças podem ter encontrado casualmente com objetos autísticos muito cedo na vida e acabaram se afastando da mãe que as amamentava. Uma mãe deprimida ou insegura não seria capaz de reunir firmeza e resiliência suficientes para afastar seu bebê do encantamento ilusório de seus objetos-sensações e de atraí-lo para o prazer real de seu seio. (Tustin, 1980, p. 102)

Seria possível acrescentar que essa mãe poderia não ser capaz de reunir vivacidade ou vitalidade suficientes *para atrair o bebê para o verdadeiro prazer de ver seu rosto e ouvir sua voz.*

Quando conheci Robbie, quaisquer que fossem as razões de seu retraimento, uma presença materna revigorante não era, de forma alguma, adequada para sua situação. No entanto, a corda salva-vidas lançada por seus pais durante aquela semana dramática de sua crise e, depois, por mim, no mês de setembro seguinte, ajudou até certo ponto. Não há dúvida de que meu movimento reclamatório mais evidente, o aumento para cinco sessões por semana, desempenhou um papel considerável no processo do despertar. A dificuldade era que ele parecia não saber o que fazer com sentimentos muito intensos quando inevitavelmente o inundavam. O risco era de sempre escoarem pelo ralo e se dissolverem em algo tão indiferenciado que impossibilitaria a manutenção de um vínculo consistente com seu mundo. Mais tarde, no entanto, quando se tornou capaz de organizar e ordenar seus sentimentos, e suficientemente capaz de valorizar o contato com seres humanos, ficou claro que a firmeza do objeto, algo que provocasse um tipo de impacto (algo mais próximo da noção de realidade de Freud e Bion), desempenhava um papel muito mais vital para mantê-lo desperto. Gostaria de enfatizar fortemente que diferentes situações produziam efeitos em níveis diferentes de sua doença. Não há dúvida de que a firmeza de minha parte não era adequada para instigar curiosidade, interesse ou atenção em Robbie nos primeiros anos. Sua reação era de que ele estava "beijando uma pedra". Não havia, na época, nenhuma "robustez e firmeza" em mim, apenas ausência de vivacidade e dureza, um objeto impassível e imóvel.

O problema com a teoria da pulsão e a necessidade do "K" de Bion: evidências em pesquisas

Meu trabalho com Robbie levou-me a refletir a respeito das limitações dos antigos dualismos prazer-dor, ilusão-desilusão, presença-ausência. A utilidade de equalizar prazer com simbiose ou com ilusão foi questionada por Klein. Também questionei a ideia de que experiências negativas e frustrantes fossem as principais mestras e estimuladoras de pensamento. Pesquisadores do desenvolvimento infantil confrontaram essas questões em situações experimentais. Um experimento particularmente fascinante e engenhoso, criado por Wolff (1965), analisa as duas de uma vez. Ele lança sérias dúvidas sobre as ideias iniciais da psicologia e da psicanálise que supunham que apenas a pressão da privação de impulsos estimularia o interesse pelo mundo exterior. Isso parece apoiar o conceito de "K"[4] de Bion, isto é, a necessidade inata de conhecer o mundo. Wolff definiu, com cuidadosas medidas fisiológicas, estados de "inatividade alerta" em que o bebê tem um

---

4 "K", do inglês *knowledge*, que significa conhecimento [N. T.].

"brilho animado no olhar". O bebê faz movimentos oculares conjugados e movimentos visuais e auditivos buscando se apropriar dos objetos. Outro estudioso chamou esse olhar de "O que é isto?" (Eisenberg, 1970). Esses estados, Wolff sugere, são equivalentes ao que outro pesquisador, Kleitman (1963), denominou "vigília por escolha". Antes de seus estudos, Kleitman pensava que isso se daria apenas algumas semanas após o parto, depois de um longo período em que o único despertar era por necessidade – isto é, sob pressão de desconforto corporal. Wolff diz que esses estados de inatividade alerta, vigília por escolha, ocorrem apenas após a amamentação ou após a defecação – ou seja, quando o desconforto corporal está em seu mínimo – e são manifestamente diferentes de estados de aflição. Diz ainda que não duram mais do que meia hora por dia nas primeiras semanas e que talvez por isso não tenham sido estudados anteriormente. A implicação, a meu ver, é que, nessas situações, o bebê não é forçado a aprender, ele está livre para fazê-lo. Devo esclarecer que não estou sugerindo que a frustração não pode estimular o pensamento; estou simplesmente apresentando evidências de que ela não é o estimulador primário. O prazer não deve ser considerado inferior à dor em sua capacidade de perturbar, alertar e avivar.

Evidências das pesquisas sobre reivindicação materna e a função de alertar

O'Shaughnessy sugeriu que o primeiro objeto de um bebê é psicológico, isto é, não simplesmente um seio, mas algo que possui qualidades mentais e psicológicas (comunicação pessoal). As descobertas das qualidades do mundo de objetos ao qual o bebê é sensível e alerta têm importantes implicações para a afirmação de que, nem mesmo na primeira infância, o prazer se opõe ao princípio de realidade e pode até desempenhar um papel importante no desenvolvimento do bebê.

O estudo de Wolff sugere que a satisfação de necessidades corporais possa ser precondição, mas nunca a causa do aparecimento da inatividade alerta. Outro grupo de precondições, brilhantemente observadas e descritas, pode ser encontrado em um estudo de Brazelton e outros autores sobre as origens da reciprocidade (Brazelton, Koslowski & Main, 1974). Eles descrevem, em detalhes comoventes e facilmente compreensíveis (apresento mais no Apêndice 1), como as próprias mães parecem prover as funções de organização e foco necessárias para que os bebês comecem a aprender a prestar atenção nelas. Brazelton sugere que, quando as mães fazem isso bem, os bebês podem aprender a auto-organização necessária para aquisições cognitivas. Psicoterapeutas de crianças e professores de reforço sabem que não adianta tentar bombear conhecimento ou compreensão para dentro de uma criança com nível de atenção pequeno ou dispersa. O trabalho tem de começar com o problema da falta de atenção e as dificuldades de concentração da criança. "Organizar", na verdade, parece uma palavra cognitiva demais para fazer justiça ao que Brazelton e seus coautores descrevem: prefiro pensar na mãe reivindicando seu bebê como dela, reivindicando sua atenção, chamando-o para a relação com ela e, de certa forma, chamando-o para ser um ser psicológico.

É particularmente na área das atividades de alerta e amplificação descritas por Brazelton que sinto que nossas teorias psicanalíticas podem precisar de uma expansão, se pretendem ser relevantes para o tratamento das crianças psicóticas mais doentes. Muitas de suas observações descrevem improvisação, alerta, amplificação, alternâncias deliberadas, movimento, mudança, variações de um tema – atividades que são, por definição, emitidas apenas por um objeto vivo. Essas noções parecem ser necessárias para dar vida à imagem da mãe e nos ajudar a vê-la como mais do que uma simples alimentadora, cuidadora e continente, por mais importantes e vitais que sejam essas funções. Brazelton, por exemplo, descreve como a mãe frequentemente *troca* uma atividade por outra, às vezes para acalmar quando o alertar contribuiu para o bebê ficar perturbado; às vezes alertando quando o interesse do bebê estiver decaindo.

Sua fala é aguda, ela usa consoantes de alerta, ritmos simples, acelera quando necessário, seus olhos ficam mais brilhantes ou mais opacos na medida apropriada ao estado do bebê – tudo para intensificar sua atenção e mantê-lo focado no rosto dela e na interação entre eles... Quando ela o afaga ou acaricia, faz isso com um ritmo e uma intensidade destinados a alertar tanto quanto para confortar (por exemplo, há um ritmo de dois toques por segundo, que a maioria das mães usava para tranquilizar E alertar, e um ritmo mais lento usado simplesmente para tranquilizar.).

Brazelton aponta ainda que a parte do corpo do bebê que a mãe toca também serve ao duplo propósito de confortar e alertar. "Por exemplo, quando ele se acalma ao ser acariciado nas pernas e no abdômen, ela sobe as mãos para seu peito e, então, para sua face para atrair sua atenção e focá-la nela" (Brazelton, Koslowski & Main, 1974, p. 65). O autor sugere que a mãe parece estar ensinando o bebê a conter e canalizar seu próprio comportamento para um sistema de comunicações.

O que chama a atenção nessas descrições é o grau em que as ações destinadas a alertar são tão centrais para chamar a atenção dos bebês quanto as ações tranquilizadoras. De fato, a própria

120   RECLAMAÇÃO E COMPANHIA VIVA

alternância das duas, o jogo de uma contra a outra, parece por si só manter a atenção alerta. Também é impressionante quão musical é a maior parte das imagens e da linguagem. Os bebês parecem estar sendo convidados ao contato com outro ser humano não apenas por meio de suas próprias necessidades corporais ou emocionais nem apenas por meio de seu próprio interesse nesse contato, mas principalmente pelo direcionamento, assistência ativa e evidente desejo de suas mães. A palavra que escolhi originalmente para descrever a função da corda salva-vidas de Robbie foi reclamação. No entanto, talvez seja necessário considerar a reivindicação anterior, a busca pelo contato, o atrair para o contato, o ser visto de modo ativo, mas sensível, e o chamar pelo nome, que devem preceder qualquer reclamação e que ocorrem nos princípios da vida, quando as mães conhecem seus novos bebês e os reivindicam como seus. A descrição de Brazelton e colegas de como as mães lidam com bebês recém-nascidos no auge de sua falta de responsividade é ainda mais notável.

> *A mãe adota expressões faciais de grande admiração, movendo-se para a frente e para trás diante do bebê, com grande entusiasmo; ou, de novo em resposta a um bebê impassível, ela assume uma expressão de muita surpresa, movendo-se para trás com um espanto simulado; ou, de maneira mais exagerada, ela cumprimenta o bebê e, além disso, prossegue com uma animada e prolongada troca de cumprimentos, balançando a cabeça entusiasmadamente como se seu cumprimento estivesse sendo retribuído.*

Brazelton e colegas acrescentam:

É interessante que surpresa, cumprimento e admiração parecem compartilhar os elementos comuns que mencionei previamente; sobrancelhas levantadas, olhos exageradamente abertos e, em dois dos casos, até a boca ligeiramente apertada... [As mães] insistem em compartilhar e ampliar até os comportamentos menos interativos por meio da imitação. (Brazelton, Koslowski & Main, 1974, p. 68)

O trabalho de Klaus e Kennell (1982) a respeito do vínculo pais-bebê também é relevante para o que estou chamando de fenômeno de nomeação ou reivindicação. Os autores filmaram o comportamento de mães e de bebês na sala de parto por dez minutos durante seu primeiro contato. Como diz Macfarlane (1977, pp. 50-53):

Os resultados dessas observações mostraram que cada mãe apresentou um padrão de comportamento "ordenado e previsível", quando examinou pela primeira vez seu bebê recém-nascido. Começando hesitantemente com a ponta de seus dedos, ela tocou as mãos e os pés do bebê e, então, dentro de quatro ou cinco minutos, começou a acariciar seu corpo com as palmas das mãos, mostrando animação crescente. Esse exame continuou por alguns minutos e, então, diminuiu até a mãe cochilar com o bebê nu a seu lado. Durante os dez minutos de filmagem, houve também um nítido aumento no tempo em que a mãe posicionou o bebê de maneira que eles pudessem se olhar olhos nos olhos (se o bebê estivesse de olhos abertos). Ao mesmo tempo, ela demonstrou intenso interesse em acordar seu bebê em uma tentativa de fazê-lo abrir os olhos, e isso foi verbalizado por quase três quartos das mães: "Abre os olhos. Ah, vamos lá. Abre os olhos", ou "Se você abrir os olhos, eu vou saber que você está vivo". Várias mães também mencionaram que, depois que seus bebês olharam para elas, se sentiram muito mais próximas deles.

Macfarlane também filmou os primeiros momentos após o parto e, em algumas das transcrições, a mãe verbaliza seu detalhado exame inicial do bebê: "A senhora C. vai em direção ao bebê, tocando aqui e ali com seus dedos e observando para seu marido: 'Olha a boquinha dele. Olha a carinha dele. Suas pequenas unhas. Oh! Seu narizinho amassado, como o seu. Olha a cabecinha dele. Olha o cabelo dele'". Macfarlane comenta: "Uma espécie de inventário alegre e maravilhado e, ao mesmo tempo, uma checagem séria para ter certeza de que tudo está como deveria estar". O autor, assim como Klaus e Kennell, notou "o intenso interesse das mães pelo olhar de seus bebês... A senhora C. não cumprimenta de fato seu bebê diretamente até ele abrir seus olhos. Então, ela diz 'Oi!' para ele sete vezes em menos de um minuto e meio. Exatamente antes disso, tinha pedido que seu bebê abrisse os olhos" (Macfarlane, 1977, pp. 50-53). O bebê não deve ter duvidado da presença de sua mãe e dele mesmo depois de um convite tão insistente e determinado e de um cumprimento tão alegre.

Pesquisa sobre as capacidades sociais dos bebês

Sabe-se agora que os próprios bebês são "imensamente precoces socialmente ao nascer" (Newson, 1980, p. 49) . Newson cita dados da pesquisa de Trevarthen e de outros autores que sugerem que o bebê humano é "biologicamente programado, ou pré-sintonizado, para poder se comunicar com outros seres humanos. Tem todo o equipamento básico de que precisa para começar a estabelecer comunicação interpessoal face a face – inicialmente de tipo não verbal – desde o nascimento" (Newson, 1977, p. 49). Na verdade, Trevarthen estudou o diálogo e as trocas do tipo conversa como algo que denominou "pré-fala" e, mais recentemente, "pré-música" desses diálogos. Aparentemente, o idioma das mães é agudo, inicialmente em ritmo de adágio e depois andante, e o diálogo tem certos ritmos em comum em qualquer língua (Trevarthen & Marwick, 1986; palestra na Clínica Tavistock em julho de 1991). Newson aponta que, quando essas trocas do tipo conversa são examinadas em detalhe, torna-se imediatamente claro que o próprio bebê não é, de forma alguma, um observador passivo ou não participante. Foi demonstrado por Papousek e Papousek (1976) e outros (Bower, 1974) que o bebê tem um conjunto de estruturas visuais altamente sensível àqueles aspectos de estimulação que emanam dos rostos de outras pessoas, além de equipamento auditivo seletivamente sintonizado à voz humana. O bebê presta muito mais atenção nesses estímulos humanos do que em objetos inanimados ou estáticos. Em particular, aponta Bentovim (1979), foi notado que o bebê presta atenção nos olhos da mãe. Robson (1967) comentou a respeito da "riqueza de estímulos dos olhos, sua notável gama de qualidades interessantes, como brilho, mobilidade, variabilidade de tamanho de pupila, largura da abertura". Schaffer (1977) diz que é cada vez mais difícil evitar a conclusão de que, em certo sentido, o bebê já está preparado para a interação social, e isso não nos deveria surpreender. Trevarthen pergunta, em citação no início deste livro, como a mente do bebê poderia identificar pessoas. Sua resposta em 1978 sugeria que o comportamento intencional seria revelado por seu movimento vital rítmico autogerado: subsequentemente, enfatizou a capacidade inata do bebê para trocas comunicativas e emocionais com outra mente

124   RECLAMAÇÃO E COMPANHIA VIVA

e para o desenvolvimento da inteligência cultural (Trevarthen & Logotheti, 1989).

Schaffer (1977) diz: "Se um bebê chega ao mundo com um sistema digestivo para lidar com o alimento e um aparato respiratório sintonizado com o ar à sua volta, por que não estaria também preparado para lidar com esse outro atributo essencial de seu ambiente: pessoas?". Aponta que o tipo de pesquisa que mede quantitativamente a ocorrência de determinados comportamentos reunidos ao longo do tempo é inadequado para o estudo de interações sociais. São necessárias técnicas de análise sequencial (o bebê faz algo, a mãe responde, o bebê responde à primeira resposta, ela responde à segunda resposta, e assim por diante). Esse tipo de pesquisa tem aparecido cada vez mais na literatura (Schaffer, 1977).

No entanto, o que acontece se as ações da mãe para chamar e reivindicar não estiverem sincronizadas, de modo sensível, com os movimentos que o bebê faz para fora, ou se, em função da depressão, da preocupação e do retraimento maternos, essas ações estiverem muito reduzidas? O trabalho de Brazelton tem muito a dizer sobre o primeiro caso. Há evidências de que os bebês, em certo grau, retraem-se desse contato. Murray e Trevarthen (1985), em estudo com bebês de 8 semanas, observaram que uma falha na comunicação devido à falta de resposta ou da resposta paradoxal por parte da mãe pode levar a expressões de confusão, aflição e choro, abatimento inerte ou retraimento para dentro do *self*. Murray também empregou a imobilização voluntária do rosto da mãe para observar expressões esteriotipadas de tristeza em bebês de 7 a 12 semanas. "O bebê fica infeliz, parece confuso, encara seu punho cerrado, evita os olhos da mãe, mas dá rápidas olhadelas para eles e faz caretas contorcidas" (Murray & Trevarthen, 1985). Murray (1991) demonstrou, mais tarde, o efeito poderoso da verdadeira depressão materna sobre o desenvolvimento cognitivo de bebês.

Deveria ficar claro, com base em evidências e argumentos em favor de uma teoria de interação em relações de objeto, que a "causa" do déficit cognitivo ou do retraimento emocional – ou ambos – em um bebê nunca está inteiramente na mãe. A própria pesquisa sobre desenvolvimento infantil tem sido cuidadosa em mostrar que os apoios sociais e culturais (a companhia, preferentemente do pai, no momento do parto, posterior apoio em casa, um bom relacionamento conjugal, nível socioeconômico) afetarão a possibilidade de um círculo de desenvolvimento virtuoso ou vicioso. Décadas de observações de bebês – na Clínica Tavistock e na Universidade de Turim (Itália), por exemplo – vistos em seu ambiente familiar com seus pais ao longo de dois anos mostraram quão complexa é a questão da causalidade – isto é, como uma mãe deprimida pode ser ajudada a sair de sua depressão por um bebê vivaz e responsivo e como uma mãe pode ficar mais deprimida com um bebê não responsivo e não gratificador. Mães deprimidas geralmente recuperam-se a tempo de reverter círculos viciosos perigosos. Não podemos negligenciar as novas descobertas sobre a importância do ambiente intrauterino (Piontelli, 1987; Liley, 1972) nem a presença de fatores genéticos na constituição do bebê. Frequentemente, há disposição de ajuda por parte de visitadores sanitários e outros tipos de profissionais – psicoterapeutas, psicoterapeutas infantis e, às vezes, babás, avós e amigos prestativos –, podem ajudar se a situação é tratada suficientemente cedo. Em geral, o tempo está do lado da saúde, e mãe e bebê no final acabam se acertanto. Quando isso não acontece, pode ser necessário introduzir o tratamento psicoterapêutico onde a prevenção não foi suficiente.

Voltando às questões teóricas da função materna de nomear--reivindicar-cumprimentar e seu vínculo com a longa corda salva--vidas de Robbie: sugiro que aqueles bebês suficientemente tocados, olhados e com quem os adultos conversam não estão apenas

126 RECLAMAÇÃO E COMPANHIA VIVA

sendo chamados para prestar atenção a um mundo humano exterior a eles; estão sendo chamados a prestar atenção no fato de que eles próprios existem. A pesquisa parece coincidir com: (1) o sentimento de que meu alcance para Robbie precisava ser longo; (2) a necessidade, nos primeiros dias com ele, de colocar minha cabeça em seu campo de visão e, frequentemente, chamar seu nome; (3) o pedido do próprio Robbie para que eu fizesse o rolo de massinha muito *longo*, possivelmente para combater o alcance tão breve e diminuto de sua atenção e sua percepção da fragilidade e pouca consistência do mundo. A mãe de Robbie estava severamente deprimida quando ele nasceu, mas parece provável que ele já tenha nascido como um bebê difícil de satisfazer e difícil de estimular. Um bebê vigoroso e responsivo frequentemente ajuda uma mãe deprimida a sair da depressão. A corda salva-vidas pode funcionar para os dois lados, mas parece que em estados de severo retraimento ela não apenas convida a pessoa para o contato com um objeto humano como também a chama para contato consigo mesma. O que impressiona em crianças autistas é que têm tão pouca percepção do *self* e de existência própria quanto de outra pessoa.

Stern e Bion

Stern estudou as maneiras como mães "sintonizam" com os estados afetivos de seus bebês. Ele compartilha com a escola britânica das relações de objeto (Klein, Winnicott e outros) e com o analista e psiquiatra norte-americano Harry Stack Sullivan a ideia de que os bebês têm uma vida subjetiva muito ativa, cheia de paixões cambiantes e confusões. Enfatiza que o bebê nasce com capacidades sociais de nível extremamente alto e sutil. Em muitos aspectos, sua visão se aproxima da proposta de Klein sobre a existência de algum ego rudimentar no recém-nascido e da teoria de Bion sobre o desejo inato de se fazer contato com a qualidade psíquica ("K") (Bion, 1962). Stern cita um enorme conjunto de pesquisas experimentais bastante recentes e em expansão, cujas evidências desafiam os princípios básicos da psicologia associacionista, dos modelos estímulo-resposta, da teoria freudiana clássica das pulsões e inclusive de Jean Piaget. Bebês parecem, de acordo com sua pesquisa, não apenas estar especialmente sintonizados, mas também *em busca de* formas e abstrações que facilitem sua interação com seres humanos; eles reconhecem o cheiro do leite de suas mães alguns dias após o nascimento; estão altamente sintonizados não apenas com o rosto humano como ainda com as mudanças de expressão nele; eles sabem, antes de experimentar, que aquilo que tocam é aquilo que veem. Stern cita estudiosos do desenvolvimento como Bower e Meltzoff, que propõem que, desde os primeiros dias de vida, o bebê forma representações abstratas de qualidades de percepção e age de acordo com elas. Essas representações abstratas que o bebê experiencia não são sensações visuais, auditivas nem objetos nomeáveis, mas formas, intensidades e padrões temporais – qualidades de experiência mais "globais". Stern escreve: "A necessidade e a habilidade de formar representações abstratas das qualidades primárias de percepção e agir baseando-se nelas começa no início da vida mental; não são a culminação de um marco de desenvolvimento alcançado no segundo ano de vida" (1985, p. 138).

Um terceiro ponto concerne não apenas à capacidade de abstração do bebê, mas à sua capacidade de estar atento e sintonizado com padrões abstratos que se dão na dimensão do tempo. Os associacionistas e muitos teóricos da psicanálise assumiram que eventos que aconteciam muito próximos no tempo eram entendidos como conectados via um processo de associação. Stern, porém, diz: "Estou sugerindo que o bebê pode experimentar o processo de organização emergente, assim como seu resultado, e é

128 RECLAMAÇÃO E COMPANHIA VIVA

essa experiência de organização emergente que chamo de sentido emergente do *self*. É a experiência de um processo tanto quanto de um produto". O interesse de Stern está na emergência do *self*, mas poderia facilmente ter acrescentado o sentido emergente do objeto – já que isso também é seguramente uma experiência de um processo e de um produto, no sentido de que a mãe que atende, cuidada, alimenta, que segura, fala e murmura é um objeto vivo. Na verdade, grande parte do trabalho que ele menciona trata dos processos no objeto, mas ele concentra suas análises no desenvolvimento do sentido de *self*. Poderia ter facilmente discutido ambos. A respeito da noção de processo, eu mesma sempre lamentei o desaparecimento do conceito de Freud de "associação de ideias", que ele tanto utilizou em seu importante trabalho *A interpretação dos sonhos*. Fotos estáticas de processos vivos podem, certamente, ser bastante reveladoras, mas são sempre parciais. Estados de gratificação e frustração são seguramente uma dimensão importante da vida psíquica – assim como o equilíbrio entre amor e ódio –, mas são a forma e a maneira como essas experiências são vividas e as configurações e formação ao longo do tempo que parecem perder-se quando os elementos dinâmicos da teoria psicanalítica são negligenciados em favor de modelos da mente mais estáticos. Os escritos de Betty Joseph trazem essa vivacidade de volta; dão um sentido de jogo dinâmico de forças e de mudanças momento a momento a esse meio fluido. Nunca atravessamos o mesmo rio duas vezes e, como o filósofo observou, nunca atravessamos o mesmo rio uma vez!

Muitas das pesquisas citadas por Stern examinam precisamente esses processos vívidos. Há, por exemplo, evidências de capacidades inatas para "percepção amodal",[5] isto é, percepção que não

---

5 Percepção amodal: capacidade do bebê de transferir a experiência perceptual de uma modalidade perceptual para outra [N.R.T.].

é dependente nem ligada a um tipo particular de modalidade sensorial; essas evidências vão completamente contra todas as formas de psicologia associacionista estímulo-resposta. O bebê é capaz de reconhecer um ritmo independentemente de ouvi-lo, vê-lo ou senti-lo por meio de uma série de tapinhas. Ele reconhece os contornos independentemente da modalidade sensorial em que aparecem. A vida, aparentemente, não é experienciada, mesmo pelo recém-nascido, como uma série de momentos no tempo – como pontinhos – que têm de ser gradualmente enfileirados pela experiência, mas sim como ondas, contornos ou formas de tempo muito mais longos.

Stern acrescenta que experimentos que demonstram que bebês têm capacidade para representações internas globais implicam que deveríamos adicionar um segundo conjunto de qualidades ao afetivo, modo cheio de sentimento com que bebês experimentam o mundo a seu redor. O primeiro é constituído pelos tradicionais afetos darwinianos (e psicanalíticos) "categóricos": raiva, alegria, tristeza, e assim por diante. O segundo, Stern chama de "afetos de vitalidade". ("Afeto" é um antigo termo psicológico e psicanalítico para o que um leigo chamaria de emoção ou sentimento, como amor, ódio, raiva, ganância, prazer, desgosto, felicidade, alegria.) Afetos de vitalidade, diz Stern, referem-se à *forma (modelo)* de experiências e surgem *diretamente de encontros com pessoas*. O autor sugere que podem ser mais bem apreendidos por termos dinâmicos e cinéticos, como "surgindo", "desaparecendo", "passando rapidamente", "explosivo", "crescente", "decrescente", "explodindo", "prolongando", e assim por diante.

Stern usa seus argumentos e evidências para defender seu conceito do sentido de um *self* emergente contra definições mais estáticas do sentido de *self* – e certamente contra teorias que julgam não ser possível algum sentido de *self* tão no início da vida. Suas ideias e evidências sustentam igualmente o que se pode chamar de "sentido de um objeto emergente". Isso parece ter grande relevância para a noção bioniana de função alfa – a função da mente que torna os pensamentos pensáveis. Os perfis de ativação da vitalidade de Stern são excelentes candidatos para proporcionar a forma pela qual experiências felizes, tristes ou raivosas são moldadas e, seguramente, desempenham um papel importante para tornar uma experiência específica experienciável, reconhecível, digerível e pensável. O conteúdo da experiência, boa ou má, é apenas uma das dimensões importantes. A outra parece incluir as qualidades formais e os contornos que moldam a experiência, e que podem ser tão alertadores, tão interessantes, tão estimulantes, tão notáveis quando envolvem as boas e más experiências. Assim, seriam o *nível* de ativação e intensidade e o *formato* do contorno (muito explosivo ou muito insípido e monótono) que determinam se uma experiência é mentalmente digerível e pensável *tanto quanto* seu verdadeiro conteúdo positivo ou negativo. Pesquisas sobre trauma têm estudado o efeito do choque em más experiências, mas talvez a mesma atenção deva ser dada, no pensamento psicanalítico, aos estímulos para o aprendizado proporcionados pela provisão natural diária da mãe de surpresas positivas. O próprio Bion parece deixar espaço em alguns pontos para a função alfa tornar qualquer tipo de pensamento pensável – não apenas os maus, mas o peso de seu trabalho sobre a continência e a transformação na esfera da prática clínica e na situação mãe-bebê tende a estar relacionado à função de continência da ansiedade e da frustração. A contenção da esperança, exuberância, deleite e alegria parecem ser igualmente importantes para o desenvolvimento e o pensamento. (O trabalho de Stern sugere que o *timing* da interpretação e o ritmo em psicoterapia não são apenas ornamentos decorativos na estrutura clássica básica do trabalho analítico, mas essenciais a ela. Se estamos escrevendo um dueto para dois pianos em vez de estarmos compondo uma natureza-morta, *timing* é tão essencial quanto tom, valores temáticos e harmonia; ver Malcolm, 1986).

Ao demonstrar a sensibilidade do bebê à forma e à qualidade da experiência, as observações e as pesquisas mudaram sua imagem convencional. Ele não é mais apenas um pequeno animal sensual e com apetite que busca gratificação nem uma criatura passionalmente amorosa e destrutiva encontrando e perdendo amor e nutrição. Ele também é, quando as condições permitem, um pequeno estudante de música escutando o padrão de sua experiência auditiva, um pequeno estudante de artes estudando o jogo e o padrão de luz e sombra e suas mudanças, um pequeno estudante de dança vendo e sentindo os movimentos confortantes ou as alegres atividades vitalizantes de sua mãe, um pequeno conversador participando de diálogos pré-linguagem com sua mãe nas primeiras semanas de vida, um pequeno cientista trabalhando para reunir suas experiências e entendê-las.

6. Tornando o pensamento pensável

Uma perspectiva sobre introjeção e projeção

Neste capítulo, tento integrar os achados da psicanálise com aqueles obtidos por pesquisadores da percepção de bebês de uma forma que espero ser relevante para questões de técnica psicoterapêutica com crianças psicóticas. O mais importante desses resultados é aquele que há tempos vem sendo sugerido pela psicanálise e que agora foi confirmado pelas pesquisas sobre desenvolvimento infantil: para seu desenvolvimento emocional e cognitivo, o bebê precisa ter experiência e interação com um cuidador humano consistente, um "objeto animado" ou, nos termos de Trevarthen, uma "companhia viva" (Spitz, 1946; Trevarthen, 1978). Um importante problema técnico para o terapeuta é como proporcionar tal experiência a crianças que têm dificuldade em assimilar experiências em geral e também uma dificuldade particular em assimilar a experiência de um objeto humano vivo. Essa questão técnica pode requerer uma extensão do modelo psicanalítico que enfatiza a centralidade dos mecanismos de introjeção e projeção para a aprendizagem.

Sugiro que tal extensão possa ser proporcionada por noções que levam em conta a perspectiva a partir da qual a experiência é

134 TORNANDO O PENSAMENTO PENSÁVEL

vivida ou percebida: noções como disponibilidade do objeto, sua acessibilidade, compreensibilidade, proximidade e acompanhabilidade perceptual. O conceito de continência de Bion sugere algumas das condições sob as quais aprendizagem e introjeção se dão, mas seu conceito – até em sua forma mais mental – tende a ter ligações metafóricas com algo côncavo – talvez algo como uma mente-colo (Grostein, 1981a). No entanto, às vezes, o continente é tranquilizador e, às vezes, é visto como algo mais firme. Já sugeri que o objeto materno também precisa ser visto como *puxando a criança, chamando a criança, atraindo a criança ou interessando a criança*. Gostaria agora de enfatizar outro elemento, que envolve uma metáfora mais visual e diferente no sentido tátil – uma metáfora bem diversa da ideia de um colo ou de braços que envolvem. Essa ideia surge do que é agora sabido sobre a necessidade de o bebê, particularmente nos primeiros dias de vida, ter objetos como o rosto ou o seio da mãe apresentados *exatamente na distância certa* para que sejam satisfatoriamente visível, no caso do primeiro, e mamável, no caso do segundo. As condições sob as quais bebês são capazes de alcançar e agarrar objetos no espaço tridimensional podem ser relevantes também para a questão das condições sob as quais uma *ideia* pode começar a ser agarrável. Talvez os processos e estágios de desenvolvimento envolvidos no funcionamento de olhos e mãos do bebê, e mesmo a anatomia do sugar, tenham recebido menos atenção nos modelos psicanalíticos do que merecem.

Introjeção e projeção

Klein sustentou o ponto de vista de que processos de introjeção e projeção operam desde o início da vida (Spillius, 1988b, p. xiv). Como colocado por Heimann (1952), "A vida se mantém porque o organismo incorpora matéria que, embora alheia a si, é útil e porque descarrega matéria que, embora própria, é prejudicial. Incorporação e descarga são os processos mais fundamentais em qualquer organismo vivo". Ela concordou com Klein que a mente não é uma exceção a essa regra e que, embora psicanalistas anteriores tenham aceitado que o superego era construído via introjeção, foi Klein quem apontou que isso também valia para o ego. Klein sugeria que bebês, desde o início, eram capazes de aprender via experiência, absorvendo-a, mas que também tinham alguma capacidade de se defender de experiências por meio de atividades de descarga. O modelo e a metáfora eram de um sistema digestivo, mas não se tratava, todavia, de um modelo redutivo, e Klein insistiu que o bebê absorvia no seio amor e compreensão pelo seio, não apenas leite e satisfação sensual; muitas das experiências descritas como tendo sido absorvidas ou evacuadas eram vistas como mentais e emocionais.

Bion resgatou a analogia de Klein sobre a mente como um sistema digestivo, mas acrescentou que a mãe faz a maior parte da digestão mental para o bebê por meio de sua função continente e de transformação. Na sequência, houve considerável trabalho psicanalítico clínico a respeito das várias maneiras de "assimilar" (ou não conseguir assimilar) experiências mentais e emocionais – por exemplo, quando isso é feito rápido demais e digere-se apenas parcialmente. Meltzer (1975) descreveu a qualidade "entra por uma orelha e sai pela outra" de mães de algumas crianças autistas, um tipo de problema digestivo, auditivo e mental. O uso que hoje se faz da transferência e contratransferência torna o analista menos sintonizado com a questão de ter que dar a interpretação "certa" e mais sintonizado com a possibilidade de ter comunicado seu entendimento ao paciente de um modo aceitável (ver Spillius, 1988b). O analista também estaria monitorando se, de fato, o paciente se sentiu compreendido pelo que foi dito, como escutou, se escutou e o que fez com a interpretação. Se está correta ou não seria, então,

136 TORNANDO O PENSAMENTO PENSÁVEL

tanto uma questão de sua escuta quanto de sua veracidade, no sentido mais psicodinâmico ou geral. O paciente assimilou o que foi dito? Apropriou-se? Livrou-se imediatamente da interpretação ou se sentiu tão ferido por ela a ponto de nem conseguir absorvê-la? Ou simplesmente não a entendeu?

O modelo alimentar tem oferecido uma rica fonte de metáforas para as maneiras como a experiência é assimilada, mas, por outro lado, não precisa mais ser o único. De fato, quando o problema tem a ver com as dificuldades do paciente em ouvir, o modelo seio-boca pode ser inadequado. A maneira como a experiência é assimilada por meio da modalidade visual – e também por vias táteis diferentes do oral (por exemplo, o modo como os bebês melhoram em sua capacidade de alcançar e agarrar objetos no espaço tridimensional) – também pode ser uma fonte fértil para a teoria e a técnica empregadas com crianças psicóticas. O fato, por exemplo, de uma experiência só poder ser assimilada quando está localizada em outra pessoa *pode ter mais a ver com questões de perspectiva do que com questões de projeção*. Tal localização pode, na realidade, envolver *os inícios de um processo introjetivo em vez de projetivo*. A maneira pela qual um paciente pode ou não ser capaz de acompanhar a linha de pensamento, as associações de seu terapeuta – ou seguir a sua própria – pode ser tão análoga ao problema do acompanhamento visual da trajetória de objetos em movimento quanto sua resposta ao fluxo de leite em sua garganta.

Entretanto, eu gostaria de continuar utilizando a metáfora alimentar por mais um momento porque, aqui também, noções como perspectiva, proximidade, agarrabilidade e acessibilidade são importantes. Antes mesmo de o bebê ser capaz de sugar o seio, por exemplo, ele precisa primeiro mantê-lo firmemente em sua boca. O reflexo do sugar é incitado pela estimulação (tátil/química) do palato pelo mamilo. Segundo Woolridge (1986), muita dor para

ANNE ALVAREZ 137

a mãe e dificuldade de amamentação para o bebê podem ser evitadas não apenas certificando-se de que a maior parte possível da aréola está dentro da boca do bebê como também assegurando-se de que a língua e a mandíbula inferior dele estão devidamente posicionadas logo abaixo. Muitas mães de fato descrevem o momento incrível em que a incerteza mútua delas e de seus bebês é superada pela ajuda de uma prestativa parteira que praticamente os empurra na direção um do outro, e o bebê de repente parece reagir como se sentisse, "Ah! É aqui que ele está!", e nunca mais esquece. Assim, os elementos posição, proximidade e perspectiva podem desempenhar um papel na mais corporal de todas as atividades introjetivas.

Aparentemente, também desempenham um papel na atividade do olhar mútuo entre mãe e bebê. Segundo Papousek e Papousek, a mãe de um bebê em seus primeiros meses de vida:

> *regularmente realiza vários movimentos dos quais ela pode não ter absolutamente consciência e que são interpretáveis como tentativas de conseguir contato visual mútuo com seu bebê... Ela fica movendo sua cabeça para permanecer centralizada no campo de visão do bebê, com seus olhos no mesmo plano que os dele. Ela também tenta manter a distância ótima (20-25 cm nas primeiras duas ou três semanas), como que respeitando as capacidades limitadas de foco e convergência do bebê. (1976, p. 77)*

A pesquisa desses autores mostra quão importante a variável proximidade é e como varia com o crescimento do bebê. O trabalho de Bower (1974) a respeito do desenvolvimento do alcançar e do agarrar, bem como do acompanhamento visual e constância de objeto com objetos em movimento – problemas de trajetória –,

138 TORNANDO O PENSAMENTO PENSÁVEL

também explora, de modo muito interessante, as noções de proximidade, posição e o conceito de espaço tridimensional no bebê. Está clinicamente bem documentado o quão reduzido parece ser o conceito de tridimensionalidade em crianças autistas (Meltzer, 1975) e também sua dificuldade em pensar seus pensamentos, reuni-los e seguir linhas de raciocínio. Seus processos de pensamento geralmente estão obstruídos e mantidos sob controle rígido. Pacientes severamente obsessivos também podem ser incapazes de deixar um pensamento acontecer e, então, segui-lo.

Fui levada a essas especulações sobre a importância da perspectiva porque observei que alguns pacientes muito retraídos podem ser despertados para uma nova experiência, aparentemente pela primeira vez, não quando ela está acontecendo dentro deles, mas, ao contrário, quando a veem acontecendo dentro de outra pessoa. No passado eu teria considerado isso como resultado de um mecanismo projetivo; agora creio que pode ser uma formulação equivocada. Isso porque o conceito de projeção – até mesmo o mais refinado deles, a identificação projetiva de Klein – tendia, no passado, a conter a implicação de que, embora a experiência esteja se dando fora do *self, ela deveria ter se originado dentro dele*. Isto é, a experiência projetada precisa ter vindo originalmente do *self* do paciente e ter sido subsequentemente renegada. No entanto, Spillius (1988a, p. 82) e Joseph (1978, p. 112) chamaram a atenção para o fato de que o termo identificação projetiva é frequentemente usado para cobrir situações em que o que está sendo projetado não é uma parte do *self* do paciente, mas um aspecto ou parte de seu objeto interno que precisa ser explorado. Portanto, uma parte de seu mundo interno está sendo projetada para fora, mas não necessariamente uma parte de seu *self*. Grostein (1981b) e Sandler (1988) preferem o termo "externalização", e não sei se seria útil ampliar tanto o significado de identificação projetiva, exceto para situações em que o paciente esteja realmente forçando o analista a desempenhar o papel do objeto primário. Joseph (1982) descreve a pressão colocada sobre o analista para que ele se sinta desesperançado e/ou ofereça um falso reasseguramento, exatamente como figuras primárias na vida real ou na vida imaginária do paciente podem ter feito. Entretanto, quando o paciente espera que objetos externos sejam apenas como seu objeto interno e, então, observa algo *diferente e novo ou mesmo renovado, mas inesperado*, e esse algo realmente chama sua atenção, acredito que o uso da noção de projeção possa levar a questões prematuras, como se o próprio paciente devesse ter a experiência – isto é, reintrojetar a parte perdida –, quando aquilo de que mais precisa é, nos termos de Joseph, explorar e examinar a experiência de uma perspectiva ou localização que a torne visível e examinável. Ele pode, de uma distância suficientemente segura e de uma perspectiva cognitivamente adequada, ser capaz de lidar com o que os norte-americanos chamam de "matutar" e achar o pensamento pensável. (Ver Byng-Hall e Campbell (1981) sobre problemas de regulação de distância em famílias.)

As descobertas a respeito da importância da interação viva com um cuidador humano consistente para o desenvolvimento emocional e cognitivo do bebê humano levantam, como mencionei, problemas técnicos importantes para o terapeuta de uma criança severamente retraída ou autista. Isso porque essa busca por – e aparente responsividade a – uma companhia viva animada e ao contato interpessoal é exatamente o que não pode ser dado como certo na criança autista. Uma observação cuidadosa pode indicar evidências indiretas de tal sensibilidade a outras pessoas – frequentemente, na verdade, excessiva sensibilidade –, mas as reações da criança são geralmente atrasadas, disfarçadas, confusas e, portanto, impossíveis de decodificar sem muito estudo e atenção às pistas particulares de cada criança. Outro problema é que as manobras protetoras da criança podem ter se tornado tão hábeis e

140 TORNANDO O PENSAMENTO PENSÁVEL

habituais que tenha acabado se tornando genuinamente insensível e, assim, incapaz de usar e assimilar muito do contato humano e da ajuda oferecidos a ela.

Companhia viva: a necessidade de um objeto animado inteligente

Há atualmente uma aceitação de algo estabelecido há relativamente bastante tempo – com alguns refinamentos (Rutter, 1981) – das descobertas de Spitz e Bowlby de que a privação materna nos inícios da vida pode ter consequências para o bem-estar emocional e, segundo estudos mais recentes, intelectual da criança. Esses estudos examinaram o efeito da privação materna no sentido da ausência da mãe. Até recentemente, havia poucas pesquisas examinando os efeitos da ausência emocional materna crônica ou da depressão materna crônica. Como mencionado anteriormente, Murray e Trevarthen (1985) estudaram os efeitos da imobilização temporária da expressão facial da mãe – um rosto sem expressão – sobre o humor temporário do bebê e notaram reações do tipo autista. Posteriormente, Murray (1991) demonstrou os efeitos devastadores da depressão pós-parto no desenvolvimento emocional e cognitivo dos bebês. Nenhum desses estudos sobre a importância da intersubjetividade é capaz, obviamente, de esclarecer a etiologia da condição de Robbie. É verdade que sua mãe esteve severamente deprimida nas primeiras semanas de vida dele, mas houve muitos outros fatores agindo em sua situação inicial e sempre existe a possibilidade de uma etiologia orgânica desconhecida (ver Capítulo 15 para uma discussão mais completa a respeito das questões etiológicas no autismo). É possível que, se Robbie tivesse tido um nascimento mais fácil, se o hospital não tivesse deixado sua mãe sozinha por tanto tempo durante seu longo trabalho de parto, se a família não estivesse se ajustando a uma difícil mudança de país, se Robbie tivesse uma personalidade menos frágil, mais confiante ao nascer, ele poderia ter conseguido tirar sua mãe da depressão. Alguns bebês vivazes fazem exatamente isso (Di Cagno et al., 1984). No entanto, quaisquer que tenham sido as causas, o começo parece ter sido inseguro para Robbie e provavelmente ele não estava em boas condições para tolerar as duas separações que parecem ter resultado em um efeito tão traumático em seu segundo ano de vida.

Assim, embora os dados sobre o desenvolvimento infantil não possam dar apoio retrospectivo a qualquer especulação a respeito da etiologia da condição de Robbie, podem, todavia, ter implicações para seu tratamento e para o tratamento de outros pacientes severamente retraídos. Volto por um momento à afirmação de Trevarthen: "O objeto inanimado não se move em decorrência de impulsos autogerados... essa vitalidade rítmica do movimento é o que primeiro identifica a companhia viva". É sabido que crianças autistas ocupam-se muito com objetos inanimados. Elas também tendem a tratar seres humanos como se fossem objetos inanimados. Robbie ficava a maior parte do tempo absorto com seu "longo ticket", com o tocar uma parede, com suas tolas e intermináveis frases repetitivas, mas apenas ocasionalmente e gradualmente percebia rostos de pessoas ou o *significado* vivo das palavras delas. Descrevi o fato de que uma das características mais marcantes do momento em que ele, pela primeira vez, pareceu sair tão dramaticamente de seu profundo poço escuro foi a repentina musicalidade de sua fala. Ela subia e descia em ondas e cadências e *continuava fluindo*. Antes, corria ladeira abaixo em segundos, exatamente como os objetos inanimados de Trevarthen. É interessante que grande parte da linguagem desses autores que estão estudando a intersubjetividade no bebê recém-nascido seja de tipo quase musical. Eles escrevem sobre ritmo, sincronia, diálogo, ondas, mudança de andamento, trocas do tipo conversa, amplificação. Trevarthen

142 TORNANDO O PENSAMENTO PENSÁVEL

e Marwick (1986) estudaram o que chamaram pré-música e Stern (1977) intitula um de seus capítulos de *Os primeiros anos de vida* de "Passos em falso na dança". Esse novo nível de conceitualização – que é muito mais complexo do que o modelo behaviorista de estímulo e resposta – pôde surgir precisamente do estudo do comportamento *interpessoal em sequência e ao longo do tempo.* Esses padrões só podem ser medidos ao longo do tempo e a complexidade parece absolutamente central à noção de "companhia viva". Esses pesquisadores, assim como os psicanalistas, não estudam respostas a estímulos (dois momentos no tempo, um modelo de dois eventos), mas algo mais parecido com respostas a respostas a respostas a questões.

Se aos dois meses o bebê pode distinguir e buscar objetos inanimados, que condições podem permitir que esse desenvolvimento ocorra? Trevarthen sugere o seguinte:

> *O padrão normal de resposta de um bebê de 2 meses à fala de uma mãe atenta... pode ser dividido em uma fase de orientação, um sinal de reconhecimento, depois uma fase expressiva, e um fechamento ou término que pode assumir a forma de retraimento, ou de retorno à orientação e ao reconhecimento. (1977, p. 249)*

No entanto, é precisamente a fase inicial de orientação que não pode ser dada como certa em crianças autistas e em outras psicóticas ou bastante esquizoides. Estudos sobre observação de bebês (Di Cagno et al., 1984; Miller et al., 1989) sugerem que alguns bebês parecem buscar contato e vida bem mais ativamente que outros, mas indica ainda que em todos os recém-nascidos alguma capacidade de fazer tais distinções existe desde o princípio. É sabido, por exemplo, que o bebê recém-nascido faz contato visual com sua mãe ou principal cuidador, ainda que fugaz, e reconhece a voz e o cheiro da mãe poucos dias após o nascimento (Macfarlane, 1977). Também é sabido que o olhar da mãe permanece no bebê por períodos mais longos do que o do bebê na mãe, nos primeiros dias. Ele olha para os lados, mas o olhar dela continua sempre ali quando ele volta (Fogel, 1976). As observações de Brazelton a respeito da quantidade de ajuda que bebês recebem de suas mães para aprender a manter a atenção e a concentração em um diálogo humano também parecem particularmente relevantes (Brazelton, Koslowski & Main, 1974).

Embora Brazelton tenha observado que afagos e carícias acompanhavam o olhar da mãe, não estou sugerindo que terapeutas devam afagar e acariciar seus pacientes autistas e psicóticos (embora algumas pessoas considerem útil segurar as mãos agitadas de uma criança, em alguns momentos, para tirá-las de atividades autistas e trazê-las para maior contato). O que estou interessada em apontar, entretanto, é que essas atividades das mães que ajudam o bebê normal a focar não somente um reflexo de luz do sol ou um cheiro, mas o rosto humano e sua voz não são de modo algum simplesmente gratificadoras e tranquilizadoras. São, por mais que sejam gentis e sensivelmente administradas, alertadoras e, aparentemente, *interessantes*, que despertam o interesse.

Nos anos 1960, no entanto, eu estava preocupada com o grau de mobilidade e de atividade demandado de mim pelo estado de Robbie quando estava perdido e desagregado ao máximo. A técnica analítica bem comprovada indica que, quando o terapeuta tem reações exageradas a projeções excessivas, pode impedir que o paciente se conecte com seus próprios sentimentos de urgência em relação a si próprio. Por outro lado, reações insuficientes talvez tenham sido menos exploradas como problema técnico, com algumas exceções (Tustin, 1981; Coltart, 1986; Carpy, 1989; Symington,

144 TORNANDO O PENSAMENTO PENSÁVEL

1986). Frequentemente, eu sentia que devia chamar Robbie pelo nome, colocar minha cabeça em sua linha de visão e, quando ele parecia estar no fundo do poço, eu sentia extrema urgência e alarme e falava com ele de modo a mostrar-lhe isso. Foi em uma dessas ocasiões, em julho, logo antes de uma longa interrupção de verão, que ele pareceu emergir e me cumprimentou como a uma amiga perdida há tempos. Foi também imediatamente após isso que ele teve sua crise, ou melhor, irrompeu de seu autismo, o que fez com que todos sentissem que ele estava voltando à vida e que precisava e poderia se beneficiar de um tratamento mais intensivo. Em outubro, comecei a vê-lo cinco vezes por semana e, após alguns meses, depois de meu retorno da pausa de fim de ano, ele descreveu sua emergência do poço. Eu diria que a força do sentimento que senti e transmiti naquele dia de julho, por mais melodramático, desequilibrado, não contido e não continente que possa parecer, de fato teve algo a ver com um alcance que foi, pela primeira vez, suficientemente longo, ou alto, ou alertador, ou humano para chamar sua atenção.

Claro que, com o passar dos anos e à medida que Robbie tornou-se mais capaz de se manter em contato por períodos mais longos, as pessoas frequentemente gritavam com ele porque parecia desligar-se, àquela altura, de maneiras bastante desnecessárias. Esses gritos eram geralmente contraproducentes porque reforçavam sua passividade complacente e tendência de projetar seu ego, iniciativa e sentido de tempo nos outros. Assim, não estou recomendando que se grite nem que se realize um trabalho de resgate dramático como técnica regular. O trabalho kleiniano moderno sobre transferência e contratransferência, como exemplificado no trabalho de Joseph, Rosenfeld e outros, ajudaria o analista a aprender com esses momentos tão dramáticos, para convertê-los em um uso cotidiano contínuo de uma abordagem mais vigilante em relação à perda de atenção, fé ou esperança do paciente e, na verdade, em relação à nossa própria (Rosenfeld, 1987; ver também o artigo de Brenman, intitulado "Elaboração na contratransferência", 1985). Suspeito que minha própria atenção naqueles primeiros anos fosse, às vezes, quase tão negligente ou tênue quanto a de Robbie, já que era tão difícil acreditar, na maior parte do tempo, que realmente havia alguém ali dentro de sua cabeça. Coltart e também Symington descreveram o efeito de momentos dramáticos similares sobre seus pacientes. Eu concordaria a respeito do efeito poderoso sobre o paciente naquele momento específico, mas enfatizaria que a tarefa do terapeuta é traduzir essa experiência em uma consciência mais contínua em si mesmo, de quão longe um paciente muito retraído pode ter caído ou ter se afastado e do que pode ser essa necessidade *constante e recorrente* do paciente de ser despertado para o perigo em que se encontra e para as possibilidades humanas disponíveis para ele e para sua experiência, quando consegue descobrir que tem uma companhia viva. Ressuscitação de emergência pode não ser necessária quando cuidado intensivo adequado está disponível.

Sugeri, no Capítulo 4, que há situações em que o todo da personalidade do paciente pode estar perdido, *até mesmo o conhecimento de que está vivo*. Alguns pacientes que desistiram e perderam genuinamente a esperança ou abandonaram a esperança – não a projetaram. Nesse caso, parafraseando Strachey e Rosenfeld, talvez tenhamos que funcionar como um id auxiliar ou, nos termos de Klein, carregar para o paciente a parte viva e sensível de seu *self*. Isso pode implicar sentir alarme e vigilância quase constantes que não são apenas apropriados, mas, na verdade, necessários ao tratamento. A doutora R descreveu um fenômeno similar em seu trabalho no hospital universitário de Turim com um garoto autista muito retraído, Alessandro. No início, ela frequentemente se sentia derrotada e deprimida pela enorme extensão do retraimento dele, mas gradualmente foi reunindo mais forças, tanto para sobreviver a suas rejeições perniciosamente cruéis, como para lutar *por* ele, no sentido de penetrar em seu desespero devastador. Ela começou a descrever seu sentimento de que havia uma fina linha de contato entre eles, que ela "tentou agarrar e utilizar o mais prontamente possível", porque, explicou, "sinto que, quando não consigo agarrá--la imediatamente, Alessandro despenca novamente em um mundo distante do qual tenta, cada vez mais ativamente, manter-me afastada". Essa sensação que a doutora R descreve é idêntica a meu próprio sentimento de que o estado psicótico – com sua desvitalização e desumanização do *self* e da experiência – exerce, uma vez posto em movimento, uma pressão e uma força próprias contra a qual o terapeuta pode ser bastante impotente. Assim, "muito esforço" pode ser requerido para sobreviver aos ataques, mas também pode ser necessário agarrar e manter o paciente quando está em um estado fugazmente mais acessível. A sensação de urgência "à beira do abismo" pode, em certos momentos, com certos pacientes, ter a ver com carregar algo para o paciente que ele ainda é incapaz de carregar por si mesmo.

Bion e Rosenfeld, que trabalharam extensivamente com pacientes psicóticos, aumentaram imensamente nosso entendimento a respeito da enorme força de processos de identificação projetiva em pacientes psicóticos. É importante lembrar, no entanto, que os pacientes de Bion e Rosenfeld eram adultos e que, quando esses autores se referem ao analista carregando partes do *self* que haviam sido projetadas, fica implícito, de certa forma, que essas partes devem ter pertencido à personalidade antes de serem projetadas. O trabalho com crianças psicóticas muito pequenas, entretanto, frequentemente levanta a suspeita de que essa parte "projetada" pode nunca ter pertencido à personalidade, ao menos não de maneira sólida. Ela pode precisar crescer, e essa consciência de estar vivo e de ser humano pode precisar ser relembrada ou, no caso das crianças mais doentes, convocada (Reid, 1990). Essa necessidade do paciente de estímulo que venha do terapeuta para lembrar-se de si mesmo precisa ser sempre cuidadosamente distinguida da parte de sua personalidade que, nessas circunstâncias, não se importa em lutar pela vida; a linha entre apatia resultante de desespero e apatia consequente de indiferença hostil ou passividade complacente não é sempre fácil de ser traçada.

Um exemplo de trabalho com uma paciente que não era flagrantemente psicótica – mas bastante esquizoide, retraída e desconectada de sentimentos – pode ilustrar o problema de se manter um equilíbrio entre as noções de um processo projetivo excessivo e de um processo fraco demais e inadequado – talvez porque a experiência nunca tenha estado localizada em lugar algum. O pensamento pode ainda não ter sido pensável.

Uma paciente adolescente muito retraída chamada Harriet foi envolvida, após alguns anos de tratamento, em um sério acidente automobilístico. Embora tenha estado em coma e perto de morrer em determinado momento, sua vida foi salva por uma operação que removeu temporariamente parte de seu crânio – parte da testa – para que a pressão dentro do cérebro pudesse ser aliviada. Ela voltou à terapia com um buraco desfigurante em sua cabeça e frequentemente demonstrava ansiedade e impaciência consideráveis para que chegasse o momento da operação que recolocaria a parte do osso que lhe faltava. Após alguns meses, a data da cirurgia foi finalmente marcada no hospital local. Isso queria dizer que o osso teria de ser transportado do hospital da cidade vizinha onde a operação original havia ocorrido. Ela (assim como eu) imaginara que um pedaço tão precioso de uma pessoa seria enviado por algo como uma ambulância ou por um serviço de entrega especial. Ou talvez o cirurgião-chefe, que era tão eminente quanto cuidadoso e tinha, afinal, salvado a vida da menina, traria ele mesmo o osso! Harriet chegou à sessão um dia e disse bastante casualmente e com

148 TORNANDO O PENSAMENTO PENSÁVEL

a voz mais monótona de todas as suas vozes monótonas que tinha ouvido que o osso seria enviado pelo correio. Havia problemas postais na região naquela época, o que eu sabia, e vivi um momento de absoluto horror ao escutar a novidade. Como eu disse, Harriet não era psicótica, embora às vezes ficasse muito distanciada de sentimentos por conta de uma verdadeira despersonalização e da dificuldade em encontrá-los; em outros momentos, era extremamente hábil para projetar seus sentimentos. Eu sabia, pela longa experiência com ela, que, se exagerasse em minha reação naquele momento – se, por exemplo, revelasse minha própria ansiedade em relação ao destino de seu osso –, ela simplesmente me perguntaria, friamente e com desprezo, a troco de que eu estava fazendo tamanho estardalhaço. Também sabia que, se tentasse insistir de modo demasiado neutro que *ela* sentia horror e ansiedade em relação a seu osso, ela negaria, não sentiria nada, e minha tentativa de colocá-la em contato consigo mesma falharia. Joseph enfatizou a importância de não empurrar partes do *self* do paciente de volta para eles prematuramente ou de modo muito rude: a autora aponta que o analista pode precisar conter partes inassimiláveis por algum tempo, e o paciente pode precisar explorá-las no analista (Joseph, 1978). Eu acrescentaria que, com pacientes mais retraídos, para que o processo de contenção, exploração e, por fim, reintrojeção da parte perdida possa começar, o paciente precisa, primeiramente, registrar que existe de fato um estado emocional que merece ser explorado. Penso que consegui, naquela ocasião, encontrar o equilíbrio certo. Apontei para Harriet que ela estava me contando aquele fato sem sentimento algum, mas que antes tinha se preocupado muito com a chegada do osso. Tentei mostrar-lhe como parecia estar colocando em mim, com desinteresse verdadeiramente terrível, uma parte muito preciosa dela mesma – mais precisamente seu sentimento de ansiedade em relação a seu osso. Posso dizer, que dei essa interpretação a ela com algum sentimento: acredito que, se tivesse falado muito fortemente, ela teria se fechado ainda mais e projetado a experiência toda em mim; por outro lado, se falasse de maneira muito neutra ou despreocupada, ou sem seriedade suficiente, ela teria simplesmente experienciado tanto a mim como o sentimento como muito distantes. Do modo como falei, ela realmente pareceu ouvir a interpretação, porque disse inesperadamente – de uma forma, para ela, muito espontânea e aliviada – que tinha, de repente, percebido quão preocupada estava. Telefonou para o especialista mais tarde e ele contou que o osso estava seguro em sua mesa e que o mandaria por entrega especial. No fim, a operação foi um sucesso.

Esse é, creio eu, o outro lado da moeda do princípio da neutralidade. É um erro sério com um paciente que projeta demais carregar por muito tempo suas projeções. Porém, no caso de um paciente muito despersonalizado, mesmo que a despersonalização seja o resultado de massivas projeções anteriores, precisamos carregar por muito mais tempo. Alguns pacientes podem não ser capazes de se conectar com seus próprios sentimentos antes de entrar em contato com um sentimento. Nesse ponto, pouco importa quem tem o sentimento primeiro. Harriet começou a dizer com surpresa que era estranho que com frequência outra pessoa precisasse sentir as coisas no lugar dela antes que ela pudesse senti-las por si mesma. Em tais momentos, não acredito que ela estivesse usando outras pessoas como veículo para se livrar de partes não desejadas de si mesma. Acredito, ao contrário, que ela as estivesse usando como lugares para explorar se seria seguro ou não ter estados de mente carregados de sentimento.

Matte-Blanco sugeriu que existem dois processos distintos no curso da terapia. Um é o levantamento da repressão e o desmantelamento das defesas; o outro é uma "função de revelação ou de tradução". Segundo Rayner, isso quer dizer "ajudar o paciente a ver

150 TORNANDO O PENSAMENTO PENSÁVEL

novos ou mais profundos significados em ideias que não estão reprimidas, mas bastante conscientes" (1981, p. 410). Destacou ainda que o paciente usualmente aprecia em silêncio esse tipo de processo como um acréscimo. Nem todos os acréscimos, claro, são prazerosos, mas mesmo os desprazerosos parecem proporcionar bastante vida para pacientes desconectados. Acredito que o conceito de função alfa de Bion sugira que o pensamento pode precisar ser pensável muito antes de o próprio terapeuta preocupar-se com questões supérfluas sobre quem está pensando. Isso pode implicar, em ordem de prioridade: primeiro, nomeá-lo e contê-lo (implícito nos dados da pesquisa sobre desenvolvimento infantil e em Bion e Joseph); depois, localizá-lo no *self* ou no objeto (enfatizado por Klein); para, só então, considerar a questão ainda mais superficial de por que o paciente está tendo aquele pensamento (Freud). Suspeito que aprendi essa lição na ordem inversa, no meu trabalho com Robbie.

Perspectiva

Os exemplos de Robbie, Alessandro e Harriet mostram situações em que a técnica psicoterapêutica envolveu trazer o paciente para mais perto da experiência. Em outras situações, em que o paciente psicótico – ou o paciente *borderline* psicótico durante um episódio psicótico – está se sentindo inundado por sentir demais, o problema é bastante diferente. Nesse caso, o paciente precisa de ajuda para tomar certa distância da experiência. Quando a ideia está distante demais, pode precisar ser amplificada; quando está perto demais para que a perspectiva, a visão binocular e a função alfa operem, ela pode precisar de contenção e distanciamento. Tal paciente não tem dúvidas sobre estar vivo; seu problema é que se sente esmagado pelo terror da morte. A dra. U estava vendo um

ANNE ALVAREZ 151

paciente autista *borderline* de 9 anos de idade regularmente quatro vezes por semana. Um dia, ela teve de vê-lo em uma sala diferente, já que a sala usual estava ocupada por um grupo de crianças barulhentas. Crianças autistas, com suas personalidades rígidas, ficam especialmente perturbadas com mudanças de horário ou local, mas, infelizmente, havia o problema adicional de que os barulhos aconteciam no fim do mesmo corredor dessa sala de consulta temporária. Embora estivessem do outro lado do corredor, a criança começou a entrar em pânico. A terapeuta sentiu que o menino não estava em condições de ouvir interpretações sobre o motivo de estar tão perturbado – por exemplo, por ciúmes ou pela mudança de sala. Ela viu seu pânico crescendo incontrolavelmente e disse firme, mas calmamente: "Julien, o barulho está *lá fora*". Para uma criança neurótica menos doente, ou mesmo para Julien sob condições menos devastadoras (ele era apenas autista *borderline* e tinha melhorado muito com o tratamento), ela poderia ter dito: "Julien, você parece sentir que aquele barulho está bem dentro de sua cabeça". Ou: "Julien, você não parece ser capaz de manter esse barulho lá no fim do corredor, onde é o lugar dele". No entanto, parecia que Julien não tinha ego suficiente àquela altura para tirar conclusões óbvias. Crianças psicóticas e *borderline*, em seus momentos mais psicóticos, em geral têm grande dificuldade em perceber as *implicações* das coisas que lhes são ditas. O pensamento pode não ser pensável até ser reconhecido como sendo precisamente isto: um pensamento e apenas um pensamento – ou um barulho e apenas um barulho. Frequentemente, Robbie ficava aterrorizado com qualquer ruído alto, como o som de um aspirador ou o motor de um táxi. Ele se encolhia, cobrindo sua cabeça, e dizia: "O barulho machuca meu cérebro". Tustin (1981) sugeriu que crianças autistas carecem de mecanismos de filtragem para suas experiências sensoriais. Parece que, antes de podermos mostrar essa falta para a criança, podemos precisar, nos piores momentos, prover alguma filtragem para ela,

152   TORNANDO O PENSAMENTO PENSÁVEL

porque ela pode estar em um estado muito extenuado para poder escutar. Sei que, em momentos em que Robbie estava aflito e desesperado e à beira de uma real violência por ter se atrasado no metrô e não ter chegado no horário para a sessão – isso quando ele estava muito menos retraído, mas muito obsessivo e desassossegado sobre chegar às sessões na hora –, seria perda de tempo falar sobre *por que* ele estava tão consternado e irado. Eu precisava mostrar a ele que eu entendia *quão* contrariado ele estava. O "o quê" deve preceder o "por quê" quando o paciente não consegue pensar.

Isso parece ser verdadeiro independentemente de a coisa que provocou o terror ou o desespero ser real, parcialmente real ou bastante imaginária. Por exemplo, pacientes com alucinações aterrorizantes ou cruelmente tirânicas e exigentes parecem não ser ajudados por interpretações prematuras que tentam sugerir que essas vozes ou figuras são, na realidade, partes deles mesmos ou aspectos do terapeuta como objeto na transferência. Algumas vezes, parece mais útil primeiro simplesmente explorar o poder que as vozes têm, antes de se preocupar em mudar sua localização. Gradualmente, mais tarde, o poder que o paciente *concede* às vozes pode ser explorado e, então, ainda mais gradualmente, na medida em que um fragmento minúsculo do ego ou *self* for alcançável, pode-se explorar o poder que ele parece *investir* nas vozes. Isso parece reduzir o poder delas e dar à mente do paciente um pouco de potência. Ele se torna capaz de pensar a respeito das vozes em vez de apenas se submeter a ouvi-las. No estágio inicial, parece um erro pedir que um paciente relativamente destituído de ego pense em reintrojetar partes perdidas de seu ego quando tem um equipamento introjetivo insuficiente para isso. Talvez a mente possa precisar de alimentação por sonda até aprender a digerir pensamentos previamente não pensados.

Uma garota anoréxica sofria de alucinações auditivas de vozes que a proibiam de comer, exceto em momentos específicos do dia e apenas por um ou dois minutos por vez. Se desafiasse as vozes, elas a ameaçavam de morte, e, algumas vezes, a garota se obrigava a passar fome até um ponto perigoso para poder aplacá-las. Embora tenha melhorado após alguns anos de psicoterapia, é interessante que a melhora inicial não tenha sido no sentido de ela adquirir um ego muito mais forte para poder desafiar as vozes – ainda que tenha havido pequenos lampejos desses avanços. O principal desenvolvimento foi ter adquirido um novo conjunto de vozes que estavam "surpresas pelo fato de a comida ser deliciosa em vez de horrível". Essas vozes eram "fortes e diziam-lhe que ela podia e devia comer". O que me interessou nesses novos objetos não foram apenas suas qualidades encorajadoras, mas também a condição de surpresa. De certa forma, estavam no meio do caminho entre um superego e um ego. Ainda estavam muito longe de serem reconhecidas como uma parte dela que podia admitir desfrutar da comida e da vida; mas essas vozes pareciam representar um objeto que estava interessado e ciente de suas experiências de prazer. Era um objeto bastante respeitoso e sintonizado com o *self* dela, e provavelmente surgiu quando ela começou a introjetar um novo tipo de figura resultante de sua experiência com a pessoa de seu terapeuta.

Não acredito que seja possível ajudar pacientes a reintrojetar partes perdidas deles de uma maneira cirúrgica. Não podemos costurar de volta a parte perdida. Mais importante: com algumas crianças que foram psicóticas por toda a vida, o modelo de um membro decepado não é adequado. Na realidade, algo pode precisar crescer pela primeira vez. Esse é um processo lento e delicado, e pode ser mais parecido com o modo como as mães, via sintonia e estados mentais compartilhados, proporcionam função alfa a seus bebês do que com modelos psicanalíticos mais antigos de recuperação de partes e projeções perdidas. A facilitação desse crescimento pode depender da distância a que a parte perdida é mantida pelo terapeuta, e a correspondente distância de onde ela é capaz de ser percebida pelo paciente.

7. O problema da nova ideia

Transtornos do pensamento e do comportamento como formas de déficit cognitivo

Nas últimas décadas, tem havido muita discussão entre psicanalistas norte-americanos sobre se a psicanálise e sua teoria da cura ou, mais precisamente, da mudança, deveria ser uma teoria de conflito, defesa e resolução (psicanálise clássica) ou uma teoria de déficit e reparação (Kohut e seus seguidores). Psicanalistas clássicos consideram que uma teoria de déficit é muito superficialmente ambientalista e nega o significado de poderosos dados – e das intensas lutas entre esses diferentes dados – que Freud sugeriu estarem no cerne da neurose e do sofrimento humano. Eles dão a entender que Kohut era condescendente demais com a natureza humana e oferecia apenas psicoterapia de apoio em vez de verdadeira psicanálise. Kohut (1985), por sua vez, criticava a psicanálise clássica por sua "postura confrontadora moralista" e sugeria que muitas das chamadas "defesas" – como grandiosidade e narcisismo – podiam servir para preencher uma genuína necessidade de desenvolvimento em uma pessoa muito insegura.

Wallerstein (1983) é um autor clássico que sugeriu haver aqui uma falsa dicotomia. Eu poderia concordar, mas de uma

156 O PROBLEMA DA NOVA IDEIA

perspectiva de relações objetais: por mais seriamente que essa perspectiva tome os elementos emocionais – os potenciais para amor e ódio –, assim como a inevitabilidade de conflito entre tais elementos, ela precisa, por definição, reconhecer também a possibilidade de déficit. Em uma psicologia de duas pessoas, o "objeto" não é mais simplesmente o objeto passivo das pulsões iniciais do bebê freudiano nem simplesmente o objeto das paixões iniciais extremadas do bebê da kleiniano. Klein (1937) insistiu, mais tarde, na importância do amor e da compreensão, e o estudo kleiniano de bebês observados com suas mães, junto com a ênfase dada por Winnicott (1965) e Bion (1962) na importância da função materna de *holding* ou continência, fez surgir maior interesse pelas qualidades do próprio objeto materno e suas qualidades mentais. Bion sugeriu que a mãe ajuda o bebê a processar sua experiência: ela empresta significado à sua experiência ao tornar seus "pensamentos pensáveis". A observação de bebês e as pesquisas indicam que, quando o bebê ou a mãe, por qualquer que seja a razão, tem baixa capacidade para esse processamento, um sistema de *feedback* negativo pode acabar produzindo um déficit psicológico no bebê, que pode ter relativamente pouca relação com sua dotação constitucional original possivelmente bastante adequada (Murray, 1991; Miller et al., 1989).

Déficit cognitivo

Um modo de considerar o déficit em crianças psicóticas e desamparadas é entendê-lo como sendo cognitivo e emocional. No entanto, a própria discriminação pode ser falsa. Bruner aponta que Krech costumava insistir que as pessoas "persenpem"[1] – percebem, sentem e pensam ao mesmo tempo (Bruner, 1986).

---

1 No original, *perfink*, junção das palavras *percieve*, *feel* e *think* [N.T.].

Spensley questionou a aceitação por parte de Rutter (1983) do ponto de vista de que o prejuízo cognitivo no autismo é orgânico e precede o prejuízo afetivo: Spensley (1985) observou que a deficiência cognitiva em uma garota autista parecia estar inextricavelmente relacionada a um profundo estado de colapso ligado à depressão psicótica. Urwin (1987) criticou as pesquisas cognitivas por entenderem a emoção como fator lentificador ou acelerador da cognição, mas não como fazendo parte da própria estrutura desta. Também é verdade, no entanto, que nos inícios, o pensamento psicodinâmico a respeito do autismo talvez estivesse muito inclinado a ver processos de defesa e resistência em toda parte: a recusa de conceber certas possibilidades é bastante diferente da incapacidade de concebê-las, não porque a criança nasceu sem as preconcepções necessárias, mas porque as preconcepções podem não ter encontrado as realizações necessárias (Bion, 1962). Eu sugeriria que, em certos casos, a reparação do déficit pode levar a criança a ter uma nova experiência, e essa nova experiência pode envolver não apenas um novo sentimento ou uma nova ideia, mas também o princípio de um novo modo de pensar pensamentos. Muitas crianças psicóticas – especialmente aquelas que foram psicóticas por toda ou quase toda vida – praticamente não possuem conceito de narrativa, espaço ou de tempo. Podem ter também ideias inadequadas ou confusas a respeito de causalidade e intencionalidade. Dito de maneira simples, raramente podem contar a alguém que "algo aconteceu": a criança pode estar coberta de machucados, mas ser incapaz de dizer que acabou de cair e que sua perna dói; pode estar tremendo de medo, mas ser incapaz de dizer o que a assustou. A capacidade de narrar parece pressupor avanços mais complexos no mundo emocional interno das relações objetais. A qualidade das experiências emocionais é central para o desenvolvimento saudável, mas também o é a maneira como a criança vem a ser capaz de refletir a respeito das experiências e

158　O PROBLEMA DA NOVA IDEIA

processá-las, para lidar com elas – nas palavras de Bion, pensar seus pensamentos. Assim, embora a distinção entre déficit emocional e déficit cognitivo possa ser de certa forma artificial, considerações cognitivas não podem ser ignoradas.

Isso não significa que o terapeuta deva se tornar uma mãe ou professora substituta. Há uma maneira de manter uma atitude analítica e, ao mesmo tempo, tratar esse importante problema clínico muito comum em crianças psicóticas, desamparadas ou que tenham sofrido abuso. É possível – e necessário – possibilitar que o paciente tenha uma nova experiência ou uma nova ideia sem que o terapeuta renuncie ao estado de alerta em relação às maneiras como a criança pode usar seu déficit defensiva ou destrutivamente. Um "não consigo" ou um "não sei como" pode, na realidade, disfarçar um "não quero" ou, mais sutilmente, um "não vou me dar ao trabalho"; entretanto, também é verdade que um "não quero" pode facilmente esconder um "não consigo", ou ao menos a crença do paciente de que ele não consegue. Analistas e terapeutas devem ser tão sensíveis à última situação quanto à primeira.

Muitos autores, psicanalistas e psiquiatras, descreveram estados de fragmentação e dissociação encontrados na psicose. Psicanalistas kleinianos usaram a análise detalhada de tais estados para demonstrar que algo aparentemente aleatório pode ser produto de processos significativos e que envolvem atividade mental e uma mente ativa, emocionalmente motivada: processos dinâmicos como cisão, desintegração, identificação projetiva patológica, desmantelamento, ataques a vínculos – são processos vistos como ativamente direcionados, ou seja, defensivamente, destrutivamente ou protetivamente para perpetuar algum estado mental ou evitar outro (Rosenfeld, 1965; Joseph, 1987; Meltzer, 1975; Bion, 1959). Tais ideias podem parecer estar a anos-luz da teoria do déficit, já que supõem atividades defensivas que interferem com possíveis integrações funcionando como resistências. No entanto, certamente o empobrecimento mental quando tornado crônico em uma criança que deveria estar se desenvolvendo – quaisquer que sejam seus motivos originais – resulta em déficit. Winnicott (1960), Klein (1946) e Bick (1968) insistem que estados de não inintegração não devem ser confundidos com desintegração. Eu acrescentaria que qualquer terapeuta que tenha trabalhado por muito tempo com o tipo de criança que mencionei nem sempre encontrou evidências de integrações previamente adquiridas. Pode ser necessário conceber condições mentais em que pensamentos permanecem não desmantelados, mas nunca construídos; não projetados, mas nunca introjetados; não dissociados, mas não associados; não cindidos defensivamente, mas não integrados; e em que pensamentos permanecem não ligados, não porque o vínculo foi atacado, mas porque nunca foi inicialmente constituído. A complicação na situação clínica ao vivo é que tais situações raramente aparecem puras, e as motivações defensivas e as deficiências ou falhas estão invariavelmente misturadas. Porém, a distinção é crucial para o clínico que trata de crianças psicóticas: forçar integrações prematuramente em uma criança já confusa pode apenas confundi-la ainda mais.

Estágios no desenvolvimento da cisão: o ponto de vista de um psicólogo cognitivista

Klein e Bion pensaram que o processo pelo qual bebês normais começam a organizar os pensamentos é carregado e pleno de emoções. Bruner é um psicólogo cognitivista pouco interessado por considerações emocionais, embora tenha ideias fascinantes sobre a ordem em que certos adventos cognitivos – que ele chama de coordenação – ocorrem simultaneamente no desenvolvimento de um bebê normal e sobre a sequência de estágios de necessária

160 O PROBLEMA DA NOVA IDEIA

diferenciação que parecem precisar preceder as integrações finais. Ele não utiliza termos psicanalíticos como cisão, mas insiste que o que chama "trilha única de comportamento" deve estar firmemente estabelecido e, só então, por meio de uma série de passos cuidadosos, o bebê passa para uma trilha dupla. Descreve como bebês aprendem a coordenar as atividades de sugar e olhar nas primeiras semanas de vida; como, mais tarde, aprendem a coordenar o alcançar e o agarrar; e como, consequentemente, tornam-se capazes de manter a intencionalidade ao longo de uma série sequencial de atos.

O autor diz que a relação entre sugar e olhar passa por três fases em seu desenvolvimento: (1) a *supressão* de um pelo outro. Em geral, é o olhar que suprime o sugar – isto é, o recém-nascido não consegue sugar e olhar para um objeto interessante ao mesmo tempo. Ele tende a fechar os olhos enquanto suga. Quando tem de 3 a 5 semanas, pode ficar de olhos abertos enquanto suga, mas ao fixar o olhar em alguma coisa ou seguir a pista dela, o sugar é interrompido. (2) Entre 9 e 13 semanas, há um novo desenvolvimento, uma simples sucessão de sugar e olhar – *organização por alternância*. O bebê agora suga em rompantes e olha durante as pausas. (3) Na terceira fase – que Bruner chama *guardar o lugar* –, os dois atos continuam, um deles de forma reduzida, que é suficiente para uma fácil retomada, enquanto o outro continua em completa operação. O autor diz que, geralmente, por volta de 4 meses, o bebê parece ser capaz de sugar e olhar ao mesmo tempo. Explica, no entanto, que embora ele pareça continuar sugando enquanto olha, o sugar não é do tipo succional (o bebê continua com a boca no seio, mas não está sugando leite). "Ao manter alguma característica de um ato contínuo em operação enquanto mantém outro ato entre parênteses, a pessoa é lembrada de que o ato original precisa ser retomado" (1968, pp. 18-24). Assim, o bebê é "tomado pela distração" até que possa voltar ao sugar nutritivo (p. 42). É como colocar um dedo marcando a linha de uma página de um livro enquanto se tem uma rápida conversa.

Bruner relaciona esse "guardar o lugar" à habilidade de "pensar entre parênteses". Ele e Bower realizaram estudos a respeito do desenvolvimento da coordenação do alcançar e agarrar, que Bruner sugere ser outro modelo interessante para o entendimento de como os bebês aprendem a manter uma intencionalidade. Bower mostrou que o alcançar evolui de um primeiro estágio – um padrão alcançar-agarrar unitário que é iniciado com a ajuda da visão – até um estágio em que há dois atos separados e recombináveis (alcançar e agarrar) que são iniciados visualmente, mas também, o que é mais importante, guiados pela visão. Depois de vinte semanas, o bebê consegue fazer "correções durante o voo", isto é, "em bebês um pouco mais velhos... a mão pode começar um percurso equivocado, mas ser trazida para o percurso correto logo que entrar no campo de visão. A mão não é recolhida para começar de novo, ela altera a trajetória durante o voo. Há correção durante o ato, e não correção entre os atos" (Bower, 1974, p. 175). Bruner sugere que a mão aberta no momento inicial do alcançar – assim como o sugar não nutritivo do exemplo anterior – é um tipo de lugar reservado, já que "mantém o término do ato em evidência durante o desenrolar das partes componentes". Mais tarde, o autor continua, a mão aberta rigidamente é uma "tática para manter, por meio de ação exagerada, uma intenção cuja realização foi retardada" (p. 43). Esse pode, de fato, ser um modelo muito útil para os métodos pelos quais certos pacientes psicóticos que estão sempre perdendo o fio da meada – ou pior, que nunca souberam haver uma meada – conseguem aprender a "reunir" seus pensamentos de modo a serem capazes de pensá-los.

As descrições de Bruner e Bower deixam de fora inúmeros fatores emocionais – do bebê, da mãe, do contexto. Seria importante

162 O PROBLEMA DA NOVA IDEIA

saber, por exemplo, se o bebê se virou para olhar para o rosto responsivo de sua mãe, ou seu rosto não responsivo, ou o rosto de outra pessoa, ou se estava distraído antes de conseguir ter uma experiência apropriada do sugar, e assim por diante. No entanto, a sugestão de Bruner de que a supressão precede a alternância, que só depois de a alternância estar estabelecida é que a 'reserva do lugar' pode ser manejada e que só com o guardar lugar a verdadeira coordenação pode se dar nos diz algo importante sobre as condições sob as quais seres humanos são capazes de se concentrar em áreas de experiência em constante expansão. Isso esclarece algumas de minhas próprias impressões clínicas baseadas no trabalho com crianças com déficit de ego e transtorno de pensamento – ou melhor, limitação de pensamento. Lembro-me de meu próprio reconhecimento tardio de quão importante foi para Robbie aprender a esquecer ideias demasiadamente excitantes e ser capaz de ignorar visões muito estimulantes. Por exemplo, ele era facilmente empurrado para um estado psicótico em que parecia quase mergulhado em êxtase simplesmente ao olhar nos olhos de alguém. Quando finalmente começou a querer um tipo de contato mais alerta, porém sóbrio, uma de suas primeiras soluções para esse problema foi fechar os olhos – exatamente como os bebês de Bruner –, quando sentia que aquilo estava acontecendo. Mais tarde, descreveu ter de "arrancar seus olhos daquilo". Muito mais tarde, tornou-se capaz de modificar o modo como encontrava o olhar das pessoas. À essa altura, ele conseguia manter sua distância mental e sentir que o objeto de seu olhar também estava mantendo distância.

No período intermediário do longo tratamento de Robbie, creio que muitas vezes tentei produzir integrações prematuras, no sentido de que interpretava que ele estava se defendendo de poderosos e insuportáveis sentimentos de fusão. Mais tarde, vim a entender que a simples menção a essa situação era suficiente para mandá-lo de volta para ela e que, em vez disso, era necessário reconhecer a luta que estava travando para conseguir ter uma conversa normal comigo. Se eu me referisse excessivamente àquilo contra o que ele lutava, ele vivenciava minhas palavras como um conluio meu com a poderosa força de atração que a loucura tinha sobre ele. Em um estágio mais avançado do tratamento, quando seu desejo e sua determinação de manter um contato sadio estavam mais fortes, era possível trabalhar com ele de maneira diferente e interpretar defesas e conflitos. Entretanto, no princípio, acredito que eu precisasse facilitar a "trilha única" e a supressão de distrações poderosas para permitir que um pensamento fosse pensado de cada vez, antes que ele tivesse recursos para colocar na balança as duas alternativas: loucura e sanidade.

Há muitas evidências de que crianças autistas têm dificuldades com noções de espaço, tempo e causalidade e resistem a essas noções. Eu concordaria com autores psicanalistas como Tustin e Meltzer, que relacionam essas dificuldades ao desenvolvimento inadequado da criança em seu mundo interno de uma relação entre seu *self* infantil e seus objetos materno (primeiro) e paterno (em seguida). Um senso adequado de espaço, tempo ou causalidade envolve a noção de ao menos dois pontos fixos de referência, e esses dois pontos parecem surgir daqueles dois grandes princípios organizadores – o *self* "persenpen" (percepção, sentimento, pensamento) em relação ao objeto materno/paterno "persenpen". Mas essa percepção de dois (e, certamente, a subsequente percepção edípica de três) não pode ser apressada. Se a criança não consegue compreender a condição de serem dois, pode não ser porque resista a isso. Ela pode, por exemplo, ser incapaz de entender até simples interpretações do tipo explanatório, já que implicam a manutenção de dois pensamentos na mente ao mesmo tempo. Interpretações de "por que" e "porque" envolvem entendimento de causalidade, mas a experiência de "o que" pode precisar preceder o "por que". Para entender explicação como uma explicação, você precisa primeiro entender o que é uma explicação. Se Robbie viesse a uma sessão furiosamente perturbado porque estava atrasado, eu perderia meu tempo se dissesse coisas como: "Você está chateado e bravo porque sente que eu deveria ter feito os trens andarem na hora certa", porque era demais para ele pensar em termos de causalidade. Primeiro, eu precisava mostrar a ele quão *chateado* ele estava e, depois, *o quanto* ele estava chateado. Mais tarde, ele conseguiria pensar de maneira mais linear, causal e narrativa. Poderia começar a distinguir nossas duas identidades. À medida que ele próprio tornava-se um "eu" menos desesperado e fragmentado e que "eu" tornava-se menos confundido com "você", "isto" separado "daquilo" e "agora" finalmente começava a se separar de "antes", ele pôde começar a entender "isto está acontecendo agora porque aquilo aconteceu antes".

Progresso para o desenvolvimento da intencionalidade

Cindy era uma menina com características autistas em quem o problema de "manutenção da intencionalidade" era particularmente presente. Seu parto fora muito difícil, e seus pais começaram a ficar preocupados com seu desenvolvimento por volta dos 15 meses, pois ela era anormalmente lenta e não responsiva. Chegou à Clínica Tavistock para se tratar com a srta. N aos 4 anos de idade, praticamente sem falar. Tinha nascido coberta de fezes e, à época, seus pais viviam no exterior e haviam ficado bastante deprimidos. Ela parece ter despertado neles, no começo de sua vida, principalmente desespero e desgosto. Ao passo que os pais foram se recuperando da depressão e eles próprios voltaram à vida, começaram a sentir preocupação e amor por Cindy. Não foi encontrada qualquer evidência de dano cerebral.

Cindy, de muitas formas, parecia praticamente não existir enquanto pessoa. Ela parecia estar vagando pela vida, com poucos desejos e demandas, um olhar constantemente perdido; seu corpo e seus movimentos pareciam não ter forma. Parecia ter bem menos que seus 4 anos. Objetos e pessoas pareciam não exercer muita atração sobre ela. Ficava parada, apática, ao lado da sala de atendimento, sem desejo aparente por qualquer coisa. A senhora N considerava importante prestar atenção aos mínimos movimentos do corpo e dos olhos de Cindy. Se ela via o olhar de Cindy passar pelo armário, comentava que Cindy parecia interessada em ver os brinquedos. Às vezes, dava alguns passos e, então, parecia perder seu caminho e esquecer não apenas dos brinquedos, mas também de si mesma. Talvez seja necessário dizer que esse tipo de passividade e desamparo em alguém desprovido de ego parece ter tido origens muito diferentes de um tipo similar de comportamento em uma criança que projeta seu ego no objeto materno: essa criança estaria muito mais desenvolvida em termos de sua expectativa de que alguém, em algum lugar, seria capaz de exercer funções de ego, contanto que esse alguém não fosse ela. No caso de Cindy, suspeito que a função egoica de manter a intencionalidade provavelmente não tivesse sido desenvolvida – uma falta mais ligada a déficit do que a defesa. Talvez ela nunca tivesse estado completamente desperta para a força de atração de uma relação interpessoal. Era quase como se tivesse – assim como certos recém-nascidos frágeis – de ser remontada como ser humano com um senso gradualmente crescente de sua própria realidade e existência, além das de seu objeto materno.

É sabido que alguns bebês precisam muito mais de *holding* ao nascer, mas talvez esteja bem menos documentado o fato de que alguns precisam ser chamados para o contato de uma maneira muito mais determinada, embora cuidadosa, que outros. Mencionei, no Capítulo 5, as descrições de Brazelton sobre o modo como a mãe

166   O PROBLEMA DA NOVA IDEIA

do recém-nascido amplifica e expande cada minúsculo movimento ou olhar fugaz do bebê, além de dar-lhe significado. Ela transforma uma atividade interferente em uma que serve à interação entre eles. Creio que isso seja muito similar ao trabalho feito pela srta. N, que fazia, na maior parte do tempo, um gentil comentário de passagem sobre o que Cindy estava fazendo ou não fazendo ou quase fazendo. Porém, não se tratava de uma mera contenção ou espelhamento ou reflexão receptiva. Se ela estava emprestando significado, nos termos de Bion, estava também, às vezes, acrescentando algo mais do que o que era expressado por Cindy. Frequentemente amplificava e, assim, dava mais significado aos desejos de Cindy e à própria Cindy do que a menina pensava que tivesse. Às vezes, tudo o que Cindy fazia era abrir sua boca ligeiramente, e a srta. N dizia: "Acho que você quer dizer algo". Não era sempre claro que Cindy quisesse dizer algo. Brazelton diz das mães de recém-nascidos: "Talvez a resposta mais interessante ao desafio de lidar com um bebê apático seja este: a mãe assume expressões faciais, movimentos e posturas indicativas de emoção, como se o bebê estivesse se comportando intencionalmente ou como se estivessem se comunicando" (1974, p. 68). Algumas vezes, havia um fantasma de uma intenção, ou mais que o fantasma; outras vezes, talvez a srta. N estivesse realmente, como as mães de Brazelton, reagindo como se uma interação altamente significativa tivesse acontecido quando não tinha havido ação nenhuma. Em todo caso, ela estava constantemente construindo pontes sobre as lacunas entre a criança e seu objeto e ajudando essa criança, mergulhada em um estado de apatia, a ver essas lacunas como transponíveis. Quando Cindy, a princípio de maneira aleatória, distraidamente pressionou seu polegar em uma massinha de modelar, sua terapeuta comentou que ela estava "deixando uma marca". Na maior parte do tempo, havia apenas a insinuação de um gesto ou movimento para ir em frente. No entanto, aos poucos, ela começou a se comportar menos como uma pequena massa sem forma, atarracada, e passou a assumir mais a forma de uma pessoa. O rio lento de sua mente começou a se mover. Ela se tornou mais segura e desenvolveu os primórdios do sentido de intenção e de ser agente de suas próprias ações.

Em alguns meses, parecia que o interesse e a atenção da terapeuta haviam tido o efeito de aumentar o interesse de Cindy pelo que estava fazendo. Passou a ser possível comentar o interesse dela e seu desejo de deixar uma marca em seu mundo. Aos poucos, a atenção de sua terapeuta a seus divertimentos e seus comentários a respeito deles ajudaram-na a notar que gostava de se divertir. É essa camada sobre camada de auto-observação que a mãe normal sintonizada e sensível proporciona para seu bebê nas primeiras semanas e no primeiro ano de vida, sem perceber que o faz. Ela contém e acalma angústias, nutre e proporciona cuidados, como Winnicott e Bion mostraram. Porém, como Stern e Trevarthen indicam, ela também acompanha o olhar do bebê, se preocupa com seus estados de mente, com seus interesses – e também com seus estados mentais bons e agradáveis.

No sétimo mês do tratamento de Cindy, quando ela se tornava muito mais segura de si mesma e de sua existência, foi possível começar, de vez em quando, a fazer interpretações do tipo "como se" e "por que", além de relações com experiências na transferência. Quando ela deixava a boneca cair, a terapeuta podia dizer: "Assim como você sente que eu deixo você cair ao final da sessão" – ou algo do tipo. À essa altura, Cindy começava a ser capaz de manter duas experiências e duas ideias em sua mente, de modo que podiam ser comparadas.

Em uma sessão especialmente interessante, Cindy pareceu fazer importantes descobertas sobre a noção de paradoxo. Ela estava representando o papel de ser a maior na relação com a boneca que a srta. N segurava. Entretanto, ao olhar para a boneca e para a

168 O PROBLEMA DA NOVA IDEIA

srta. N, hesitou, percebendo claramente o espantoso fato de que, na realidade, a srta. N era muito maior que ela. Foi ficando mais e mais irritada a cada vez que a terapeuta se referia a seu agasalho como "casaco" – ela estava usando a palavra "jaqueta". Finalmente, com uma combinação de resignação aborrecida e descoberta interessada em sua voz, concluiu: "Você diz casaco, eu digo jaqueta!". Reid comentou sobre o imenso desenvolvimento conseguido no momento em que uma criança autista se torna capaz de olhar para algo a partir de mais de uma perspectiva (comunicação pessoal). Uma perspectiva dual (como a "visão binocular" de Bion) parece surgir da relação do bebê com outro ser humano vivo, mas esse avanço especial de "trilha dupla" também pode ser comparado com alguns trabalhos de Trevarthen. Ele examinou o desenvolvimento sob o ângulo de uma "intersubjetividade primária" (olhar e interação mútuos entre a mãe e o bebê), prevalente nos primeiros meses de vida, em direção a uma "intersubjetividade secundária", na segunda metade do primeiro ano, ou seja, a habilidade do bebê de se engajar em atos compartilhados com objetos inanimados e de aceitar a regulação diretiva da mãe em relação a suas brincadeiras e ao seu comportamento. Antes desse desenvolvimento, o bebê preferia examinar, sacudir e bater brinquedos sem a interferência ativa por parte da mãe. Por outro lado, parece gostar (e, presumivelmente, precisar) da atenção responsiva da mãe para suas atividades e de sua adesão com comentários sincrônicos e rítmicos. Trevarthen e Hubley citam o exemplo de Tracey, 7 meses de idade:

> *Quando Tracey sacudiu uma gaiola com um sino dentro, sua mãe, olhando para a menina, sincronizou sua cabeça com o movimento e o som. Isso fez Tracey parar e "pensar". Assim que ela começou novamente, sua mãe moveu sua cabeça em sincronia dizendo: "Bang, bang,*

bang!". *Tracey olhou bem para a mãe com cuidado e o resultado foi uma brincadeira que levou a sorrisos entusiasmados e risadas. (1978, p. 195)*

Com 40 semanas (quando, de maneira interessante, Tracey estava apta para brincar com as duas mãos e trocava objetos entre suas mãos repetidas vezes):

> *a mãe de Tracey tornou-se uma reconhecida participante nas ações. Quando recebia um objeto, Tracey olhava repetidamente para o rosto da mãe, fazendo uma pausa, como que para reconhecer o recebimento do objeto. Ela também olhava para a mãe nos intervalos das brincadeiras, indicando a disposição para compartilhar experiências como nunca havia feito antes. (Trevarthen & Hubley, 1978, p. 200)*

Trevarthen parece não ter considerado estudar a integração da relação do bebê com o seio materno, com sua relação com o rosto e a voz dela (o seio é um objeto inanimado ou animado?) ou entre a perspectiva multidimensional adicionada quando o pai está presente. No entanto, sua ênfase na natureza passo a passo desses desenvolvimentos e nas condições necessárias para que cada passo siga o anterior parecem corroborar os sentimentos da srta. N e os meus de que, embora Cindy estivesse de fato começando a emergir de seu estado inicial perdido, não era útil, em certos momentos, chamar sua atenção muito frequentemente para a terapeuta como um objeto de transferência. Seus novos interesses pela massinha, em desenhar formas no papel com lápis de cor, em dar uma cama para cada boneca não eram, em geral, interpretados como estando conectados com seus sentimentos pela srta. N. Parecia que

170 O PROBLEMA DA NOVA IDEIA

isso poderia interferir em sua tentativa de ter – e realmente possuir – sua própria experiência. Parecia suficiente comentar: "Você realmente gosta de mudar a forma da massinha" ou "Aquela boneca tem de ir exatamente na cama certa, não é?", sem acrescentar "Como você sente que tem um lugar especial comigo". A terapeuta permanecia atenta a essa conexão, mas usava seu entendimento de que Cindy estava de fato começando a sentir que tinha um lugar na mente de sua terapeuta apenas em momentos em que isso era mais imediatamente evidente na mente de Cindy – quando, por exemplo, a menina estava realmente olhando para ela. Porém, o salto da boneca para a pessoa da terapeuta parecia excessivamente disruptivo, intrusivo e confuso no momento em que Cindy estava apenas começando a aprender a se concentrar em um pequeno pedaço de sua nova experiência com bonecas e massinha e de seu impacto sobre elas.

Trevarthen aponta que foi apenas após o estágio em que Tracey começou a olhar para cima procurando o olhar de sua mãe durante as pausas em suas brincadeiras é que elas começaram a fazer brincadeiras em que a mãe tanto estava dando quanto recebendo, e em que Tracey pôde permitir que sua mãe instruísse e dirigisse a brincadeira. Esse pensar cuidadoso sobre o desenvolvimento ajudou-nos a esperar até que Cindy alcançasse um ponto em que sua mente pudesse conter o que parecia ser uma relação de três partes: uma imagem dela mesma, do brinquedo e da terapeuta – e dos vínculos entre elas. Então pareceu capaz de escutar e usar interpretações simbólicas de transferência mais facilmente, e o trabalho psicanalítico de nível mais usual pôde começar. (É de grande interesse aqui o ponto de vista de Balint (1968) sobre não prover um objeto que tenha um "contorno demasiadamente nítido" aos pacientes que estão funcionando no nível da "falta básica".)

No oitavo mês, Cindy de repente introduziu seu próprio "pensar entre parênteses". Àquela altura, suas bonecas tinham ganhado vida e geralmente estavam muito ocupadas. Mas, em um dia específico, ela instruiu a terapeuta a tomar conta de uma boneca, enquanto fazia outra coisa. Acrescentou, descrevendo como a brincadeira se desenvolveria: "Eu digo 'eu te amo, mamãe'". Nesse momento, ela não estava simplesmente brincando, mas antecipando, a partir de uma perspectiva, seu brincar numa outra perspectiva, e também comunicando sua intenção de brincar e seus planos. Desse modo, pode começar a percepção de um futuro dentro de um futuro, a brincadeira dentro da brincadeira. É um momento tremendamente animador quando crianças autistas começam a descobrir a liberdade de usar suas mentes, a pensar no subjuntivo ou no condicional, a acreditar que uma ideia pode conter outra dentro dela, que podem se distanciar de sua cautelosa trilha única ou intencionalidade única e, ainda, ter "companhia viva" enquanto se movem. Por trás do novo sentido de propósito e inteligência de Cindy, estava, creio eu, um novo sentido de esperança.

Distúrbio de comportamento como uma forma de déficit cognitivo

Se, como sugeri, uma perspectiva de relações de objeto requer um estudo de déficit na relação *self*-objeto, então os dois termos precisam ser examinados. Cindy tinha pouca capacidade de se aproximar de seu objeto, mas também via seu objeto como distante e vago. O trabalho tinha de começar nas duas pontas, como de fato ocorreu. No caso de uma segunda criança, Rosie, 4 anos, a terapia também precisava dar conta do déficit do objeto e do déficit do *self*. Rosie, que era às vezes uma criança suicidamente provocativa, de fato parecia genuinamente carecer de uma capacidade de parar a

172   O PROBLEMA DA NOVA IDEIA

si mesma. Ela tinha sido encaminhada por conta da hiperatividade e comportamento violento e agressivo, e era claro que ela (ou melhor, a relação) estava levando sua mãe ao limite de uma crise nervosa. Rosie parecia acreditar que sua mãe pensava que ela estava constantemente tentando provocá-la. Sua mãe de fato pensava e esperava isso, e Rosie esperava que ela esperasse isso também. Na maior parte do tempo, ela parecia não ter acesso, no interior de si, a nenhuma crença alternativa de que sua mãe pudesse pensar que ela tivesse bons motivos, ou ao menos motivos não maldosos, para seu comportamento. Se ela chorava buscando a mãe pela manhã, sua mãe não tinha dúvida de que estava deliberadamente tentando perturbar seu sono. A criança começava a cantar em algum lugar do outro lado da casa e sua mãe estaria convencida de que a música era direcionada a ela e pretendia deixá-la louca de raiva.

A terapia com a senhora K começou com referências frequentes, durante as brincadeiras, a objetos sendo bloqueados, perfurados, quebrados, e parecia que Rosie não conseguia escapar de repetições de safadezas e provocações que a levavam a ser punida pela mãe – o que levava a mais desobediência e provocações, em círculos cada vez mais viciosos. Ambas estavam desesperadas, mas nenhuma delas conseguia evitar os acontecimentos. Na terapia, Rosie começou a brincar que estava em um carro descontrolado rolando morro abaixo – uma representação precisa da maneira como agia, fazendo algo levemente desafiador ou provocador que produzia irritação na terapeuta e, então, ela se tornava ainda mais desafiadora, terrível e agitada. Essa situação levava a um comportamento ainda mais provocativo e, finalmente, ao sentimento de abandono e desespero. Seu rosto mudava para uma espécie de máscara com um sorriso louco, e ela ria sem emoção, dizendo "Quem se importa?" e se chamava de "cabeça de lixo". Em tais momentos, parecia não ter ideia de que os carros descontrolados podiam ser equipados com freios.

Se a senhora K conseguisse entrar rapidamente com a interpretação "Você sentiu que me irritou e estava com medo de mim", Rosie às vezes se acalmava. Seria um exemplo de contenção de uma projeção e transformação de tal forma que a criança (que tem ego suficiente disponível no momento para pensar no que é dito e ouvir implicações) tenha chance de considerar: "Ela está tão irritada quanto eu acho? Talvez não". No entanto, quando Rosie estava mais perturbada, o ciclo de projeção, reintrojeção e reprojeção em uma figura ainda mais irritada e assustadora levava a provocações cada vez piores, na linha de "Bem, se você acha que eu sou má (e quer que eu seja má), então eu devo ser má, portanto, é melhor eu ser realmente má". Nesse caso, é comum testemunharmos, em uma questão de segundos, uma criança se identificando com a imagem que ela sente que seus objetos parentais têm dela. Ela se torna o que sente que é. Quando aconteciam essas escaladas de hostilidade muito rápidas, nem sempre era suficiente dizer: "Você sente que me irritou", já que Rosie ouvia isso como uma confirmação – se é que ouvia alguma coisa. Mas ela às vezes ouvia: "Você parece sentir que eu quero que você continue ficando cada vez mais furiosa". Por vezes, no entanto, parecia ser ainda melhor, dadas as pressões do momento, tentar uma interpretação que introduzisse a nova ideia dos freios. Na fase em que a mãe dizia a Rosie e a outras pessoas que realmente desejava que ela saísse de casa e acabasse debaixo de um trem (elas viviam perto dos trilhos de alguma linha de trem), Rosie começou a se arriscar balançando-se perigosamente na beirada de um armário – às vezes, de maneira maliciosa e provocativa; outras vezes, de modo mais preocupante, como se realmente tivesse perdido seu senso de equilíbrio, seu desejo e sua capacidade de manter-se ereta. A senhora K e eu consideramos que não havia dúvida de que seu objeto interno desejava sua morte. Assim, a terapeuta começou a assinalar que Rosie parecia não conseguir imaginar que ela, sua terapeuta, realmente queria que ela estivesse a salvo ou que parasse com seu comportamento irascível (interpretação considerando um déficit do objeto); ou que Rosie não parecia ser capaz de imaginar que podia parar de irritar sua terapeuta (interpretação direcionada a um déficit do *self*). Rosie parecia ouvir essas interpretações de maneira diferente, e gradualmente começou a emergir de seu desespero e mordacidade suicida. Também era muito importante enfatizar os momentos de sanidade e amabilidade quando ocorriam em Rosie, porque ela própria dificilmente os percebia por si mesma. A senhora K frequentemente também comentava que Rosie parecia esperar que a terapeuta quisesse que ela fosse malcriada. Essas intervenções, embora importantes, seguem a tradição da contenção e transformação mais usuais daquilo que está no material, ainda que fugazmente. Parece-me importante, no entanto, reconhecer que nas interpretações dos "freios", a terapeuta não está contendo um sentimento ou um pensamento projetado que, "em algum lugar", pertence ao *self* da criança: ela está contendo, em vez disso, um pensamento mais ou menos ainda não pensado. O alarme sentido na contratransferência da terapeuta não surge de uma projeção do sentimento do alarme da criança. É a falta dessa projeção que é ainda mais preocupante (ver Capítulos 5 e 6). Posso sugerir que, embora a criança precise explorar a fundo o fato de ter um objeto facilmente provocável ou uma parte de si muito provocativa, não consegue explorar nenhum dos dois enquanto estiver tão oprimida. Ela só pode explorar a partir de uma perspectiva relativamente segura quando tiver alguma percepção da existência de outro tipo de objeto e de outro tipo mais amigável de relação de objeto.

É preciso dizer que essas interpretações claramente não teriam um efeito tão tranquilizador para uma criança cujo sadismo fosse mais pronunciado e que tivesse se tornado viciada em perturbar seu objeto materno. Rosie, no entanto, seguramente ainda não estava viciada nessa forma de relação de objeto. Ela tinha apenas 4 anos e, embora estivesse dominada por uma relação provocativa com um objeto facilmente provocável, quando esse jugo era afrouxado – dos dois lados –, dava poucos sinais de genuína preferência por uma relação sadomasoquista. Da mesma forma, não parecia ter qualquer resistência interna à ideia dos freios. E a ideia de que sua terapeuta podia não gostar de estar zangada com ela era agradável, mas aparentemente bastante nova. Alguns anos depois, tais características de seu comportamento talvez estivessem muito mais fixadas profundamente em seu caráter e muito mais difíceis de mudar.

Neste capítulo, dei exemplos de dificuldades no funcionamento cognitivo de três pacientes. Tais déficits precisam de atenção tão cuidadosa no trabalho psicanalítico quanto os conflitos emocionais, cisões e projeções mais centrais em pacientes menos perturbados. Nos casos de Robbie e Cindy, tentei descrever uma falha profunda na capacidade de manter a intencionalidade e no pensar entre parênteses numa maneira de dupla trilha. Tentei ligar isso a considerações sobre relações de objeto. Com Cindy, uma paciente muito mais jovem, também tentei demonstrar algumas das considerações técnicas que acredito terem possibilitado que ela alcançasse e mantivesse, de maneira relativamente rápida, a intencionalidade em seu primeiro ano de tratamento. No terceiro caso, com Rosie, tentei chamar a atenção para um tipo de déficit cognitivo mais parcial, embora severo, em que a terapeuta talvez necessite conter pensamentos ainda não pensados, ideias não nascidas que podem precisar receber da terapeuta corpo e vida. No caso de Cindy, as preconcepções de certas ideias por vezes já estavam lá. A terapeuta assumiu um papel moderadamente ativo para ajudar sua realização. Segundo Bion (1962, p. 91), quando a preconcepção de um seio encontra a realização, nasce uma concepção. Esse modelo é bastante adequado para o que aconteceu com Cindy. Mas, e no caso de Rosie que às vezes parecia genuinamente estar violentamente

176 O PROBLEMA DA NOVA IDEIA

fora de controle? E se, por exemplo, depois de um nascimento prematuro, um bebê está muito fraco para abrir a boca e buscar o seio? Sua preconcepção da existência de um seio pode precisar ser despertada. Mães, em tais situações, ajudam o bebê a mamar oferecendo o seio antes que o bebê pense em pedi-lo. Algumas novas realidades se impõem a nós antes de termos preconcepções prontas para encontrá-las. Se as condições não envolverem pressão demasiada, um novo conceito ainda pode ter tempo para nascer.

8. Uma visão de "defesa" em termos de desenvolvimento

Pacientes *borderline*

Bruner (1968) delineou estágios no desenvolvimento da capacidade de coordenação – ou da "trilha dupla" – que sugeriu ser a precursora da capacidade de "pensar entre parênteses". Mencionei que, quando Robbie superou o estágio de precisar de mim para alcançá-lo em seu estado distante e era capaz de alcançar a si próprio, um de seus problemas era não saber como modular e filtrar emoções fortes. Se ele queria fazer contato comigo falando, às vezes precisava fechar os olhos – assim como os bebês de Bruner –, como que para não se perder no processo de olhar. Àquela altura, ele queria se conectar, mas ainda carecia de grande parte do equipamento básico para facilitar a vinculação. No entanto, fechar os olhos era um começo – tanto para se defender de uma agitação incontrolável, como para preservar uma forma mais tranquila e sólida de contato. Da mesma forma, tapar os ouvidos contra o ruído de um aspirador era uma defesa contra o terror e uma tentativa de encontrar um lugar seguro. Aos poucos, ele se tornou capaz de olhar e escutar de modos mais modulados e menos drasticamente defendidos. Isso implicou o desenvolvimento de funções

178 UMA VISÃO DE "DEFESA" EM TERMOS DE DESENVOLVIMENTO

que, em uma personalidade mais madura, complexa e estrutura-
da, podem, às vezes, servir como "defesa", mas no caso de Robbie
e de outras crianças psicóticas, *borderline*, traumatizadas ou que
sofreram abusos, podem merecer um nome melhor – que enfati-
ze elementos de proteção e desenvolvimento. Noções de imaturidade, de frágil desenvolvimento de ego, de déficit (Kohut, 1985)
e de equilíbrio (Joseph, 1983) são úteis porque proporcionam a
percepção sobre de onde a criança vem e, ainda mais importante,
aonde ela ainda não chegou.

A *criança psicótica* borderline

O caso da criança psicótica *borderline* – em que pode haver
algum desenvolvimento de ego, embora apenas mínimo ou frágil – traz problemas similares àqueles do tratamento de crianças
psicóticas. Esse diagnóstico não é, infelizmente, largamente usado
entre psiquiatras infantis sem formação em psicanálise. Não existe
menção a ele na nona edição do Código Internacional de Doenças
(CID-9). No terceiro Manual Diagnóstico e Estatístico da Associação Psiquiátrica Americana (DSM-III), está incluído como sub-
categoria de transtorno de personalidade, tendo como principais
características: "Impulsiva, imprevisível, com relações interpessoais instáveis, porém intensas. Identidade incerta, humor instável,
medo de ficar sozinha, causa danos a si mesma" (Barker, 1983, p.
145). Estou usando os termos *borderline* ou psicótico *borderline*
em um sentido muito mais amplo para incluir as outras subcate-
gorias de distúrbio de personalidade, tais como compulsiva, antis-
social, paranoide, esquizoide, retraída e outras. Os classificadores
da psiquiatria não se sentem confortáveis, suponho, com um uso
tão amplo da palavra "psicótico" para descrever crianças que não
são notoriamente psicóticas – em parte porque a palavra ainda tem

associações pejorativas na mente de leigos (e de psiquiatras organicistas). Para o psicoterapeuta de orientação psicanalítica, a noção de uma parte psicótica da personalidade ou a evidência de exemplos (felizmente breves) de pensamento psicótico na vida de qualquer pessoa é perfeitamente aceitável e, assim, não mais pejorativa que o rótulo "distúrbio de personalidade". Além disso, quando a qualidade e o nível de ansiedade são compreendidos (assim como o conteúdo e a forma de algumas fantasias), a palavra "psicótico" ligada à palavra "*borderline*" parece perfeitamente apropriada. Isso também tem implicações importantes para a teoria e a técnica relacionadas a essas crianças.

A maioria dos autores da área tende a descrever pacientes adultos *borderline* como existindo em um contínuo entre a psicose e a neurose. Essa dimensão vertical – que descreve o grau de patologia e o nível de funcionamento de ego – é útil como um guia simples para um território desconhecido, mas não deveria estreitar a visão a respeito do assunto, já que a maioria dos autores está, na verdade, referindo-se a um leque extremamente amplo de doenças. As categorias – no eixo horizontal – tendem a incluir tudo, desde distúrbios de caráter psicopático, passando por personalidade imatura, distúrbios narcisistas, condições neuróticas severas com características psicóticas e depressões excessivamente graves, até chegar ao que costumava ser chamado de esquizofrenia latente, mas que agora seria mais comumente denominado como esquizofrenia *borderline* (LeBoit & Capponi, 1979). Um psicoterapeuta de crianças pode querer acrescentar nessa categoria muitas crianças severamente desamparadas, que sofreram abusos e traumatizadas que, às vezes, têm muito em comum com crianças psicóticas, mas que em outros aspectos são muito diferentes. Elas são diferentes de adultos *borderline* porque a doença psicótica em crianças – mesmo que temporária ou ainda que tenha passado apenas um pouco da linha divisória – interfere no desenvolvimento psicológico normal e, portanto, frequentemente produz parada e déficit de desenvolvimento. Psicoterapeutas de crianças de orientação psicanalítica da Oficina de Autismo da Clínica Tavistock também ficariam confortáveis com a noção de condições austisticas *borderline*, embora muitos organicistas não tenham a mesma posição.

Terapeutas da Oficina *Borderline* da Clínica Anna Freud (depois Hampstead) tentaram formular o significado do conceito "*borderline*" em 1963. Kut Rosenfeld e Sprince concluíram que a doença reside "tanto na qualidade e no nível de distúrbio do ego como na precária capacidade para relações de objeto" (1963). Em um segundo artigo, de 1965, a respeito de questões técnicas, afirmaram ter encontrado nas crianças *borderline* uma reação incomum a interpretações: elas vivenciavam como permissões, e interpretações de fantasia geralmente levavam fantasia e ansiedade a se intensificarem incontrolavelmente. A conclusão foi de que era necessário, portanto, promover os mesmos mecanismos de defesa que se tentaria desfazer numa criança neurótica – repressão e deslocamento, por exemplo. Porém, havia diferenças entre os membros da oficina a respeito de quanto suporte ao ego, reasseguramento e encorajamento do positivo – diferentemente da interpretação do negativo – deveria acontecer. Chethik e Fast (1970), da Oficina *Borderline* da Universidade de Michigan (Estados Unidos), não concordam com a ideia de se facilitar a repressão e o deslocamento. Afirmam que não se preocupam mais em se livrar da fantasia, mas em ajudar a criança a crescer, prescindindo delas, delineando seus medos e ansiedades subjacentes. Por outro lado, não recomendam "precipitar a entrada da criança em um estado insuportável de não prazer".

LeBoit (1979), em uma síntese de problemas técnicos com adultos *borderline*, concluiu que, "no passado, o paciente *borderline* criava um problema para o tratamento psicanalítico por ser considerado incapaz de fazer transferência de objeto". (Ele era considerado incapaz de suportar a privação e a "abstinência" envolvidas na técnica analítica clássica.) Continuou: "Atualmente, admite-se que o indivíduo *borderline* forme a transferência de que é capaz, usualmente uma transferência predominantemente narcisista, que se desenvolve para simbiose" (p. 57). O autor acredita que durante esse primeiro período de tratamento o analista pode precisar fazer modificações na técnica analítica clássica, isto é, intervenções outras que não interpretações – particularmente aquelas que indicam concordância de pensamento e sentimento entre analista e paciente, e aquelas que refletem aceitação dos desejos inconscientes do paciente e compreensão de suas necessidades de amadurecimento. (LeBoit e Capponi, 1979, p. 57) Psicoterapeutas de crianças conhecem bem o tipo de pressão que seus pequenos pacientes colocam neles quando de maneira amigável e aberta dizem: "Minha cor preferida é vermelho. E a sua?". O terapeuta em geral sente-se compelido a oferecer um tipo de interpretação de privação – Grotstein (1983) chamou-a de interpretação tipo desmame – para refrear a onipotência ou a intrusividade da criança e evitar a gratificação de suas fantasias por meio de conluio e sedução. Entretanto, acredito que a discussão sobre gratificação *versus* privação seja uma dicotomia falsa – perigosamente falsa. Falsa porque uma interpretação pode privar o paciente da real gratificação da informação pedida, mas não ser vivenciada como privadora, podendo, de fato, ser bastante gratificante se for de uma interpretação receptiva ao desejo da criança de assegurar-se de que o terapeuta e ela têm algo em comum, ou gostam das mesmas coisas ou pertencem à mesma espécie. Uma interpretação pode comunicar compreensão sobre isso sem ser conluio nem sedução. A dicotomia é perigosa porque uma interpretação muito defensiva pode ser experimentada por uma criança desconfiada ou já muito desamparada como uma rejeição cruel daquilo que poderia ser sua primeira abertura para uma relação de cordialidade. Penso que a mesma pergunta pode ter implicações muito diferentes, dependendo da criança: para uma, pode ser um ataque ou uma defesa contra a separabilidade; para outra, pode ser um primeiro passo para se aproximar de seu objeto. No primeiro caso, a criança pode estar perto demais, dentro demais, e pode precisar estar mais separada; no segundo, o objeto da criança pode estar distante demais e ela pode precisar sentir que ele é acessível. Isso não quer dizer que você precise dizer ao paciente qual é sua cor preferida!

Defesas e aquisições em termos de desenvolvimento ou superações

Infelizmente, os aspectos conceituais úteis da teoria do déficit são às vezes eclipsados pelas modificações técnicas que muitos parecem pensar serem devidas à ênfase dada por Kohut ao déficit. Ornstein (1983), seguidor de Kohut, sugere que provavelmente tenha sido um erro ter considerado, ao longo dos anos, o déficit como um vazio a ser preenchido, como Kohut propôs. Kohut acreditava que era importante desenvolver o que chamou de polo narcisista normal da personalidade, e foi muito criticado por gratificar as transferências narcisistas idealizadoras. Sugeriu-se que ele estivesse fazendo psicoterapia de apoio, mais do que análise, o que alguns autores entenderiam como manipular a transferência, em vez de analisá-la. Isso me parece ser outra dicotomia simplista, que poderia ser esclarecida ao se considerar alguns dos problemas que podem surgir a partir do conceito psicanalítico de defesa. No pensamento kleiniano, por exemplo, um paciente esquizoparanoide pode estar se defendendo contra as verdades da posição depressiva – isto é, de seu amor ou sua culpa –, mas também seu desenvolvimento pode estar tão comprometido que não tem condições de passar para a posição depressiva (ver Capítulo 10 para uma discussão mais completa). Isso traz uma questão prática vital: quais são as condições sob as quais o desenvolvimento é possível em qualquer estágio? Tais considerações irão definir o trabalho do terapeuta, isto é, se ele interpreta a desconfiança e o distanciamento do paciente como uma defesa contra uma relação mais próxima e melhor – o que pode de fato acontecer – ou se entende como uma proteção contra o que percebe ser um objeto genuinamente agressor, intrusivo ou inútil. A expressão usada por Joseph (1983), "equilíbrio psíquico", proporciona-nos um conceito muito mais sutil do que defesa. Em "Sobre compreender e não compreender", escreve: "O paciente que acredita que vem para ser compreendido, na verdade vem para usar a situação analítica para manter seu equilíbrio atual de inúmeras maneiras complexas e únicas" (p. 142).

Em seu romance *Através do espelho*, Antonia White (1979) conta a história autobiográfica do colapso de uma jovem, sua entrada na loucura e sua subsequente recuperação em um manicômio. Clara teve o que parece ser um surto esquizofrênico, ou possivelmente maníaco, e é confinada em uma cela almofadada vestindo uma camisa de força. Um dia, depois de muitos meses, a camisa de força é removida e ela começa a emergir de seu estado de violenta confusão. Coisas notáveis acontecem. Em vez de passar por inúmeras mudanças de identidade, percebe que é sempre a mesma pessoa chamada Clara. Ela não tem memória de sua vida anterior, mas começa a entender que já teve uma vida anterior e que seu nome era Clara naquela vida também. Certas imagens de sua vida cotidiana – o banheiro das mulheres, uma trepadeira crescendo – começam a ser pontos de referência fixos para ela. Como White diz: "Um pequeno espaço dela própria tornou-se sólido e reconhecível. Naquele espaço, objetos e pessoas eram sempre os mesmos, algumas ilhas de tempo, sempre as mesmas". Enquanto anteriormente ela tinha a impressão de ter cinquenta enfermeiras, duas emergem com alguma forma de identidade distinta e separada, e ela escreve: "A ruiva era Jones. *Ela precisa tentar lembrar disso*" (meu itálico). No entanto, as pequenas ilhas de consistência continuavam não tendo conexão nem fio de continuidade entre elas. Assim, diz White: "Era extremamente difícil lembrar qualquer coisa. Palavras como 'antes' e 'depois' não tinham mais qualquer significado. Só havia 'agora'... No entanto, ela *continuava tentando desesperadamente juntar as peças, encontrar alguma conexão entre a Clara daqui e a Clara dali*" (1979, pp. 230-232, meu itálico). Afinal, ela consegue. É transferida para uma ala aberta e recebe permissão para jogar *croquet* na grama. De uma forma ou de outra, ela se lembra como jogar e percebe que nenhuma das mulheres segue as regras, apenas jogam de qualquer jeito; ela começa a tentar ensiná-las a jogar direito. Não consegue entender por que essas mulheres não seguem as regras e, de repente, percebe que elas estão loucas. Depois disso, Clara se recupera rapidamente (White, 1979).

A ideia de Clara desenvolver defesas evidentemente não é uma maneira útil de olhar para suas tentativas de emergir da psicose. Não se deve, insisto, confundir a construção da casa com a construção das fortificações defensivas que podem eventualmente cercá-la. Construímos casas com paredes para nos proteger das intempéries, mas também para delimitar, acomodar e preservar aquilo que pode acontecer dentro. Certamente não seria útil pensarmos nos esforços desesperados de Clara para juntar as peças, para se concentrar e se lembrar de pedaços de claridade que começavam a emergir da bruma, como defesas obsessivas contra a loucura. Esperar por algo quase irrealizável pode ser usado defensivamente, mas também pode ser usado para tentar superar o mal e o desespero. Robbie descreveu um sonho, ou alucinação, em que estava pendurado de ponta-cabeça na beira de um penhasco, segurando-se em um pedaço de grama. Seria a grama uma defesa contra a queda? Precisamos de cordas salva-vidas apenas para escapar da morte ou também para preservar a vida?

Essas questões podem parecer muito claras, mas no caso de um *borderline* clássico – que flutua de um lado para outro, entre a loucura e sanidade, e em quem o amálgama da parte psicótica e da parte não psicótica pode ser muito complexo (ver Grotstein, 1979; Steiner, 1991) – a questão não é tão simples. É importante saber quando mecanismos obsessivos estão sendo usados defensivamente contra a experiência de um objeto ou sentimento mais vivo, livre e menos controlável e quando sinalizam a primeiríssima tentativa – ou, no mínimo, uma tentativa renovada – de obter um pouco de ordem no universo. Também é importante distinguir entre os momentos em que a experiência maníaca de um objeto ideal ou de uma situação ideal é usada como defesa contra uma realidade mais sombria, dos momentos em que ela sinaliza o primeiro lampejo de emergência de uma vida toda de depressão clínica. Bion ensinou os terapeutas a distinguir entre mecanismos destinados a modificar a frustração e aqueles designados para evadir-se dela. Entretanto, é isso uma simples situação de "ou isso ou aquilo" ou há muitos passos de desenvolvimento no caminho entre fuga e modificação? Há, por exemplo, a situação intermediária em que uma evasão defensiva é necessária porque o paciente não é capaz de lidar com as transformações mais maduras de suas ansiedades. Suas defesas são tudo o que ele tem. Quais, então, são as condições – e pré-condições – sob as quais a mudança pode começar a ser possível?

The Analysis of Defense (A análise da defesa) é um livro de Joseph Sandler e Anna Freud (1985) que registra uma série de discussões com a autora nos anos 1970 a respeito de seu livro *O ego e os mecanismos de defesa* (1936). Em uma das discussões, Sandler faz a distinção entre defesas *contra* realidades dolorosas e defesas *na direção de,* que existem para obter ou manter um bom sentimento de proteção ou segurança (instrumento de proteção, p. 19). Em um dos últimos encontros, quando estão discutindo o fato de a repressão ser, em termos de desenvolvimento, um mecanismo de defesa bastante tardio, Anna Freud diz que a projeção é usada muito antes da repressão. Sandler afirma, então: "Provavelmente porque a repressão precisa de uma considerável quantidade de força da parte do ego para poder funcionar". Anna Freud responde: "Bem, precisa de estruturação da personalidade, o que não acontece nos inícios". E continua: "Se você ainda não construiu a casa, não pode mandar alguém para fora dela". Sandler acrescenta: "Nem mantê-lo trancado no porão" (Sandler & A. Freud, 1985, p. 238).

É claramente importante pensar nessas questões em termos de desenvolvimento: às vezes, quando o fim de semana ou as férias de verão estão próximas, pode-se interpretar que o paciente está realmente contrariado "em algum lugar" em virtude da interrupção iminente e, por isso, está simplesmente reprimindo esse sentimento, quando, na verdade, pode muito bem tê-lo cindido e projetado no terapeuta. O paciente não sente que "em algum lugar sente falta do terapeuta"; ele sente que *o terapeuta* vai sentir falta *dele*. Dependendo do caso, o sentimento de falta pode precisar ser contido e explorado pelo terapeuta por um longo período antes de o paciente estar pronto para experimentá-lo como pertencendo a si mesmo (ver Joseph, 1978, p. 112). Em casos em que a casa ainda não está construída, o que pode parecer uma tentativa de jogar alguém para fora dela – para projetar a parte infantil que sofre em alguma outra pessoa – na verdade, pode ser uma tentativa desesperada de encontrar alguma casa em algum lugar.

Em seu livro *The Psychoanalysis of Developmental Arrest (Psicanálise das paradas do desenvolvimento)*, Stolorow e Lachmann (1980) sugerem que é importante distinguir entre a atividade mental que funciona principalmente como defesa e a atividade aparentemente similar, mas que mais acuradamente poderá ser entendida como remanescente de uma parada em um pré-estágio de desenvolvimento defensivo, caracterizado por deficiências na estruturação do mundo do desenvolvimento. Storlow e Lachmann consideram várias "defesas", tais como narcisismo, idealização, grandiosidade, projeção, negação, incorporação e cisão, e comparam os pré-estágios de defesa com as autênticas defesas. Sugerem, por exemplo, que "uma concepção funcional de narcisismo (isto é, que vê o narcisismo como preenchendo uma necessidade)" ajuda a atenuar as dificuldades contratransferenciais que surgem com pacientes narcisistas, ao nos permitir reconhecer que seu narcisismo está a serviço da sobrevivência de seu sentido de *self*. Essas ideias são importantes no trabalho com crianças carentes que podem se apresentar como muito desconectadas e narcisistas e com quem uma abordagem muito confrontadora pode simplesmente levá-las a fortalecer suas defesas. Stolorow e Lachmann também enfatizam a diferença entre negação de algo que já é conhecido e "negação" de algo que ainda não é completamente compreensível. Escrevem que, "quando o analista interpreta como resistência o que o paciente sente corretamente como uma necessidade de desenvolvimento, o paciente geralmente vivencia a interpretação como uma falha de empatia, uma falta de confiança, uma ofensa narcisista" (1980, p. 112). Isso lembra a ênfase dada por Money-Kyrle (1977, p. 463) na importância imperativa de distinguir a identificação projetiva motivada por impulsos destrutivos, daquela motivada por desespero. O autor acredita que analistas ignoram essa distinção em detrimento próprio – e seguramente na vida real o luto é um processo gradual. Quando analistas e terapeutas pressionam pacientes a enfrentar seus medos, seus anseios, suas tristezas muito antes de eles terem os recursos e a imaginação necessários para isso, podem estar pedindo demais.

Um exemplo clínico

Alguns anos atrás, eu tratava uma menina psicótica *borderline* que tinha asma: Judy. Ela nunca tinha tido uma crise de asma na minha frente, mas, um dia chegou com ligeira falta de fôlego e disse com uma voz muito ansiosa que estava tendo uma crise de asma. Tentei mostrar-lhe que ela parecia muito assustada, como se pensasse que iria morrer. Seu pânico e sua respiração pioraram e eu percebi que, em vez de ajudá-la, minha interpretação tinha escalado sua ansiedade. Pensei rapidamente e, enfim, disse algo sobre o fato de ela não parecer capaz de diferenciar uma grande crise asmática de uma pequena. Não me parecia uma interpretação particularmente profunda, mas ela disse com surpresa e alívio: "Si.i.i.mm...", e sua respiração melhorou. Fiquei impressionada porque um paciente menos ansioso teria ouvido as implicações de minha primeira interpretação (isto é, de que ela não iria morrer), mas que essa garotinha apavorada não conseguiu. Sua mãe era extremamente ansiosa e frágil, e acho que ela ouviu minha primeira interpretação como se eu também pensasse que ela iria morrer. Embora entrasse em pânico em cada separação, por mais breve que fosse, eu nunca poderia dizer-lhe, nos primeiros anos, que ela imaginava que algo terrível pudesse acontecer a uma de nós no fim de semana: tive que pensar um outro jeito de conversar com ela sobre a dificuldade de acreditar que ambas poderíamos atravessar o fim de semana e nos reencontrar na segunda-feira.

A posição esquizoparanoide como uma fase do desenvolvimento

Klein delineou suas noções das posições paranoide e depressiva pela primeira vez em dois artigos intitulados "Uma contribuição à psicogênese de estados maníacos-depressivos" (1935) e "Luto e sua relação com estados maníacos-depressivos" (1940). Provavelmente é bem sabido que Klein primeiro tentou pensar em termos de fases e datas para esses dois estados de mente bem diferentes – isto é, ela estava pensando em termos de uma teoria do desenvolvimento, seguindo a tradição iniciada por Freud com sua teoria da libido (Freud, 1905b) e continuada por Abraham (1927). Gradativamente, porém, o conceito de "fase" deixou de vez os textos de Klein, e ela fixou-se mais firmemente na noção de posição. A ideia de uma posição é certamente uma metáfora espacial e, na teoria dessa autora, implicava não apenas uma localização corporal diferente para a libido como também, por definição, um termo relacional – ou seja, de relação de objeto. Em deferência a Fairbairn, Klein acrescentou o conceito "esquizoide" à posição paranoide, e as características da posição esquizoide final são definidas como: excessiva cisão e fragmentação, excessiva projeção (mais tarde, em 1946, ela incluiu a identificação projetiva), um ego consequentemente frágil e pouca confiança em um bom objeto (Fairbairn, 1952). Grotstein (1981b) aponta que, em um estado patológico, vários sintomas, como perda do afeto apropriado e confusão, podem acontecer, ao passo que no bebê normal há desamparo e relativa não integração. Na posição paranoide, Klein descreve excessiva cisão entre bom e mau tanto do *self* quanto do objeto, cujas consequências são idealização e perseguição excessivas. Klein descreveu a excessiva projeção de partes más do *self* no objeto e, por consequência, excessivos medos fóbicos ou sentimentos de tipo paranoide. Sentimentos persecutórios espiralam e escalam em razão da projeção para dentro do objeto e da reintrojeção dos agora objetos maus, produzindo a necessidade de reprojetar, e assim por diante. É importante lembrar, no entanto, que em uma nota de rodapé no mesmo artigo de 1946, Klein também escreveu sobre como partes boas do *self* podem ser projetadas excessivamente, com consequente enfraquecimento do ego e sentimentos de estar sendo engolido pela excelência[1] e valor excessivos do objeto. Esse fenômeno é tanto um aspecto da posição paranoide quanto aquele caracterizado pela projeção da parte má. A projeção constante da parte boa também produz um círculo vicioso visto em algumas crianças delinquentes e certamente em muitas crianças psiquiatricamente deprimidas, que podem se sentir incapazes de atender a certas demandas de um objeto carente ou danificado que elas sentem não ter forças para reparar. O manto do desespero parece demasiadamente espesso, e todas as partes do *self* e do objeto parecem estar engolfadas nele. Também é importante considerar que em algumas crianças perturbadas e carentes a parte boa e a crença em um bom objeto podem não necessariamente estar projetadas; ao contrário, podem estar gravemente subdesenvolvidas.

Escrevi anteriormente sobre o avanço teórico e metateórico fundamental na diferenciação kleiniana entre processos destinados à defesa contra e processos designados a superar ansiedades depressivas. Klein deixou claro que a verdadeira reparação, em oposição à reparação maníaca ou obsessiva, não era uma formação reativa contra, ou negação da depressão e culpa em relação a danos. Segundo o pensamento de Klein e Bion, superação, em oposição a negação ou defesa, envolve modificações saudáveis, mas não evasões, triunfos ou negações. Passei a pensar que uma distinção por comparação precisa ser feita quando se discutem as ansiedades persecutórias da posição esquizoparanoide. O amor tem de ser mais forte do que o ódio para que as ansiedades depressivas possam ser superadas. Mas o que precisa ser mais forte do que o medo para superar ansiedades persecutórias, em vez de se defender contra elas? Nesse ponto, a noção de continente de Bion é importante,

---

1 *Goodness*: termo de difícil tradução, pois se refere à qualidade de excelência do objeto que inclui: generosidade, piedade, delicadeza, firmeza, ou seja, ser genuinamente bom [N.T]..

assim como possivelmente uma análise mais cuidadosa das várias funções do objeto "bom". O objeto bom da posição depressiva é um objeto amado e respeitado e capaz de despertar preocupação. Na posição esquizoparanoide, sua bondade também pode consistir em sua confiabilidade, em suas qualidades asseguradoras, em sua solidez, em sua substancialidade – isto é, em suas boas intenções, suas qualidades protetoras, sua capacidade de garantir sentimentos de segurança; em resumo, no que Bowlby (1988) chamou uma "base segura". O amor perfeito expulsa o medo, mas, às vezes, assim o faz a perfeita segurança.

Tentarei mostrar em capítulos subsequentes que o trabalho de Bion sobre identificação projetiva como comunicação e o trabalho dos estudiosos do desenvolvimento têm uma série de implicações para o tratamento de crianças psicóticas e *borderline*: primeiro, precisamos de um conceito geral de superação para colocar lado a lado com o conceito de defesa na posição esquizoparanoide; segundo, precisamos de termos específicos tais como potência, para colocar lado a lado com o termo onipotência; um sentimento de ser agente de suas próprias ações para cotejar com narcisismo; alívio, alegria e esperança para cotejar com a negação maníaca; ordem, estrutura e previsibilidade para relacionar com defesas obsessivas contra fragmentação; e muito outros além desses. Tentarei mostrar que esses estados de mente positivos não devem ser vistos como defesas nem precisam esperar os desenvolvimentos da posição depressiva. Acontecem em posições muito mais primitivas do desenvolvimento psicológico em que a questão não é tanto a cisão entre o bom e o mau; o que está realmente em questão é o adequado desenvolvimento do bom objeto e a crença nele. Quando Robbie e os bebês de Bruner fecham os olhos para evitar a distração e crianças *borderline* começam a entender a ideia de que a segunda-feira pode de fato chegar, eles podem estar engajados em um ato precioso de conservação e preservação. Primeiro, como diz Anna Freud, constrói-se a casa; primeiro, como diz Klein, introjeta-se o seio bom; primeiro, como diz Bion, é necessário ter um continente adequado; primeiro, como diz Bowlby, deve-se ter uma base segura.

9. O anjo necessário
Idealização como desenvolvimento

... Eu sou o anjo necessário da Terra,
Porque, em meus olhos, você vê a Terra de novo.

Wallace Stevens

Neste capítulo tenho a intenção de explorar a distinção entre processos de idealização usados como defesa contra ansiedade persecutória ou dor depressiva, e processos de idealização que ocorrem como etapas necessárias do desenvolvimento. Klein e seus seguidores enfatizam ambas as funções, mas é interessante que os dicionários de conceitos psicanalíticos de Laplanche e Pontalis (1973) e de Hinshelwood (1989) referem-se apenas às ideias de Klein a respeito da função defensiva da idealização. Tentarei demonstrar que o primeiro aparecimento de objetos ideais nas fantasias de crianças cronicamente deprimidas pode sinalizar não uma defesa resistente ou evasiva contra a depressão, mas uma importante conquista em termos de desenvolvimento. Meu interesse nesse assunto foi estimulado por um comentário de Elizabeth

Spillius a respeito de quão pouco sabemos sobre o desenvolvimento da idealização.

No Capítulo 2, descrevi o aparecimento, quando do retorno de Robbie após seu colapso, do desenho da castanha com duas nozes confortavelmente acomodadas ali dentro. Isso foi acompanhado de uma melhora em sua apatia desesperançosa e de uma nova e animadora crença na tridimensionalidade de seus objetos. Por mais patológico e pouco evoluído que fosse esse estado de perfeita maciez e contenção – comparado a uma condição mais baseada na realidade, em que a vida é reconhecida como tendo suas colisões e ângulos pontiagudos – tratava-se, ainda assim, de um avanço considerável para além de seu mundo anterior de espaços vazios e árvores estéreis e sem folhas, em que os únicos objetos sólidos que emergiam eram bidimensionais e inacessíveis.

Laplanche e Pontalis definem idealização da seguinte maneira: "Idealização é o processo mental pelo qual as qualidades e o valor do objeto são elevados à perfeição. Identificação com o objeto idealizado contribui para a formação [do] ego ideal e do ideal de ego" (1973). Os autores apontam que Freud considerou a idealização do objeto amado como intimamente ligada ao narcisismo. Rosenfeld (1964) fez uma conexão similar. Klein, em "Algumas conclusões teóricas relativas à vida emocional do bebê" (1952), afirma que:

> *É característico das emoções dos bebês recém-nascidos serem de uma natureza extrema e poderosa. O objeto frustrador e mau é sentido como um perseguidor aterrorizante; o seio bom tende a se transformar em um seio ideal que deve saciar o desejo voraz por gratificação ilimitada, imediata e permanente. Assim, emergem sentimentos a respeito de um seio perfeito e inexaurível, sempre disponível, sempre gratificador.*

Ela acrescenta: "como a idealização deriva da necessidade de ser protegido de objetos perseguidores, ela é um método de defesa contra a ansiedade" (p. 64). No entanto, Klein também diz:

> Se de certa forma, essas defesas [cisão e idealização] obstruem o caminho da integração, elas são, no entanto, essenciais para o desenvolvimento total do ego, já que continuamente aliviam as ansiedades do bebê recém-nascido. Essa segurança relativa e temporária é atingida predominantemente por meio da manutenção do objeto perseguidor separado do objeto bom.

A autora ainda destaca que relações objetais são moldadas por amor e ódio e permeadas, por um lado, por ansiedade persecutória e, por outro, por seu corolário, que ela chama "reasseguramento onipotente derivado da idealização do objeto" (pp. 70-71). Assim, Klein parece, em certas oportunidades, enfatizar a função defensiva da idealização e, noutras, o fato de que ela é essencial para o completo desenvolvimento do ego. Talvez um termo melhor para essa função essencial não defensiva da idealização seja "asseguramento potente" no lugar de "reasseguramento onipotente". Pode ser mais útil pensar em estados ideais em vez de idealizados (Deborah Steiner, comunicação pessoal): o verbo tende a carregar a implicação de uma mudança ativa ou intencional de um estado para outro, enquanto o substantivo, não.

Em "A psicogênese dos estados maníacos-depressivos" (1953), Klein novamente enfatiza a idealização como necessidade, e não apenas como defesa. Ela aponta duas pré-condições para que as eventuais integrações da posição depressiva possam ocorrer: (1) uma forte relação libidinal com objetos parciais e (2) introjeção do

196   O ANJO NECESSÁRIO

objeto total. Ainda em 1940, no artigo "Luto e suas relações com os estados maníacos-depressivos", Klein diz:

> A crença abalada nos objetos bons perturba muito dolorosamente o processo de idealização, que é um passo intermediário essencial para o desenvolvimento mental. Para o bebê, a mãe idealizada funciona como uma proteção contra uma mãe retaliadora ou morta e contra todos os objetos maus e, portanto [talvez "também" teria sido melhor do que "portanto" para enfatizar o elemento de necessidade], representa a segurança e a própria vida. (p. 335)

Hanna Segal enfatiza algo ainda mais próximo da noção de necessidade em seu livro *Introdução ao trabalho de Melanie Klein* (1964), em que sublinha o elemento de força do objeto ideal e do ego. Isso propõe a questão de considerações quantitativas, às quais retornarei mais adiante. Escreve:

> Se as condições de desenvolvimento são favoráveis, o bebê sentirá cada vez mais que seu objeto ideal e seus próprios impulsos libidinais são mais fortes que o objeto mau e seus impulsos maus. Ele será cada vez mais capaz de se identificar com seu objeto ideal e, em virtude dessa identificação, do crescimento fisiológico e desenvolvimento de seu ego, sentirá cada vez mais que seu ego está se fortalecendo e se tornado mais capaz de defender a si mesmo e a seu objeto ideal. Quando o bebê sente que seu ego é suficientemente forte e possuidor de um objeto ideal forte, ficará menos temeroso de

> *seus próprios impulsos maus e, portanto, menos impe-*
> *lido a projetá-los para fora. (p. 54)*

Rosenfeld (1987) faz um apontamento técnico, mas também implicitamente teórico e quantitativo quando diz que o analista não deve desfazer a idealização muito rapidamente em pacientes "muito vulneráveis", que podem precisar idealizar o analista para criar uma atmosfera benigna. (p. 271)

Idealização como defesa: ilustração clínica

Alice, 12 anos, foi encaminhada em virtude de uma depressão relativamente branda, algumas dificuldades com amigos e leve atraso no rendimento escolar. Ela nasceu com um enorme nevo roxo, um angioma, cobrindo um lado inteiro de seu rosto. Era inoperável enquanto ainda estivesse em crescimento, mas poderia ser operado mais tarde. Até lá, quase nada poderia ser feito, embora seus pais a tenham levado para todos os cantos do país em busca de vários tipos de tratamento. Quando esta sessão aconteceu, ela estava esperando há semanas por uma consulta em Londres – que não era sua cidade – para um tratamento a *laser*. O melhor que esse tratamento podia oferecer era criar alguns pontinhos brancos minúsculos na massa roxa. Para o observador externo, faria pouquíssima diferença, mas minúsculas melhoras similares proporcionadas por outros tratamentos pareceram significar muito para Alice, mantendo viva sua esperança.

A sessão a que me refiro aconteceu pouco antes da interrupção para as festas de fim de ano e depois de vários adiamentos da consulta com a clínica que faria o tratamento a *laser* em Londres. A cada adiamento, o terapeuta tentava gentilmente ajudar Alice a

198 O ANJO NECESSÁRIO

perceber que ela estava se sentindo frustrada por toda a espera e todos os adiamentos de suas esperanças, bem como pela iminente interrupção da relação deles. Ela reconhecia, em um primeiro momento e, então, apressava-se em falar do quanto estava animada para ir esquiar nos Alpes e de como se lembrava do ano anterior, de quão bonita era a brancura da neve com o sol brilhando. Ao terapeuta, parecia que, embora o sentimento de Alice a respeito da pureza e beleza dos Alpes fosse genuíno, ela estava se agarrando a esses pensamentos para evitar as dolorosas e tristes decepções em relação às suas esperanças, e a irritação com o fato de o terapeuta deixá-la em um momento desses.

Alice, em minha opinião, tinha uma capacidade de idealização e apreciação da beleza bem desenvolvida. Ela se cuidava muito e era uma menina bonita, com lindos cabelos brilhantes, arrumados para caírem sobre a parte descolorida de seu rosto. Ela tinha esperança, força e determinação e, em vez de apatia desesperadora, tinha desenvolvido um ligeira depressão devido, creio eu, a uma dificuldade de permitir-se reconhecer sua própria raiva e impaciência para ter uma aparência normal. Em seu caso, uma capacidade já desenvolvida de idealização estava, até certo ponto, sendo usada defensivamente e ela conseguia grande alívio com interpretações que a libertavam para sentir sentimentos mais "negros", lado a lado com os "brancos". Sua depressão melhorou e ela ficou mais atenta e ativa na escola.

Idealização como desenvolvimento: dois meninos severamente carentes

O ponto que desejo enfatizar é que a integração entre o lado claro e escuro da natureza de uma pessoa e de seu objeto é possível apenas quando há *desenvolvimento adequado tanto da vertente idealizadora quanto da persecutória*. Há aqui questões quantitativas. Pequenos incrementos de idealização em pacientes cuja capacidade para esperança viva é severamente subdesenvolvida não devem ser expostos a constantes lembretes sobre o desespero e a ansiedade daquilo que estão finalmente conseguindo superar, e não se defendendo contra.

Gostaria de ilustrar esse ponto descrevendo dois garotos severamente carentes de 12 anos de idade: Ricky, muito deprimido, e Andrew, autista desconectado. Ambos os garotos pareciam estar quase que pela primeira vez concebendo um objeto ideal, por estranho que pareça, provavelmente, graças à televisão, talvez até ao mesmo programa! Tomei conhecimento das duas sessões no espaço de uma semana, e as duas terapeutas lidaram com o material de modos radicalmente diferentes.

Ricky teve várias separações de sua mãe no segundo ano de vida. Ela teve vários parceiros violentos vivendo em sua casa. Ele é um menino passivo que dá a impressão de ter estado clinicamente deprimido por toda – ou quase toda – sua vida. A sessão que apresento a seguir se deu após dois cancelamentos – um da parte dele e um da parte da terapeuta. Quando a senhorita J foi buscá-lo e chamou seu nome, ele não respondeu em um primeiro momento e depois pareceu surpreso ao vê-la. Na sala, ele olhou dentro de sua caixa e exclamou: "Ah, legal! Tem papel dentro", e então balbuciou um quase inaudível "obrigado". Na primeira parte da sessão, ele permaneceu bastante retraído, traçando linha atrás de linha na página e insistindo que eram "apenas linhas". Quando, a certa altura, a senhorita J comentou que ele podia ter se sentido esquecido por ela, ele disse: "Hmm... mas você se lembrou do papel". Ela reconheceu o prazer de Ricky com essa lembrança, mas como ele continuou muito menos responsivo do que vinha sendo antes dos dois cancelamentos, ela refletiu que parecia muito difícil para ele falar com ela naquele dia, como se ele não soubesse como ou tivesse esquecido como fazer. Ela sugeriu que ele estava lhe contando que havia perdido o contato com ela e se sentia excluído, e agora estava lutando para restabelecer uma linha ou ligação entre eles. Ele disse, de repente, que não conseguia falar enquanto desenhava – precisava se concentrar. A senhorita J insistiu gentilmente, dizendo que hoje parecia especialmente difícil, depois de uma pausa tão longa. Ele então falou, com mais entusiasmo, que pensava desenhar um carro que tinha visto na televisão. Era "um carro enorme, dez vezes o tamanho desta sala e com a mesma largura. Ele tinha tudo o que você pudesse desejar: piscina, televisão, telefone para você ligar para alguém. Também uma banheira, uma geladeira, comida e uma cama. Imagina ter algo assim só para você". Ele queria que o carro fosse dele, "nunca teria que sair dele para nada. O carro tinha tudo. Você podia nadar o dia todo nas férias".

A terapeuta fez uma interpretação que traduzia sua percepção dessa idealização como defesa. Ela disse que pensava que o carro a representava, que Ricky queria poder se mudar com armas e bagagens, e tê-la para ele o tempo todo e nunca ter de ir embora, ter uma linha direta com ela (interpretação relacionada ao fato de que ele só tinha sessões uma vez por semana). Ele disse "Hmm", e então pareceu murchar. Depois de uma pausa bastante longa, ela comentou a respeito do que se passou e perguntou no que ele estava pensando. O menino disse que estava pensando em sua tia. Ela tinha se separado e chutado o namorado para fora de casa. O namorado tinha ido à casa de Ricky perguntar se poderia dormir lá aquela noite e se eles sabiam de algum lugar em que ele pudesse ficar. Ricky lamentou o fato de aquele homem ter sido chutado e continuou desanimado pelo resto da sessão.

Esse é um relato comovente e perturbador a respeito do sempre difícil problema de se encontrar o equilíbrio certo quando se trabalha com crianças tão perturbadas. Condensei consideravelmente a sessão, mas espero ter transmitido o grau de devoção com o qual a senhorita J insistiu em suas tentativas de compreender o desligamento depressivo de Ricky na primeira parte da sessão. Só após seus esforços terem sido recompensados e Ricky ter se animado um pouco, é que ela perdeu contato com ele. Ela transmitiu grande compreensão de sua depressão, mas não de sua repentina explosão de felicidade. As esperanças dele aumentaram, creio eu, porque a sensível insistência da terapeuta lhe deu motivo para acreditar que ela realmente o tinha em sua mente, e provavelmente o tivera em sua mente e não o tinha esquecido durante a pausa de três semanas: "Imagine, algo assim só para você". Ele teve, acredito, um ímpeto fugaz de crença em um objeto disponível, receptivo e, de certa forma, cheio de recursos. Do ponto de vista do desenvolvimento de uma posição depressiva madura – em que a separabilidade é reconhecida e os objetos têm de ser compartilhados com eles mesmos e com os outros, pode haver elementos "defensivos" nesse carro ideal. Mas, o objeto materno não precisaria ser primeiro possuído, antes de poder ser compartilhado? Sonhos precisam primeiro ser sonhados antes de poderem ser postos de lado.

Há um problema adicional nessa sessão, que tem a ver com o poder e a realidade das experiências transferenciais no aqui e agora. A terapeuta entendeu que a história do carro significava um *desejo* por um estado fundamentalmente inatingível. Ela poderia, ao invés disso, ter reconhecido que Ricky de fato tinha sentido *que acabara de ter* uma experiência surpreendente e inesperadamente boa – isto é, que não estava desejando, mas que tinha de fato *encontrado* nela um objeto generoso e disponível. Teria sido possível, então, lidar com os elementos de idealização contidos na situação. Porém, a superidealização de um estado que é fundamentalmente bom ou ideal não deve ser confundida com a idealização de um estado que é fundamentalmente mau. Do modo como a sessão se deu, creio que Ricky tenha se sentido como o namorado de sua tia, chutado para fora da nova casa que tinha acabado de encontrar na mente de sua terapeuta.

O segundo paciente, Andrew, era um garoto ainda mais doente e carente que, quando bebê, fora deixado sozinho em casa sem comida por muitas horas e, às vezes, dias. Sua cabeça ficou permanentemente deformada por ele ter passado horas batendo-a no berço. Ele acabou sendo adotado por pais muito afetuosos e começou a emergir um pouco desse profundo estado de retraimento quase animal. Aos 9 anos de idade, mais civilizado, mas ainda muito estranho, perturbado e com características autistas, foi levado para tratamento. Após três anos de terapia três vezes por semana com a senhora S, ele se tornou capaz de aprender melhor na escola e de ficar mais tranquilo e calmo, menos frenético e agitado. Ele tinha passado a maioria das sessões dos primeiros anos do tratamento fazendo estranhos barulhos agudos e estridentes.

A sessão em questão foi excepcionalmente calma e pacífica. Os usuais grunhidos estranhos não apareceram. Depois de brincar um pouco com blocos de Lego, Andrew começou, pela segunda vez desde início, uma longa sequência de brincadeiras com um barbante. Ele usou o barbante para fazer uma alça e puxar a porta para a frente e para trás. (É em geral um momento importante quando crianças autistas começam a conceber vínculos e especialmente alças. Parece que elas finalmente encontraram um objeto que podem conceber como agarrável e segurável e um *self* que se sente capaz de alcançar e agarrar. Seria útil realizar pesquisas a respeito dos primeiros momentos desse alcançar e agarrar em crianças autistas e sua conexão com o desenvolvimento do ego. Claramente, a crença inicial de Andrew na agarrabilidade de seus objetos tinha motivos para ser limitada.) Ao longo dessa primeira parte da sessão, a senhora S chamou a atenção para o prazer de Andrew ao dar-se conta de seu crescente sentimento de controle e capacidade de ser agente de suas ações. Ela também comentou a respeito dos sentimentos possessivos e ternos que começaram a emergir.

Lá pelos meados da sessão, houve uma interrupção inesperada. Andrew pareceu muito aborrecido, e a senhora S comentou a respeito do sentimento dele de que ela "deveria" ter evitado a interrupção e protegido melhor seu tempo com ela. Ela também comentou a raiva e o ciúme dele. Andrew riu e começou a desenhar, pela primeira vez um carro por dentro. (Suspeito que o uso que ela fez da expressão "você sente que eu deveria" foi mais apropriado do que "você queria que eu tivesse" ou "você quer que eu", porque o "deveria" transmite o entendimento de que o paciente está não apenas pedindo um objeto confiável e leal, mas que ele realmente precisa de um.) Nos anos iniciais do tratamento, os desenhos de carros que Andrew fazia eram sempre de veículos vazios e bidimensionais, sem ninguém dentro. Aos poucos, eles ganharam alguma tridimensionalidade e, ainda mais gradualmente algumas pessoas foram surgindo; nunca antes ele tinha desenhado um carro visto de dentro. A terapeuta escreveu:

> *Era como se tivesse desenhado do banco de trás: dois confortáveis assentos dianteiros eram vistos no desenho, além da direção e das luzes. Tive a impressão de que ele estava me permitindo olhar o interior de seu mundo. Disse-lhe que parecia que Andrew estava se sentindo em um lugar muito confortável e luxuoso e que estava orgulhoso disso. Queria dividir isso comigo. Ele assentiu com a cabeça, alegremente. Eu disse que Andrew parecia estar esperando ser levado, que esse*

> desenho foi feito a partir do banco de trás, onde pare-
> ce que ele teria bastante espaço para si, além de uma
> boa visão protegida do lado de fora. Ele rapidamente
> acrescentou dois detalhes: "Tem um teto solar, olha".
> Eu disse: "Sim, o sol pode entrar, luz e calor entrando
> no carro onde Andrew está. Talvez ele possa enxergar
> bem e se sentir mais confortável agora". Ele então dese-
> nhou um Rolls-Royce, entregou para mim e disse: "Que
> tal esse?". O Rolls-Royce estava desenhado do lado de
> fora e pela frente.

A senhora S comentou o sentimento de conforto de Andrew na sala com ela naquele dia, e seu sentimento de bem-estar ao ser compreendido. Acrescentou que ele estava se sentindo ótimo, como um Rolls-Royce. Ele concordou e, como era o fim da sessão, pediu a ela para guardar os desenhos na gaveta dela.

Claramente a senhora S lidou com a questão do grande carro confortável de maneira diferente do que fez a senhorita J. Ambas as terapeutas, por meio um de trabalho cuidadoso e sensível na primeira parte da sessão permitiram que seus pacientes chegassem ao ponto de conceber objetos espaçosos, protetores e disponíveis, sentidos como feitos especialmente para eles. A diferença está no entendimento delas a respeito do significado desses objetos quando finalmente ele entrou em cena. Creio que o que possibilitou a Andrew chegar onde chegou provavelmente foi a combinação da investigaçãoo feita pela senhora S a respeito de seus tenros sentimentos possessivos na primeira parte da sessão e com a observação de seus sentimentos possessivos irados na segunda parte. Acredito que o fato de Andrew ter aprendido que tamanha gama de sentimentos podia ser compreendida, foi o que lhe permitiu a concepção de um objeto que tinha muito espaço para ele, além de gentilmente aclarar a experiência. Ele pôde, então, ir ainda mais longe para impressioná-la com a potência de seu Rolls-Royce.

Há, aí, um dilema técnico interessante com crianças autistas ou, na verdade, com qualquer paciente com desenvolvimento insuficiente de capacidades imaginativas; o dilema é: quando simplesmente descrever o prazer do paciente surgido em uma fantasia, e quando ligá-lo a significados transferenciais. Há momentos em que um respeito winnicottiano pelo brincar em si é importante e em que uma interpretação transferencial muito prematura interferiria com o próprio processo de formulação que a criança está tentando realizar. Entretanto, há outros momentos em que um comentário que ligue a brincadeira à relação com o terapeuta pode realçar a experiência e colocá-la em terreno mais firme e duradouro. O que foi importante a respeito da técnica da senhora S é que ela permitiu que Andrew de fato tivesse seu objeto ideal na fantasia. Ela não o tirou dele fazendo-o parecer um objeto inatingível que ele estava apenas desejando poder ter. Penso, no entanto, que ela poderia ter feito uma interpretação transferencial que não interferisse com suas novas esperanças e com o novo desenvolvimento da idealização ou, para ser mais precisa, de um objeto ideal. Se, pelo contrário, ela tivesse apontado que ele estava começando a sentir que ela tinha muito espaço para ele em sua mente, tal interpretação poderia ter tanto enfatizado seu contato crescente com objetos humanos vivos, como evitado um estado de mente idealizado demais que poderia levar a um choque e a um desapontamento no momento que a sessão terminasse.

Em *Perspectivas de escuta em psicoterapia*, Hedges (1983) defende a teoria e a técnica de Kohut (1985) como relacionadas a imagos parentais idealizadas. Hedges discute o ego frágil de pacientes *borderline* e diz: "É preciso que se diga que com pacientes *borderline* a terapia é sabidamente construtora de ego, mas isto não quer dizer que o terapeuta deva ou precise construir qualquer coisa" (Hedges, 1983, p. 136). Ele acredita que o trabalho analítico pode continuar sem "apoio" ou sugestão de forma direta ou diretiva por parte do terapeuta, mas que um ego pode crescer mesmo assim. Este capítulo pretende sugerir que a introjeção de um objeto ideal é um processo longo, lento. Ele depende, segundo Klein, de a criança ter previamente desenvolvido um forte relacionamento positivo com objetos parciais, e os terapeutas devem assegurar-se de que seu trabalho interpretativo esteja sintonizado no nível apropriado, de modo a não ficar a meio caminho desse processo.

10. Depressão clínica e desespero
Defesas e recuperações

Meu assunto neste capítulo é a depressão e a recuperação. Em seu romance *A insustentável leveza do ser*, Milan Kundera (1984) examina a oposição colocada por Parmênides e Nietzsche entre leveza e peso. Diz que, de todas as oposições, aquela entre leveza e peso é a mais misteriosa e a mais ambígua. Ele concorda com Nietzsche ao entender que o mais pesado dos fardos é criado pelo peso de uma responsabilidade insuportável – da compaixão, na verdade. No entanto, quanto mais pesado o fardo, mais perto da terra ficam nossas vidas e mais reais e verdadeiras elas se tornam. Por outro lado, diz ele, a ausência absoluta de peso leva o ser humano a sentir-se mais leve que o ar, a elevar-se às alturas, a distanciar-se da Terra e de sua existência terrena, torna-se apenas meio-real e seus movimentos se tornam tão livres quanto insignificantes. O romance prossegue explorando essa ambiguidade.

Eu também gostaria de examinar essa ambiguidade, considerando a distinção entre a depressão da "posição depressiva" e a depressão clínica ou desespero. Gostaria de explorar ainda a distinção entre a defesa maníaca e a "posição maníaca", isto é, entre estados de mente que sinalizam negação da infelicidade e aqueles que sinalizam fuga ou escape de tais estados na direção de algo como a felicidade. O voo de Robbie e de todos os seus entes queridos para fora do poço sinalizou a recuperação em relação ao tipo de apatia que vai além até mesmo do desespero.

Como notaram, em 1975, os editores de *Obras completas de Melanie Klein*, a autora usou o termo "posição maníaca" em dois de seus primeiros artigos sobre depressão – "Uma contribuição à psicogênese dos estados maníacos-depressivos" e "O luto e suas relações com os estados maníacos-depressivos" –, mas não o mencionou dali para a frente (Klein, 1975, p. 433). Ela também usou o termo "posição obsessiva", que não voltou a utilizar. A respeito da *defesa* maníaca, Klein se refere a Freud, que mostra que esse processo tem como base os mesmos conteúdos que a melancolia e é, na verdade, uma via de escape desse estado. Ela oferece uma explicação a respeito da natureza cíclica da doença maníaco-depressiva ao apontar que a mania não funciona como um escape permanente, porque a dependência torturante e perigosa do ego em relação a seus objetos amados o leva a buscar liberdade, mas sua identificação com esses objetos é profunda demais para poder renunciar a eles (Klein, 1935, p. 277). Subsequentemente, Segal (1964) investigou essa questão mais detalhadamente. Ela sugeriu, por exemplo, que a mania não é simplesmente uma defesa contra a depressão ou uma fuga dela, mas que também funciona como causa da depressão, em razão do triunfo e do desprezo expressos no desejo de negar o significado e o poder do objeto. Klein ainda acrescentou outro ponto sobre a defesa maníaca: ela não apenas ligou-a à depressão, como Freud havia feito, como também apontou que servia como proteção em relação a uma condição paranoica que o ego não é capaz de controlar. Assim, o medo de objetos maus pode abastecer a necessidade da mania. Essa é claramente uma questão importante para a técnica clínica. Todos os terapeutas devem, provavelmente, ter tido a experiência de sentir que um paciente muito impositivo, superior e arrogante está tentando fazê-los se sentir pequenos e estúpidos para negar seu conhecimento mais profundo a respeito do valor que eles têm para o paciente. Na verdade, pode não estar fazendo isso. Pode estar tentando fazer o terapeuta se sentir pequeno e estúpido porque ele sente que no momento em que relaxar seu jugo, o terapeuta irá demonstrar sua verdadeira maldade e poder e fazer o paciente se sentir pequeno e estúpido. É bastante fácil pensar que um paciente maníaco está negando a depressão, mas geralmente o que ele está negando é a paranoia. O sentimento que, segundo Klein, é mais específico da mania é o de onipotência, e ele é utilizado com o propósito de controlar e dominar os objetos introjetados. Um segundo mecanismo é o da negação – particularmente do temor dos perseguidores internalizados e do id. A autora declara que aquilo que é negado antes de tudo é a realidade psíquica, e que o ego pode então acabar negando boa parte da realidade externa. Klein também descreve o controle sobre os pais internalizados e, ao lado de tentativas de reparação maníaca (como depois foi chamado por Segal em 1964), outro mecanismo de defesa é característico da posição depressiva: a introjeção de objetos bons, que Klein (1935) diz levar, na mania, à fome por objetos, como no "banquete canibalístico" descrito por Freud (Freud, 1917). (Ver Apêndice 2 para mais a respeito da "posição maníaca").

Foi apontado por muitos autores – Meltzer e Spillius entre eles – que a visão kleiniana da posição depressiva normal mudou consideravelmente ao longo dos anos. Embora Klein tenha enfatizado a diferença entre ela e depressão patológica nesse mesmo artigo, na verdade, a diferença aumentou desde então e atualmente é mais enfatizada (Spillius, 1988a, p. 4; Meltzer, 1978, p. 10). Estou sugerindo que o trabalho com pacientes *borderline*, particularmente crianças clinicamente deprimidas, pode requerer que prestemos muita atenção nessa diferença, mas também que façamos uma distinção similar entre a defesa maníaca e a posição maníaca.

Em alguns momentos, Klein se refere à normalidade da posição maníaca; em outros, enfatiza sua qualidade defensiva e até sua natureza patológica – por exemplo, quando usa uma expressão como "banquete canibalístico". A posição depressiva é estimulada pela perda do objeto amado; a posição maníaca, sugere ela, é estimulada toda vez que a criança reencontra o seio após tê-lo perdido. Aqui, o ego e o ego ideal coincidem (Freud) e fantasias canibalísticas são desencadeadas. Klein diz: "Sem dúvida, quanto mais a criança puder, neste estágio, desenvolver uma relação feliz com sua mãe real, mais capaz ela será de superar a posição depressiva". Há evidências de que a autora ainda estava pensando na posição depressiva como algo a ser superado, como se fosse patológica e ainda colorida por fantasias paranoides. Hoje, essa posição tende a ser vista não como algo a ser superado, mas como um estado para ser vivido e continuar vivendo ao longo da maior parte da vida de uma pessoa, se conseguir permanecer nele. Gostaria de sugerir que a noção mais moderna de uma posição depressiva saudável implica, por definição, algum desenvolvimento na linha da posição maníaca também. A palavra "depressiva" enfatiza os elementos de sobriedade, do libertar-se da ilusão e da grandiosidade, mas pode conter implicações perigosas para pacientes que estiveram mergulhados em estados de desespero profundo e que estiverem começando a se mover na direção a uma pequena esperança, e a sentir um pouco de alegria. Não há perda sem uma experiência anterior de algo que foi ganho, e certamente é esse ritmo perene de ganho, perda, ganho, perda, união, partida, união, partida que rege as relações humanas e a vida. Há um capítulo interessante no livro *Barreiras autistas em pacientes neuróticos*, de Frances Tustin (1986, p. 272). Uma adulta ex-autista que tinha retomado o tratamento e que recentemente vivera uma longa separação de sua terapeuta, ao encontrá-la novamente tem um sonho. Seu comentário, após ter refletido sobre o sonho foi: "É a coisa mais estranha que já descobri – descobri um ritmo de segurança". O uso que ela fez da palavra "ritmo" em vez de "posição" de segurança parece particularmente adequado quando se considera que nunca se trata de uma "posição" estática, e a própria Klein de fato enfatizou isso. O professor Ravetto, da Universidade de Turim, sugeriu, certa vez, que esse "ritmo" poderia ser chamado de posição "maníaco-depressiva", e Bion enfatizou o movimento entre as posições esquizoparanoide e depressiva (Bion, 1963).

O trabalho do luto está conectado com a posição depressiva, e esse tópico tem sido bem documentado na literatura psicanalítica. Mas, e o outro trabalho, que Stern (1983) chamou de "a lenta e momentânea descoberta da criança de que sua experiência – que ela já sente ser distintamente sua – não é única e ímpar, mas parte de uma experiência humana compartilhada"? (1983, p. 77). Esse pode ser um trabalho que tem a ver com aprender a respeito de ganho e enriquecimento, não de perda. É sabido que o processo de se ter um bebê requer enorme ajustamento: novas introjeções e novas identificações por parte da mãe – não apenas, creio eu, devido à perda de sua identidade anterior e perda do bebê que tinha dentro de si, mas também pelo processo de digestão, de absorção do fato do nascimento que, de certa forma, é tão chocante quanto a morte. Admiração, alegria e respeito podem ser experiências de humildade e maturidade tanto quanto desapontamento, frustração, dor e perda – e também de seriedade. O importante é a mudança inesperada para a qual não estamos preparados e que não foi planejada. Muitas pessoas – e não apenas aquelas com uma história de privação, não apenas aquelas com considerável inveja – têm exatamente a mesma dificuldade em momentos de ganho e em momentos de perda.

212   DEPRESSÃO CLÍNICA E DESESPERO

Em sua discussão sobre as posições paranoide e depressiva, Klein tem o cuidado de mostrar as diferenças entre os estados paranoides e depressivos patológicos e os estados normais. Segal (1964) e Meltzer (1978) também documentaram a diferença entre os dois conjuntos de estados com bastante cuidado – mas a posição maníaca, no entanto, desapareceu da literatura kleiniana. Anna Freud e Sandler falam do narcisismo normal (Sandler & A. Freud, 1985). Bion (1975) discriminou orgulho de arrogância. Mas, como tudo se liga ao núcleo fundamental da teoria kleiniana, à teoria do desenvolvimento em direção à posição depressiva?

Em artigo de 1935 intitulado "A defesa maníaca", Winnicott declarou que a expansão de sua compreensão do conceito kleiniano de defesa maníaca tinha coincidido com um aprofundamento gradual de sua apreciação da realidade interna. Ele descreveu a manipulação onipotente, o controle e a desvalorização, característicos dessa defesa, mas pareceu preocupado em como elucidar o grau em que ela é empregada por todos nós vida cotidiana:

> Deveria ser possível conectar a diminuição da manipulação onipotente, do controle e da desvalorização à normalidade e a um grau de defesa maníaca que é empregada por todos nós no dia a dia. Por exemplo: estamos em uma sala de espetáculos e entram no palco os dançarinos, treinados para ter vivacidade [isto é em 1935]. Pode-se dizer que aí está a cena originária, o exibicionismo, o controle anal, a submissão masoquista à disciplina, um desafio ao superego. Mais cedo ou mais tarde, acrescenta-se: aí há vida. Por acaso, o ponto principal do desempenho não poderia ser uma negação da morte, uma defesa contra ideias depressivas

de "morte dentro", sendo a sexualização secundária? (1935, p. 131)

Certamente, trata-se de uma defesa contra a condição de ser mortal, mas por que não seria também uma afirmação, uma expressão de estar vivo? Seria a morte de alguma maneira mais verdadeira que a vida, a perda mais verdadeira que o ganho, ou não seriam ambas partes da ambiguidade fundamental da existência humana? Winnicott continua questionando a respeito de coisas como o rádio que é deixado ligado interminavelmente: "e viver em uma cidade como Londres, com seu barulho que nunca cessa e luzes que nunca se apagam? Cada uma dessas coisas ilustra a reafirmação da realidade para tranquilizar as pessoas em relação à morte interior e um uso de defesa maníaca que pode ser normal". Aqui, ele enfatiza a função defensiva da resposta maníaca.

Winnicott explora bastante brilhantemente o uso de opostos no reasseguramento contra certos aspectos dos sentimentos de depressão. Sua lista de opostos inclui duas categorias, uma depressiva, outra "ascensional": caos *versus* ordem, discórdia *versus* harmonia, fracasso *versus* sucesso, sério *versus* cômico. Ele discute os aspectos defensivos da mania e encontra uma nova palavra para a totalidade de defesas que agem contra a posição depressiva. Essa palavra é "ascensional",[1] que ele parece preferir à "maníaca". Ela é útil, diz ele, para indicar a defesa contra um aspecto da depressão que está implícito em termos como "aperto no coração", "nas profundezas do desespero", "sentir-me afundando", etc. Ele continua: "Basta pensar nas palavras 'grave', 'gravidade', 'gravitação' e nas palavras 'leve', 'leveza', 'levitação'. Cada uma delas tem duplo sentido: uma relação física com o peso, mas também um

---

1 Winnicott relata que o Dr. J. M. Taylor sugeriu-a a ele, como oposto a depressivo.

214 DEPRESSÃO CLÍNICA E DESESPERO

significado psicológico" (1935, p. 135). Psicologicamente, denota seriedade contra a desvalorização e a caçoada, a piada, de maneira que esta última, Winnicott prossegue, pode ser vista como uma defesa contra a depressão. Ele diz ainda que mesmo a Ressurreição e a Ascenção da Páscoa, seguindo o desespero da Sexta-Feira Santa, são uma evidência clara da fase maníaca. Chama essa evidência de recuperação da depressão; no entanto, há seguramente uma grande diferença entre a noção de defesa e a noção de recuperação, e isso é bem documentado na discussão de Klein a respeito do luto e da reparação.

A distinção entre estados maníacos que são uma negação da depressão e estados que sinalizam uma recuperação da depressão é absolutamente vital; se o terapeuta os confunde, pode realmente matar a esperança de seus pacientes deprimidos. Há muitas expressões na linguagem cotidiana – como "dar a volta por cima", "moral elevado", "alto astral" – que deveriam nos alertar para os aspectos não defensivos e afirmadores da vida contidos no que Winnicott chama de sentimentos ascensionais. A fonte da vida, como representada na literatura e nas artes plásticas, a própria Ressurreição e, na verdade, toda a mitologia e os rituais primaverís do Renascimento podem representar ideias de recuperação da depressão e nova fé, nova vida, nova esperança. Herbert, poeta do século XVII, descreveu isso lindamente em seu poema para Deus intitulado "A flor":

Quão frescos, oh Senhor, quão doces e puros
São teus retornos! como as flores na primavera;
A que, além de curvar-se,
As últimas geadas tributos de prazer trazem.
O pesar se derrete

> *Como a neve em maio,*
> *Como se nada gelado existisse.*

> *Quem teria pensado que meu coração murcho*
> *Poderia ter recuperado seu frescor. Ela se fora*
> *Para dentro da terra, como flores partem*
> *Para ver sua raiz-mãe depois de florescer;*
> *Lá onde juntas*
> *Durante os árduos meses,*
> *Mortas para o mundo, habitam o desconhecido.*

A penúltima estrofe diz:

> *E agora, em minha idade, floresço novamente,*
> *Depois de tantas mortes, vivo e escrevo;*
> *Uma vez mais cheiro o orvalho e a chuva,*
> *E me deleito versificando: Oh, minha única luz,*
> *Não pode ser*
> *Que eu seja aquele*
> *Sobre quem caíram as tuas tempestades a noite toda.*
> *(apud Hutchinson, 1953)*

Não sei se a recuperação de frescor de Herbert envolvia uma recuperação da posição depressiva ou uma recuperação de um estado mais patológico, mas, de qualquer modo, está se referindo a uma recuperação da depressão, e não de uma defesa maníaca

216   DEPRESSÃO CLÍNICA E DESESPERO

contra a depressão. A própria Melanie Klein, em um artigo sobre o luto, deixa claro que o desejo da criança de crescer é motivado não apenas pela rivalidade com os pais e por um desejo de triunfar sobre eles, mas também por seu desejo de superar suas deficiências. Ela diz que esse desejo fundamental de superar sua destrutividade e seus objetos internos maus e de ser capaz de controlá-los é um incentivo a todo o tipo de realizações. Acrescenta que cada passo no crescimento emocional, intelectual e físico é usado pelo ego como um meio de superar a posição depressiva. "As crescentes habilidades, talentos e capacidades da criança aumentam sua crença na realidade psíquica de suas tendências construtivas, em sua capacidade de dominar e controlar seus impulsos hostis, assim como seus objetos internos maus" (Klein, 1940, p. 353). Em seu livro *Narrativa da análise de uma criança*, Klein frequentemente se refere ao crescimento da confiança de Richard em seus talentos e sua esperança sobre uma futura "potência", que ela claramente vê como muito diferente da onipotência (1961, p. 465).

Uma ilustração clínica do desenvolvimento em direção à "posição maníaca"

O aumento da capacidade de pensar em uma menina autista de 10 anos parece ter surgido em uma situação em que uma perda seguida de um ganho levou à percepção de novos poderes, mas não à mania – creio eu. A sessão anterior de Sally havia sido repentinamente cancelada por sua analista, senhora R. Na semana seguinte, a sessão começou com a preocupação de Sally a respeito do problema de poder cair de um objeto tão liso que não teria nada a que se agarrar. (Seus pais de fato pareciam ser pessoas bastante duras e insensíveis, mas com boas intenções.) A senhora R comentou que talvez Sally tenha sentido que não podia se segurar em sua terapeuta após o cancelamento da semana anterior. A menina fez o desenho de um homem e começou a se preocupar com a distância entre seu tórax e o chão. Ela disse: "Está muito longe", e então acrescentou firmemente: "Mas ele é muito alto, então não vai cair por toda essa distância". (Por vezes, seu raciocínio ainda era muito concreto.) Em alguns momentos ela falava como se o homem fosse ela. De repente, ela se levantou, foi até o peitoril da janela e disse que a parede subia até seu queixo e que "Pode-se subir nele. Eu tenho braços. Por sorte, eu tenho. Pelo menos eu tenho braços, então posso subir". A terapeuta sugeriu que isso estava relacionado com sua capacidade de se conter mentalmente. Talvez tivesse sido útil acrescentar algo sobre o fato de que a menina sentia como se agora ela tivesse braços, e que eram tão poderosos que tinham trazido a terapeuta de volta. No entanto, parece que a criança de alguma forma entendeu isso. Ela já tinha feito grandes avanços na terapia. Depois de uma brincadeira em que fingia acompanhar uma criança pequena, ela disse: "Era de faz-de-conta", e então completou: "Mas o que é verdade é que eu tenho braços". A terapeuta novamente reconheceu o sentimento de conquista. Ao final da sessão, Sally fez algo que nunca tinha feito antes. Enquanto saía, hesitou – parou, na verdade – e disse de uma maneira direta e pensativa: "Estou com medo". A senhora R perguntou o motivo, e Sally disse que não sabia. O que era novo a respeito dessa comunicação era que a expressão de ansiedade não tinha sido formulada nos usuais termos autistas, geográficos, concretos e físicos, mas em termos mentais e emocionais. No passado, ela teria reclamado da forma e da textura de algum objeto da sala. Eu sugeriria que ela tinha descoberto duas coisas: primeiro, que seu objeto não precisava ser tão liso – que seu objeto bom era agarrável e seu objeto mau, escapável; segundo, que ela própria tinha braços para se segurar e que essa consciência corporal pode ter implicado uma consciência correspondente a respeito de ela ter meios interpessoais e mentais

218 DEPRESSÃO CLÍNICA E DESESPERO

para segurar a atenção de sua terapeuta e de ser entendida por ela. A menina mostrou que podia fazer sua terapeuta esperar enquanto formulava e, em seguida comunicava seu sentimento de medo, sem ter de produzir nem inventar uma razão ou justificativa. Em sessões subsequentes, ela falou sobre sua capacidade de ficar ligada com toda a sua força e, de fato, tornou-se muito mais capaz de sair e permanecer fora de seu estado de retraimento autista.

Segal (1964) salienta que as três principais características da defesa maníaca são triunfo, controle onipotente e desprezo. Eu sugeriria que, no fragmento de material clínico citado, o que poderia parecer triunfo sobre o objeto e controle onipotente desse objeto pode, na verdade, demonstrar uma percepção crescente e prazerosa, por parte de uma criança deprimida, de que o objeto está ao alcance, de que pode ser agarrado. Isso pode significar prazer pela potência, não triunfo pela onipotência. A descoberta de Sally do poder de seus braços para erguer a si mesma (e das respectivas funções do ego) não é diferente do orgulho de Robbie ao descobrir os ossos e músculos dentro dele que o faziam mover-se. Ambas as crianças autistas tinham se sentido impotentes, imobilizadas e confrontadas com um objeto inacessível. Sua descoberta de novos poderes e de um sentimento de capacidade para agir e de controle pode não envolver triunfo sobre o objeto – como na defesa maníaca –, mas sim um orgulho compartilhado com um objeto acessível e agradável – possivelmente indicativo da posição maníaca. Um "Aleluia!" é muito diferente de um brado de triunfo.

Até agora, não tratei da terceira característica apresentada por Segal (1964): desprezo. O termo utilizado por Winnicott foi "depreciação", enquanto Klein usou "desvalorização". Eu sugeriria que, para algumas crianças carentes cronicamente deprimidas, uma análise de suas relações objetais pode implicar a necessidade de um termo adicional que indique falta ou déficit na capacidade de valorizar – não recusa, nem defesa. Em alguns desses casos, a depressão da criança é do tipo em que o objeto é sobrevalorizado e seu *self* é subvalorizado. Um menino carente, por exemplo, se identificava muito com uma lesma feia e viscosa. Ele ficou tremendamente aliviado quando sua terapeuta entendeu que ele sentia que ela o considerava feio. Depois disso, ele parou de babar e de dizer tolices, passou a se vestir de maneira muito mais asseada e começou a falar de um caracol cuja concha tinha poderes magnéticos que lhe permitiam atrair a terapeuta para ele. Penso que ele tinha começado a se sentir valorizado por seu objeto e por ele mesmo, mas essa nova valorização de si mesmo não era acompanhada de nenhum desejo especial de desvalorizar os outros.

Em outros casos, o manto da depressão e o déficit na capacidade de valorização é bem mais abrangente: a criança não valoriza nem a si mesma, nem a seu objeto, não necessariamente porque deseja desvalorizar algo previamente reconhecido como bom, mas por conta de um sentimento mais crônico de vazio e falta de valor, significado ou objetivo. Quando essas crianças se recuperam, isso acontece tanto por ficarem entusiasmadas ao descobrir um objeto ideal (Capítulo 9) quanto por ficarem encantadas ao descobrir novos poderes e qualidades valiosas nelas mesmas. Tais descobertas sobre um novo *self* não devem ser confundidas com o narcisismo patológico nem com estados marcados por inveja e desprezo. As crianças podem não estar querendo, em tais momentos, exibir suas novas conquistas, mas mostrá-las e compartilhá-las. Frequentemente precisam de ajuda para fazer a distinção entre mostrar para dar prazer e exibir para estimular inveja e causar dor.

Algumas vezes a criança que está emergindo do estado em que se sentia engolida pelo objeto, como descrito por Melanie Klein e Paula Heimann – isto é, um estado de impotência e desamparo –, sente grande alívio quando a carga do superego fica um pouco mais leve (ambas em Klein, 1946). Um paciente meu chamado John (deprimido, obsessivo e inibido) decidiu, em uma sessão, não começar um de seus rituais obsessivos usuais, que chamava de "não originais". Decidiu simplesmente dizer algo que chamou de "original". Ele quis dizer que iria arriscar-se a associar livremente. O que veio à sua mente foi que num outro dia estava jogando futebol com um amigo. Eles não estavam com a usual bola de couro, então precisaram usar uma bola mais leve de plástico. Quando a chutaram para cima, disse: "Não dava para saber onde ela iria cair porque o vento sempre a levava". Estranhamente, isso tinha sido "divertido" (ele praticamente colocou a palavra entre aspas). É uma palavra, creio, que eu só o tinha ouvido usar uma vez. A história transmitia exatamente a maneira como ele tinha conseguido deixar seus pensamentos voarem e irem para onde quisessem, e fiquei impressionada por isso ser tão incomum nele. Claramente não é o que Winnicott chamou de "leveza desdenhosa" nem de "desafio à gravidade". É mais como o início de uma leveza de espírito que pode libertar a criança de sua sobrevalorização do objeto e de se sentir sobrecarregada por ele. Alguns meses antes, depois de um comentário meu a respeito de seus rituais e defesas obsessivos, esse mesmo garoto disse de modo vivaz: "Imagina: eu não tenho muita lição de casa hoje!". Esse, disse ele, era um sentimento muito bom. Ele insistiu nesse fato como se estivesse bastante surpreso. Indiquei que parecia se sentir menos sobrecarregado naquele dia, que seu fardo parecia mais leve. Em seguida, ele foi medir sua altura encostando-se numa madeira em minha sala, para me mostrar quão alto estava. Eu disse que de repente ele estava se sentindo grande e forte o suficiente para lidar com essa coisa chamada lição de casa, em vez de sentir, como de costume, que era um fardo grande demais e insustentável. (Ele parecia literalmente mais alto quando passou a sentir sua carga mais leve.)

John era uma criança neurótica, mas provavelmente muitas crianças autistas e carentes – ou qualquer criança que tenha estado clinicamente deprimida durante a maior parte de sua vida, ou desesperada em relação à própria bondade ou à habilidade de fazer contato com um objeto bom – podem descobrir que, afinal, seu coração murcho recuperou seu frescor. Ela pode ser capaz de buscar luz e calor, de abrir o coração, de tomar coragem e até, às vezes, de sentir-se extremamente feliz. Pode desenvolver uma crescente percepção de seus poderes psicológicos, exatamente como o bebê que está aprendendo a agarrar, sentar, ficar de pé e andar ganha uma percepção crescente de seus poderes corporais. No âmbito psicológico, é importante examinar quando tal percepção envolve a suspensão necessária das cargas e da gravidade e quando envolve, ou corre o risco de tornar-se, um perigoso voo intoxicante que pode levar a um colapso. A distinção, apesar de importante, é geralmente difícil de ser feita.

11. Alguns precursores da reparação na criança destrutiva endurecida

No Capítulo 3, mencionei a sessão em que Robbie começou a se lamentar pela infância normal que nunca tivera e a reclamar de pessoas que nunca separavam as coisas envelhecidas das novas. Aquela sessão ocorreu depois do desenvolvimento de sua "coluna vertebral", e as duas coisas, acredito, depois que comecei a ter uma atitude muito mais firme em relação às suas preocupações perversas e repetitivas. Embora a criança autista seja muito diferente da criança psicopata, a adição aparentemente inconsciente a seu modo preferido de fazer as coisas é similar em ambas. A indiferença é similar, assim como alguns dos problemas técnicos para o terapeuta.

A adição perversa de Robbie às suas amadas, repetitivas, nauseantes palavras e frases tem, estranhamente, algo em comum com a adição da criança psicótica à maldade e ao poder cruel: antes de conseguirem entrar em contato com suas partes capazes de sentir preocupação, cuidado e carinho pelo outro, precisam, primeiro, levar as outras pessoas mais a sério. Robbie mal sabia que as pessoas existiam; a criança psicopata pode saber que elas estão lá, mas as considera com desprezo e indignas de seu interesse. Estou simplificando bastante, mas, em geral, com certo tipo de criança endurecida, arrogante e destrutiva, é inútil que o terapeuta apele para o melhor *self* da criança antes que tenha desenvolvido alguma capacidade para respeitar. Tal respeito pelo objeto parece ter a ver com sua capacidade de encarar o mal sem retaliação nem indignação moral, tampouco sem pestanejar (ver Symington, 1980). O momento em que a criança finalmente sente que pode ter ido longe demais não expressa uma preocupação própria da posição depressiva, mas pode indicar a moderação de um estado destrutivo grandioso no qual tudo pode acontecer. Isso pode estar conectado com o recém-encontrado respeito – e possivelmente um medo proveitoso, reflexivo do objeto. Isso não quer dizer que devemos tentar atemorizar os pacientes, mas é importante entender que o medo mais consciente e reflexivo de ter ido longe demais em termos de destrutividade é preferível aos terrores inconscientes cindidos dos quais, sem dúvida, anteriormente a criança era vítima. É um aprendizado duro e perturbador tratar tais crianças, e acredito que terapeutas que tiveram pacientes muito sádicos e perversos ou se modificam ou fracassam. Eles não saem ilesos dessa experiência.

O *Dicionário do pensamento kleiniano Hinshelwood* (Hinshelwood, 1989) aponta que muito antes de Klein (1935) formular sua teoria do papel da reparação na posição depressiva, ela tinha notado o significado do sofrimento da criança com sua própria agressividade, de sua compaixão pelos objetos feridos e danificados e seu desejo de restaurar e ajudar tais figuras. Quando finalmente formulada, a teoria afirmava que o movimento da posição esquizoparanoide para a posição depressiva sinalizava uma mudança no tipo de ansiedade à qual o indivíduo era propenso e na qualidade de suas relações com seus objetos. Na posição esquizoparanoide, o indivíduo teme por seu *self*; na posição depressiva, preocupa-se com o objeto. Na posição esquizoparanoide, o amor pelo objeto bom e o ódio pelo objeto mau estão separados e cindidos; na posição depressiva, a pessoa torna-se consciente de que ambas as categorias de sentimentos são dirigidas a um único objeto total. Klein enfatizou que tal integração era uma conquista, que era diferente da ambivalência e da confusão e que surgia apenas quando sentimentos de amor estavam fortes o suficiente para superar o ódio. Também parece ter distinguido dois papéis diferentes desempenhados pelo amor em seu encontro e luta com o ódio: primeiro, um papel preventivo e de salvaguarda, em que age como freio e controle em relação ao ódio; segundo, um papel reparador, em que há um desejo de reparar o dano previamente causado e não evitado (Klein, 1937; 1940).

A meu ver, o conceito de reparação envolve um grande avanço na teoria e na metateoria da psicanálise. Gostaria de explorar algumas implicações desse avanço teórico e metateórico, além de considerar a possibilidade de alguns antecedentes de reparação do ponto de vista psicológico e do desenvolvimento.

A reparação tem sido vista como inextricavelmente ligada aos desenvolvimentos da posição depressiva, mas eu sugeriria que a atividade reparadora pode apresentar precursores do tipo "pré-reparador" – ou, para usar uma expressão melhor, "que agrade e proporcione prazer" (ou, nesse caso, até aplacador) – na posição esquizoparanoide. Hinshelwood sugere que Klein diferenciava entre três tipos de reparação: (1) reparação maníaca, que traz em si uma nota de triunfo sobre o objeto danificado (a pessoa pode reparar um objeto sentido como danificado por outra pessoa, de maneira que não há necessidade de culpa, por exemplo) e isso não leva a uma verdadeira reparação; (2) reparação obsessiva, que tem mais a ver com o aplacamento de um objeto mau, do que com a preocupação em relação a um objeto bom; (3) reparação verdadeira, fundada em amor e respeito pelo objeto, resultando em conquistas e realizações criativas. Claramente, a distinção entre esses três tipos é vital, mas a necessidade de Klein de chamar a atenção de seus leitores para as diferenças entre a falsa e a verdadeira reparação pode ter levado a uma situação em que as reparações maníaca e obsessiva tendam a ser vistas como defesas contra a verdadeira reparação que ocorre na posição depressiva – e, assim, de certa forma inferiores a ela. O perigo, a meu ver, é que podem não ser consideradas como aquisições em termos de desenvolvimento (ver Steiner, 1979, para uma exceção). Eu indicaria que esses "falsos" tipos de reparação podem, especialmente no caso de crianças psicóticas *borderline*, carentes, destituídas de ego ou delinquentes, envolver estágios transicionais importantes para o desenvolvimento na direção da reparação verdadeira. Eu acrescentaria que podem extrair parte de sua força e poder de algo que tem pouco a ver com culpa – ou mesmo com uma reação do amor ao ódio, mas que tem a ver simplesmente com o desejo do amor de se expressar dando prazer ao objeto amado. Isso implica algum crescimento e desenvolvimento da idealização na posição esquizoparanoide. Mais adiante, volto a essa função pré-reparadora, pré-culpa, do amor.

Segal elabora essa discriminação proposta por Klein sobre os tipos de reparação: discute a diferença entre os sonhos de um paciente que nega maniacamente sua depressão por um objeto danificado e os de uma paciente que reconhece o dano e tenta repará-lo. O primeiro paciente sonhou que via uma casa em chamas desmoronando, mas seguiu seu caminho pensando que aquilo não era importante. A segunda paciente sonhou que estava montando um quebra-cabeça de uma casa em uma paisagem. As associações levaram a muitas situações do passado, particularmente à casa de seus pais, onde cresceu. A montagem do quebra-cabeça representava, diz Segal, o processo analítico que estava restaurando e recriando um mundo interno estilhaçado. Também representava um trabalho criativo que a paciente estava realizando fora da análise. Segal diz:

ANNE ALVAREZ 227

A elaboração da posição depressiva no desenvolvimento normal depende da capacidade de fazer reparação. Quando o bebê sente que, em seu ódio, destruiu seu objeto bom externo e interno, vivencia não apenas um intenso sentimento de culpa e de perda, mas também o desejo e o anseio de restaurar o objeto amado perdido externa e internamente e de recriar a harmonia e o bem-estar perdidos. Ele mobiliza todo seu amor e criatividade para esse fim. Esse impulso reparador é, na visão kleiniana, a fonte mais importante de crescimento mental e criatividade. (1964, p. 15)

Segal parece estar falando do impulso ou ímpeto de reparar, de duas maneiras: uma decorrente da culpa e da perda, isto é, como uma consequência; a outra como agente causal facilitando uma maior elaboração da posição depressiva. A própria Klein, em "Amor, culpa e reparação" (1937), também se refere ao modo como o impulso de realizar a reparação ajuda em situações de desespero. Ela escreve: "Geralmente, o impulso de reparar pode manter à distância o desespero surgido do sentimentos de culpa e, então, a esperança prevalece – de forma que o amor do bebê e seu desejo de reparação serão inconscientemente levados a novos objetos de amor e interesse" (p. 342).

A psicanálise nos ensinou que podemos lidar com o problema da culpa de diversas maneiras: negando-a, projetando-a, anulando obsessivamente o ato culposo; ou podemos reparar um objeto não danificado por nós como forma de evitar a culpa; ou podemos ficar tão sobrecarregados pela culpa que caímos em um estado de desespero e desistimos; ou podemos reparar e tentar consertar e restaurar o próprio objeto danificado. Todas essas estratégias de evitação e evasão – todas menos a última – são, de certo modo,

228   ALGUNS PRECURSORES DA REPARAÇÃO NA CRIANÇA...

perfeitamente consistentes com uma visão mecanicista da psique. Estou pensando aqui em um mecanismo como algo que é autolimitador, algo que produz, digamos, alterações na posição geográfica ou nos meios de expressão de uma fonte de energia, e nada mais. Isto é, energia pode ser transferida de um lugar a outro, mas a quantidade de energia é, entretanto, constante. Repressão, negação, projeção, reparação maníaca e mesmo sublimação não resolvem a culpa – elas a evitam. Não produzem mudança fundamental nas personalidades em questão. A reparação real é um conceito verdadeiramente diverso que, diferentemente dos outros, permite desenvolvimento, crescimento e, mais importante, mudança genuína.

A própria Klein (1935, p. 265) insistiu que reparação não era uma formação reativa – isto é, não apenas o outro lado de uma moeda reversível como a negação e a anulação. Ela listou as várias fantasias que representam a tentativa de reparar o desastre criado pela própria negligência ou destrutividade: por exemplo, preservando o objeto amado de ataques de objetos maus, remontando os fragmentos dispersos do objeto, fazendo reviver o que tinha sido morto. Money-Kyrle (1977) sugeriu outro tipo: a "reparação negativa" – em outras palavras, parar de fazer as coisas más que a pessoa fizera repetidamente. Isso é muito importante no caso de pacientes delinquentes ou muito sádicos, e estou certa de que é um importante pré-estágio da reparação.

Na verdadeira reparação, há certas consequências que podem não ser redutíveis a seus elementos prévios. Uma mudança mecanicista, como a anulação obsessiva, é diferente das mudanças de estado que ocorrem quando processos (inclusive químicos) estão em questão. Um objeto restaurado após o reconhecimento do dano não é o mesmo de antes do dano ter sido feito – tampouco o é o sujeito. A reintrojeção do objeto reparado – quando o reconhecimento do dano e a culpa são reais – é diferente de qualquer introjeção anterior de um objeto não danificado. Um objeto reparado, por mais perfeita e precisa que seja a restauração, é fundamentalmente diferente de um objeto não danificado. Acredito que haja uma aparente discordância entre as escolas florentina e sienense de restauradores de arte em termos da preferência na tentativa de restaurar a pintura exatamente como ela era quando foi feita ou restaurá-la de modo a incluir alguns dos processos de envelhecimento e esmaecimento com os quais as pessoas estariam familiarizadas nos últimos dois séculos. É uma controvérsia interessante, e é notável quão comoventes e belos os afrescos danificados podem ser.

Também é interessante notar quão diferentes são as descrições bíblicas da relação da Divindade com seus filhos justos, das descrições de seu perdão em relação ao pecador. Money-Kyrle (1978) fez a distinção entre o tipo de consciência ou deus persecutório que demanda penitência e expiação e o deus mais depressivo, que fala mais em pesar do que em raiva, e que é visto como aquele que sente a dor pela falha moral de seus filhos, mais do que ameaçar com punição. Quando o objeto desolado pode se tornar o objeto reparado e restaurado, a possibilidade de mudança real e crescimento pode acontecer. Isso não é simplesmente uma questão de dois tipos de moralidade, nem mesmo apenas uma questão de dois tipos diferentes de relação objetal: a teoria da reparação como um meio de elaborar a posição depressiva traz uma metateoria diferente consigo – uma teoria baseada em processo em vez de mecanismo, e em mudança e crescimento em vez de subterfúgios e mesmices repetitivas.

Esse problema de reducionismo em ciência, especialmente na especulação sobre a natureza da mente, da inteligência e do cérebro, bem como na relação entre eles, foi brilhantemente analisado por Douglas Hofstader em seu livro *Gödel, Escher, Bach* (1981).

230 ALGUNS PRECURSORES DA REPARAÇÃO NA CRIANÇA...

Hofstader é um matemático que estudou física teórica, além de linguista e amante da música. Ensina e pesquisa no campo da ciência da computação e se interessa particularmente por inteligência artificial (IA) – embora se tenha a impressão, pelo seu livro, de que seu trabalho em IA só tenha aumentado seu respeito e admiração pela complexidade da mente e do cérebro. Ele começa com uma dissertação fascinante a respeito da *Oferenda musical*, de Bach, dispensando atenção especial ao *Cânone Per Tonos*:

> *Ele tem três vozes, mas o que torna esse cânone diferente de qualquer outro é que, quando ele se encerra – ou melhor, parece encerrar-se –, não está mais em Dó menor (a escala em que iniciou), mas sim em Ré menor. De alguma forma, Bach conseguiu modular (mudar escalas) bem debaixo do nariz do ouvinte, e isso é construído de forma que esse final se conecta fluidamente ao início. Assim, é possível repetir o processo e retornar a um Mi somente para retomar o começo... Seria possível esperar que, depois de sucessivas modulações – que parecem levar o ouvido a remotas regiões de tonalidade –, a música estaria perdidamente distante da escala inicial, mas, na verdade, magicamente, depois de seis modulações como essas, o Dó menor original é restaurado. Todas as vozes estão exatamente uma oitava acima. (Hofstadter, 1981, p. 10)*

Este é o primeiro exemplo do que Hofstadter chama de "estranhos *loopings*". Ele diz que esse fenômeno ocorre quando, ao se mover para cima ou para baixo entre os níveis de algum sistema hierárquico, inesperadamente nos encontramos de volta onde começamos. Ele acredita que o trabalho do artista gráfico holandês

Escher contém a realização visual mais bela e poderosa dessa noção. Mais adiante, em seu livro, há outro exemplo, o dogma central da biologia molecular: o autor aponta que cadeias definem enzimas via código genético, o código de DNA; enzimas, por sua vez, agem sobre as cadeias que dão origem a elas, produzindo novas cadeias: "Uma enzima é a tradução de uma cadeia e contém, assim, a mesma informação que a cadeia, apenas em uma forma diferente – mais especificamente, em uma forma ativa. Novas informações são criadas pela derivação de símbolos em cadeias" (Hofstadter, 1981, p. 513). Ele também aponta que essa via de mão dupla, que liga níveis superiores e inferiores de tipos genéticos, mostra que, na realidade, tanto cadeias como enzimas não podem ser consideradas como estando em um nível superior umas em relação às outras, porque interagem mutuamente desse modo espiralado, como no cânone continuamente ascendente.

Klein deixa claro que, em condições em que o amor é mais forte que o ódio e em que há culpa pelo que o ódio fez para o objeto amado, o paciente que se sente capaz de reparação deseja tranformar o objeto danificado em um objeto reparado por meio de algum método de cura. O ponto que pretendo enfatizar é que a reintrojeção do objeto reparado muda o *self* e muda o mundo interno, e o amor fica, então, fortalecido ainda mais. A própria Klein chama a atenção repetidamente para o fortalecimento do ego e o crescimento ocorrido no mundo interno como resultado desse tipo de atividade reparadora.

Muito foi escrito a respeito das condições do *self* que interferem com o início desse círculo benigno: excesso de ódio e perseguição ou excesso de defesa contra o ódio e a perseguição, excesso de culpa ou excesso de defesa contra ela. De igual importância importância são as qualidades e as condições do próprio objeto que podem facilitar ou impedir o início desse círculo benigno ou de

232 ALGUNS PRECURSORES DA REPARAÇÃO NA CRIANÇA...

estranhos *loopings*. O que exatamente queremos dizer, por exemplo, quando falamos de um objeto irreparável ou de uma situação irreparável? O equilíbrio entre amor, ódio e culpa no *self* precisa ser considerado, assim como certas qualidades do objeto ligadas à sua reparabilidade. Teria esse fator de reparabilidade qualquer poder operante na equação? O desejo de reparar também é, de certa forma, colorido pela crença, se não for na probabilidade de reparabilidade nem na esperança de reparabilidade, ao menos na possibilidade de reparabilidade. Acredito que em situações bem definidas em que o amor e a crença nas boas qualidades do objeto estejam bem estabelecidos, a condição de reparabilidade pode parecer irrelevante simplesmente porque pode ser dada como certa. Porém, em muitos pacientes mais doentes, tais considerações às vezes realmente parecem realmente fazer a balança pender para um lado ou para o outro; ou a criança faz algum tipo de movimento em direção a um círculo benigno, por minúsculo que seja no início, ou segue os padrões antigos, repetitivos, patológicos.

Recordo-me de um garoto extremamente sádico, pretencioso e cruel que tratava mal a toda sua família e também era violento, delinquente e desagradável com seu terapeuta. Pouco antes das férias de verão, seus pais contaram ao psiquiatra que o menino queria um gatinho para brincar durante as férias. O psiquiatra e os pais entenderam que o menino não estava pronto para isso, pois poderia machucar o animal e, assim, produzir culpa em si mesmo. Decidiram, então, não acatar o pedido da criança. Não havia, segundo minha memória, qualquer evidência de que tivesse alguma vez sido cruel com animais e, claro, ninguém pode dizer se aquela foi clinicamente a decisão correta para aquele paciente. Teria sido uma aposta em qualquer um dos casos. Mas o que quero discutir é a noção teórica, de certa forma perigosa de que sadismo em uma situação implica sadismo em outra. Uma boa teoria sobre cisão deveria deixar espaço para a possibilidade de que o impulso para reparação comece em algum lugar, e se ele começar pequeno, mesmo em direção ao objeto "errado", mas possa ser bem-sucedido e estimulado, poderá desencadear um desses círculos benignos que estive descrevendo.

Em "Amor, culpa e reparação", Klein (1937) aponta que a vida escolar pode proporcionar um campo para novas experiências nos relacionamentos com pessoas. Dentre o grande número de colegas disponíveis – maior do que o número de irmãos em uma família de tamanho médio –, a criança, diz Klein, pode encontrar um ou dois colegas que combinem melhor com ela do que seus irmãos. Essas novas amizades podem dar à criança a oportunidade de corrigir e melhorar suas relações anteriores com os irmãos – que podem ter sido insatisfatórias. A autora ainda salienta que a própria relação com irmãos pode melhorar. Assim sendo, podemos falar sobre o desejo do menino de cuidar do gatinho como um tipo de reparação maníaca, no sentido de que poderia ter sido melhor se a caridade começasse em casa, com ele passando a tratar melhor sua família. Essa pode até ser uma descrição precisa do humor e do estado maníaco em que novas atividades poderiam começar. Mas se derem certo e o resultado for positivo, pode se tornar mais fácil para a criança voltar com mais esperança para a relação com o objeto original. Klein (1937) acrescenta que "o novo companheiro prova à criança que ela é capaz de amar e de ser amada, que o amor e as boas qualidades existem, e inconscientemente isso significa uma prova de que ela pode reparar o mal que causou a outros em sua imaginação ou de fato" (p. 328).

Uma criança que demandava muita atenção disse a seu terapeuta que, quando se comportava particularmente mal em casa, sua mãe dizia, desesperada, que ela própria iria parar em um hospital psiquiátrico se aquilo continuasse. É interessante especular se essa mãe de fato alguma vez se sentiu capaz de propor reparação em vez de simplesmente tentar, de maneira impotente, aumentar a culpa da criança – uma estratégia que evidentemente não levava a lugar nenhum. Ela podia estimular culpa, mas parecia incapaz de lidar firmemente com sua filha, de estabelecer limites e fazer a espécie de exigência que teria ajudado a menina a desenvolver alguma contenção. A reparabilidade do objeto no sentido de sua receptividade ao impulso reparador – ainda que seja mínimo, disfarçado ou deslocado – é especialmente importante para o trabalho com pacientes *borderline* em que há desespero (consciente ou inconsciente) a respeito dessa questão.

Gostaria agora de investigar outras possíveis fontes do impulso de reparação. Até agora, sugeri que o equilíbrio entre amor e ódio em relação à culpa não é a única condição relevante. Em "Algumas conclusões teóricas relativas à vida emocional do bebê", Klein (1952) escreve: "Como a tendência a realizar reparação deriva, em última instância, da pulsão de vida, ela se baseia em fantasias e desejos libidinais" (p. 74). De que maneira a tendência a realizar reparação pode derivar da pulsão de vida? Eu sugeriria que, se a tendência a realizar a reparação implica o desejo de fazer o bem a um objeto danificado, esse impulso pode, em um estágio mais inicial de desenvolvimento, ser parcialmente nutrido pela tendência a tornar melhor um objeto que já é bom. Um modelo útil para essa noção é o sorriso inicial do bebê. É conhecido o deleite que traz aos pais. Pesquisadores como Brazelton, Koslowski e Main (1974) e Stern (1958) estudaram os contornos de intensidade nas interações recíprocas entre mãe e bebê ao longo do tempo e os *loopings* de retroalimentação positiva que descrevem o modo como cada um contribui com pequenos incrementos à intensidade crescente de interação, como diminui, aumenta novamente, decresce, e assim por diante. Não sei se estudaram o sorriso do bebê como uma cura para a depressão da mãe, mas esse é um fenômeno bem conhecido para observadores atentos de bebês. No entanto, parecem estar descrevendo o sorriso que é usado não para animar uma mãe deprimida, nem para reavivar um objeto morto, mas para propocionar um prazer adicional a um objeto possivelmente já satisfeito e vivo. São esses momentos de "agradar" ou "dar prazer" que tantos pacientes *borderline* e desamparados parecem ser incapazes de conceber como estando a seu alcance. Quando a criança normal, por exemplo, recebe sua primeira comida sólida – ou usa o penico pela primeira vez, ou come com colher, ou aprende a andar, ou nas primeiras semanas simplesmente retribui o olhar de sua mãe, ou consegue pegar bem o seio, acredito que ele sinta no encontro não apenas sua capacidade de receber coisas boas e prazer, mas também sua capacidade de proporcioná-los.

Usei o garoto destrutivo e a descrição de Klein de crianças na escola como exemplos de situações em que a reparação pode começar em uma área cindida da mente, mesmo acarretando reparação do tipo maníaco, mas que pode, ainda assim, iniciar um estranho *looping*, um círculo benigno ou uma resposta positiva que, ao final, possibilita o início de uma reparação verdadeira. Gostaria agora de descrever situações de natureza ainda mais patológica, em que a reparação e suas condições (amor e culpa) não parecem estar evidentes no material. É fácil, com pacientes muito destrutivos, deixar de perceber momentos que de fato podem representar não o tipo de precursor positivo ou reparação que acabei de descrever no bebê normal, mas talvez um pré-precursor. Algumas vezes, o simples fato de o paciente começar a tentar ser como o terapeuta é, de alguma forma, um precursor importante. Não parece ser reparador no sentido mais evidente, mas os primórdios de uma tentativa de identificação podem sinalizar alguma crença de que o objeto é receptivo ao desenvolvimento, receptivo ao prazer que lhe é oferecido. Geralmente, quando um paciente reúne coragem para revelar seu perturbado *self* bebê, isso se dá parcialmente porque é humilde o suficiente para entrar em contato com a dependência. Mas também pode ser porque é corajoso e confiante o suficiente para sentir que pode dar a alguém o prazer de vê-lo soltar-se um pouco.

Uma pré-condição ainda mais inicial para a reparação pode ter algo a ver com a percepção da continuidade de existir, ao longo do tempo, tanto do *self* como do objeto. Lee, um menino muito destrutivo e amargurado, nascido prematuramente e com lesão cerebral, filho de uma mãe dependente de drogas, viveu a maior parte de seu primeiro ano de vida no hospital. Ele tinha inúmeras enfermeiras e cuidadores e estava sempre à beira da morte, com frequentes ressuscitações e outras intervenções médicas invasivas, como punções lombares em seu pequeno corpo. Ele tinha hemiplegia do lado direito e graves problemas de aprendizado e comportamento. Até recentemente, destruía tudo o que fazia; gostava particularmente de destruir suas esperanças, assim como as de outras pessoas. Ele tinha leves crises epiléticas e, embora sua vida tenha sido salva, sua psique parecia profundamente arruinada. Sua relação com outras pessoas é extremamente cínica e endurecida, mas, por vezes, é superficialmente charmosa – o que é, ao mesmo tempo, uma maneira de expressar e esconder seu profundo desespero a respeito da dúvida sobre se alguém consegue suportá-lo. Por vezes, consegue seduzir estranhos e se aproveita de sua condição física. No entanto, aqueles que o conhecem bem geralmente sentem profunda aversão em relação a suas mentiras e truques, brincadeiras cruéis e desprezo. Recentemente, ele mostrou sinais de um pálido respeito por sua terapeuta, que começou a prestar atenção em sua gozação perversa e em seu genuíno desespero – resultado do enorme trabalho que ela realizou com seus sentimentos contratransferentes de desilusão e desesperança a respeito de ser capaz ou não de algum dia fazer contato com uma parte não danificada de Lee. Ele passou a se masturbar menos nas sessões e tem sido menos freneticamente destrutivo. Até começou a colorir um desenho com cuidado angustiante para não "ultrapassar as linhas". Isso levou seis dias, e a terapeuta interpretou sua mudança de comportamento e seu desejo de não "ultrapassar a linha" com ela também. Ela viu sua reparação obsessiva não como uma defesa contra a verdadeira reparação, mas, ao contrário, como um desenvolvimento para além de um desesperado abandono da destrutividade.

No dia em que a pintura do desenho parecia quase acabada, Lee não conseguia suportar o suspense e começou a balançar sua cadeira cada vez mais violentamente contra a mesa, dizendo: "Olha o que eu estou fazendo!". Acabou caindo para a frente e se cortando (sua condição o torna muito vulnerável à falta de equilíbrio). Embora claramente assustado, chocado e com dores, ele continuou insistindo: "Não me importo". Parecia ter sentido que estava em grande perigo à medida que se aproximava do final do desenho, em parte porque estava com medo de destruí-lo como de costume, em parte porque tinha ainda mais medo do que aconteceria se ele não o estragasse. Finalmente, depois de se recuperar da queda, voltou ao desenho e terminou de colori-lo. Então correu desordenadamente pela sala, gritando "Eu terminei!" de maneira muito excitada, mas também genuína. A terapeuta sentiu que sua satisfação era genuína e comovente, mas que seu arrebatamento não continha alegria. Ela e eu discutimos a possibilidade de isso não se dever tanto ao fato de ele estar negando a depressão, mas porque não conseguia acolher – e certamente nem expressar – alívio genuíno, orgulho genuíno e alegria genuína. Ele disse, maravilhado, que nunca tinha terminado um trabalho na escola, e era evidente que essa experiência tinha sido ao mesmo tempo muito importante e muito estranha e despersonalizadora. Ele próprio não conseguia acreditar. Era, afinal, uma criança cujo próprio sopro de vida, seu suprimento de oxigênio, foi incerto muitas vezes em seu primeiro ano de vida; a ideia de continuidade, fluxo, conclusão, satisfação naquele nível elementar era provavelmente estranha para ele. Tanto a percepção de seu objeto, como a de seu *self* pareciam ser infinitamente descontinuadas. Acredito que algo um pouco mais sólido tenha começado a crescer quando ele começou a sentir a firmeza na recusa de sua terapeuta de ser seduzida por seu charme cínico, sua recusa em rejeitá-lo por sua destrutividade, e também sua disposição para estar alerta a seu desespero e seus tímidos inícios de retidão, integridade e esperança. Colorir dentro das linhas é diferente da reparação em uma criança menos desesperada e mais madura, mas mesmo em sua obsessividade e em seu posterior desordenado e confuso entusiasmo, pode ter sinalizado um importante precursor: a percepção de continuidade e firmeza tanto do *self* quanto do objeto.

Nos inícios, eu disse que o desejo de Klein de mostrar que a reparação maníaca e a reparação obsessiva eram bastante diferentes da verdadeira reparação pode ter levado a uma situação em que elas tendem a ser vistas como defesas contra a necessidade de reparação verdadeira, e não como aquisições em termos de desenvolvimento, ainda que de natureza limitada.

Um garoto altamente destrutivo e cínico, Jasper, tinha características autistas de um tipo particularmente perverso e enlouquecedor. Ele tinha um prazer cruel em levar sua família, colegas de escola e terapeuta à loucura com tanta frustração, decepção e aborrecimento. Conseguia acertar tão perfeitamente o momento de um ato destrutivo para que tivesse impacto emocional em alguém, justamente quando a esperança dessa pessoa estava começando a surgir ou quando a paciência dela estava realmente se esgotando. Um dia, depois de quinze minutos do usual tratamento sádico de Jasper à sua terapeuta, alguém bateu à porta por engano e assustou ambos. O intruso desistiu antes de ser visto e a sessão continuou, mas com uma diferença. Jasper começou a tentar freneticamente consertar o batente da janela que tinha sido previamente quebrado, mas que, na realidade, requeria a mão habilidosa e as ferramentas de um especialista. Insistiu que ele "sabia como fazer" com fita adesiva. Por um lado, isso pode ser visto como demonstração de reparação maníaca, porque o menino pode sentir, em algum lugar, que não era a janela que precisava ser reparada, mas sua relação com a terapeuta e outros seres humanos submetidos à sua tortura. Porém, consideremos o que significa para esse garoto passar de um estado mental cruelmente grandioso e desdenhosamente sádico para um outro em que um momento de choque e medo lhe trouxe um pouco de calma. Nesse caso, uma demonstração de reparação maníaca é, de fato, um avanço. Pode não alcançar a posição depressiva, mas pode sinalizar um passo na direção dela. A criança teve um choque e talvez tenha sentido que alguém pensou que estivesse indo longe demais com sua destrutividade e, por isso estava farto. Pode ter tido a sensação de que algo precisava ser consertado, mas não estava pronto para saber exatamente o quê. Assim, embora o reparo tenha sido um elemento obsessivo aplacador e uma negação maníaca da dependência, é menos descuidadamente pretencioso e menos maníaco do que o anterior total entrega à destrutividade que aconteceu mais cedo na sessão. O sentimento do paciente de que "algo deve ser consertado rápidamente" – uma mistura de medo e culpa – precisa ser notado para que seu momento fugaz de consciência não se perca. Tais pacientes podem voltar muito rapidamente ao estado endurecido anterior.

Tentei sugerir duas coisas neste capítulo: que a teoria kleiniana da reparação tem grande implicações teóricas e metateóricas e que, embora seja geralmente vista como inextricavelmente ligada à posição depressiva, tem seus precursores na posição esquizoparanoide – por exemplo, na crença na continuidade da existência do *self* e do objeto, e até em certos tipos de "falsa" reparação maníaca e obsessiva. A atenção a tais precursores é importante no trabalho com crianças autistas, *borderline* e psicopatas.

12. Abuso sexual infantil

A necessidade de lembrar e a necessidade de esquecer

A profunda falta de vontade e total incapacidade de Robbie para esquecer suas histórias infindáveis e frases favoritas proporcionaram-me um tardio, porém saudável respeito por processos de esquecimento. Estou ciente de que prestei atenção demais a suas repetições nos primeiros anos de tratamento, especialmente quando falava de uma experiência que eu sabia ter sido perturbadora para ele. Convencia-me de que ele precisava muito continuar falando a respeito daquilo. Entretanto, sua maneira particular de falar não implicava um lembrar real ou útil. Tampouco estava processando ou digerindo a experiência. O processo de aprender a aceitar a dor, a perda, o trauma ou o abuso é complicado, longo, nem sempre visível e certamente não necessariamente verbalizado. Robbie, evidentemente, não era uma criança que tinha sofrido abuso, mas fora extremamente traumatizado pelas duas separações abruptas sofridas em idade muito tenra. Enquanto o paciente mais moderadamente traumatizado – cujo distúrbio afeta sua personalidade no nível neurótico – pode precisar lembrar o trauma para poder esquecê-lo, a criança mais danificada – cujo trauma é mais

242 ABUSO SEXUAL INFANTIL

severo e mais crônico – pode precisar esquecer o trauma para poder ser capaz de lembrar.

Gostaria agora de explorar alguns dos passos no processo de recuperação de crianças sexualmente abusadas. A recuperação pode ser um processo longo e lento, particularmente para as crianças que tenham sido abusadas de maneira crônica e desde muito pequenas. A revelação do abuso deveria levar à proteção em relação a ele, mas o tratamento – e revelação – em si pode se dar com uma criança que praticamente não conhece a noção de não abuso. A ideia que vigora na sociedade de que algo se modifica e se resolve pela revelação da situação de abuso, pode não ser compartilhada pela criança. O que o abuso significou e continua significando para ela pode ser muito diferente do seu significado para nós. A criança pode, por exemplo, estar tão embotada emocional e cognitivamente que nada mais tem significado. Ou, ela própria pode ter sido corrompida e ter ficado fascinada pelo abuso ou ter se tornado, ela própria, um abusador. Ela pode temer o abusador muito mais do que teme o abuso. Pode ainda sentir amor profundo pela figura do abusador e esse amor pode ser mais forte do que o medo do abuso ou o desgosto por ele. Ou pode ter todas essas dificuldades. De qualquer modo, nossas noções de proteção, justiça e cuidado podem ser bastante irreais para a criança. É certamente um direito de toda criança entender esses conceitos como dados (ao menos nas profundezas de sua mente), mas a psicoterapia pode, às vezes, precisar iniciar do começo, isto é, prestando atenção à possibilidade de ausência desses conceitos.

Pensando nos possíveis estágios do processo de recuperação, gostaria de começar pela literatura a respeito de transtorno de estresse pós-traumático (TSPT). Em seu clássico livro *O pesadelo*, Hartmann (1984) sugeriu dois caminhos pelos quais pesadelos pós-traumáticos podem, ou não, evoluir para condições por vezes debilitantes de TEPT: "O primeiro é o caminho de cura e resolução normal. Aqui, embora o material traumático permaneça como algo separado e perturbador por algumas semanas ou meses, é gradualmente pensado, fantasiado e sonhado; é manejado por meio do processo integrativo usual" (p. 215), que Hartmann compara com "o tricotar reconstrutivo". O segundo caminho importante é o do encapsulamento, em que o material traumático não se mistura com o conteúdo normal dos sonhos nem se integra ao resto da vida normal. Tanto Hartmann como Pynoos e Eth (1985) – cujo trabalho com crianças que testemunharam catástrofes tem alguma relevância – enfatizam que terapia ou aconselhamento deveriam ser oferecidos durante ou logo após a fase aguda. Pynoos observa que um ano, ou mesmo menos, pode ser tarde demais.

Entretanto, a própria noção de trauma pressupõe algum grau de desenvolvimento prévio livre de trauma e, no caso de crianças que tenham sofrido abuso, alguma noção de não abuso, respeito próprio e autovalorização. Há, infelizmente, um terceiro grande caminho que é muito mais sério do que o encapsulamento: o de que o trauma comece a colorir a totalidade da personalidade. Pynoos e Eth sugerem que um dos modos sutis pelos quais a exposição à violência extrema pode afetar crianças é por meio de influências traumáticas sobre os processos de desenvolvimento em curso, como memória, cognição, aprendizado e, claro, sobre a personalidade. Como disse, ambos os autores enfatizam que a terapia deveria ser oferecida o mais cedo possível. Para o tipo de terapia reconstrutiva, de curta duração, catártica e reveladora da situação traumática que os autores têm em mente, tenho certeza de que estão certos. O fato é, no entanto, que muitas das crianças que sofreram abusos cronicamente chegam aos terapeutas muito depois do evento. Sua condição pode requerer um tipo de tratamento bastante diferente, que esteja mais relacionado às modernas definições psicanalíticas dos fatores curativos do que a teorias mais antigas que se baseiam na reconstrução e na revelação de memórias perdidas ou reprimidas (Strachey, 1934). Estou propondo praticamente uma teoria do esquecimento – em oposição a uma teoria do lembrar –, embora esteja ciente de que se trata de uma simplificação grosseira e, certamente, falsa.

Já esbocei essas novas ideias em capítulos anteriores. A teoria mais antiga sobre os processos curativos surgiu das noções de defesa, conflito e resolução. A grandiosidade, por exemplo, pode ser vista como uma defesa contra a insegurança; estados maníacos, como defesa contra a depressão; valentia, uma defesa contra o medo. Verdades dolorosas precisam ser encaradas. A ideia de que precisamos ajudar crianças que sofreram abuso a "aprender a conviver com o abuso" auxiliando-as a se lembrarem dele deriva, em parte, desse conjunto de ideias. A psicanálise deve muito ao que um autor chamou "a tendência do desmascaramento" na última fase do Romantismo – e esses desmascaramentos proporcionaram grande alívio e liberdade a muitas pessoas inibidas e retraídas. No entanto, no trabalho com crianças que tenham sido abusadas, em geral são elas que conseguem desmascarar os profissionais. Seus salvadores têm pouco a lhes ensinar a respeito da maldade, do egoísmo, da ganância e da luxúria humanas. Sua tarefa é um tanto diferente.

Eu sugeriria que um pensamento geralmente se torna pensável por meio de um processo gradual muito lento, um processo que não pode ser apressado. As implicações para a questão de como a criança que sofreu abuso pode ser ajudada a conviver com ele podem ser as de que o "lembrar" pode envolver um milhão de minúsculas integrações, cada uma ocorrendo sob condições que também permitam que outros aspectos do abuso, outras integrações, possam ser esquecidos. O abuso pode precisar ser explorado aspecto por aspecto. Por exemplo, como é ser obrigado a se deitar e fazer algo quando você não pode fazer nada a respeito? Como é ser obrigado a despir-se quando você não tem vontade de fazê-lo nem tem como dizer nada sobre isso? Como é ser capaz de fazer essas mesmas coisas a alguém? Como elas recebem isso? Tudo isso pode ser explorado por meio da experiência com uma boneca e, muitas vezes, é exatamente onde essas experiências deveriam terminar.

O trauma pode colorir uma diversidade de aspectos diferentes da personalidade do paciente. O que é, por exemplo, ser obrigado a fazer sua lição de casa quando você não quer? A irritabilidade e a sensibilidade da criança ao menor sinal de intrusão podem ser vistas como um "deslocamento" do trauma original. Mas seria "deslocamento" de fato a palavra certa, quando "deslocamento" é usado para sugerir (mas não necessariamente ser) que o material está aparecendo no lugar errado e deveria ser interpretado em seu legítimo lugar – isto é, na discussão do trauma ou do abuso sofridos pela criança? O novo lugar, aparentemente inocente e não traumático, pode ser mais seguro se permite que a criança pense a respeito do trauma em porções manejáveis e digeríveis, ou, como chamou Strachey (1934), em "doses mínimas". Deveria o terapeuta tentar fazer o paciente pensar sobre sua experiência na totalidade, ou seguir mais de perto o ritmo da criança? Freud (1917) disse, sobre o trabalho do luto, que cada simples lembrança tinha de ser trabalhada, pranteada e abandonada. Da mesma forma, talvez cada um dos aspectos do abuso, as mínimas partes da experiência, particularmente se acontecia de maneira crônica, pode precisar ser digerido passo a passo. Tenho a impressão de que isso é especialmente válido para crianças que foram abusadas muito novas e que também sofreram danos mentais e cognitivos. Essas crianças destroçadas e embotadas podem precisar reunir os pedaços de si mesma para poderem ter uma noção de EU, VOCÊ e ELE muito antes de poder compreender "Ele – alguém – fez isso comigo, e eu senti que ele não deveria ter feito isso". Esta afirmação requer um grau considerável de desenvolvimento mental. No mínimo, requer a existência de equipamento mental com o qual pensar a experiência. O tratamento pode precisar começar facilitando a construção desse equipamento.

Da mesma forma, ideias a respeito da necessidade do analista de conter sentimentos indesejados para o paciente por longos períodos são importantes quando lidamos com projeções poderosas (Joseph, 1978). Uma visão mais mecanicista de "defesas" como projeção, reversão ou deslocamento tendia, por vezes, a conter a inferência de que aquilo que foi projetado precisava, quase que por definição, ser levado de volta para seu lugar legítimo – assim como aquilo que era revertido ou deslocado. No entanto, quando o afastamento da experiência original deveria ser tratado como uma evasão perigosa (o que geralmente é) e quando deveria ser respeitado como uma tentativa de examinar a experiência em um contexto mais seguro e tolerável? Quando a criança que foi abusada começa a abusar de nós na contratransferência? Quando o terapeuta deve lembrar a criança de que ela está fugindo do abuso sofrido? E quando o terapeuta deve permanecer calado e apenas comentar o fato dela parecer estar gostando de fazer essa coisa desagradável com ele? Obviamente não estou me referindo literalmente a um abuso sexual do terapeuta, embora muitas crianças de fato tentem incitar o abuso ou praticá-lo com o terapeuta. Posso pensar em várias crianças que olharam seus terapeutas nos olhos e disseram friamente: "Vai, faz! Você sabe que quer muito!". Entretanto, também me refiro às crianças que se masturbam na frente do terapeuta, não porque estão realmente absortas na excitação da masturbação, mas porque querem instigar em outra pessoa o choque e a indignação que foram impedidas de expressar e sentir. No passado, creio que o terapeuta psicanalítico possa ter achado necessário lembrar à criança de que era seu próprio sentimento de ofensa que ela estava projetando. Hoje, há uma compreensão muito maior de que a criança pode precisar que essa experiência seja contida por alguém que possa suportá-la melhor do que ela mesma. Isso pode ter de continuar por algum tempo – meses ou mesmo anos –, até que a experiência seja menos sufocante e indigesta.

Gostaria de dar alguns exemplos clínicos de crianças que parecem estar em estágios do desenvolvimento progressivamente mais avançados. Devo esclarecer que não estou sugerindo que todas as crianças que sofreram abuso passam por essa progressão, já que, seguramente, muitas não estão tão doentes quanto as dos primeiros exemplos que utilizarei. Descrevo não estágios, mas o que suspeito serem condições necessárias para que algum grau de desenvolvimento normal se inicie. Ocasionalmente, essas condições de que os terapeutas falam seguem uma progressão ordenada em cada caso específico, mas a mente humana é tão complexa, com tantos fatores em ação – internos e vindos do ambiente externo –, que há saltos, regressões e movimentos colaterais que perturbam e rompem com qualquer conceito de progressão ordenada. Sugiro essas ideias simplesmente como princípios norteadores que podem ser úteis.

A primeira criança é uma menina de 6 anos de idade, Sandra, que, no início do tratamento, era considerada deficiente intelectual. Ela tinha o funcionamento mental de um bebê de 18 meses. Seu parto fora difícil e ela nasceu mole e azulada. Tinha sido um bebê passivo e falava pouquíssimas palavras quando começou o tratamento três vezes por semana. Quando tinha 4 anos, sofreu abuso sexual anal – principalmente – e genital por um longo período por parte do parceiro de sua mãe. Ela ainda usava fraldas. O brincar dessa criança era extremamente fragmentário e fragmentado: por exemplo, ela pegava e olhava certas bonecas ou objetos, às vezes tentava lhes dar um nome, mas, mesmo quando conseguia,

248 ABUSO SEXUAL INFANTIL

simplesmente deixava-os de lado novamente. Não havia um brincar simbólico sequencial. Nada realmente acontecia com as bonecas, tampouco elas faziam algo acontecer. Mas um tema começou a ser recorrente: as bonecas sempre recebiam uma ordem: "Deite--se!". Isso era tudo; nada vinha a seguir – apenas isso. No começo, era a pequena boneca menina que tinha de se deitar; mais tarde, era o boneco homem. Ela começou, em vez de simplesmente separar a massinha em pedaços, a pressioná-la, fazer marcas nela e enfiar seu dedo nela. Não usava a massinha para fazer algo, mas estava deixando uma marca – a marca dela – na massinha e dentro da massinha, e isso parecia dar-lhe prazer. Também tinha começado a se tornar um pouco mais ríspida com o boneco homem. Devo dizer que ela tinha demonstrado considerável melhora na escola, a ponto de se pensar em mudar seu diagnóstico de deficiência intelectual para autismo.

O que me pareceu interessante foi a ideia de que uma criança tão fragmentada talvez pudesse explorar apenas fragmentos de sua experiência – um fragmento por vez. Primeiro, o deitar-se. Talvez, também, tivesse de explorar o sentimento de poder enfiar o dedo na massinha muito antes de poder compreender mentalmente o que realmente tinha sentido, como fora terrorífico e enfurecedor ter seu corpo penetrado. Naquele momento, ela talvez não pudesse se permitir fazer a ligação entre os fragmentos "deitar" e "ser penetrada"; e exatamente por essa razão, "eu". Acredito que o terapeuta deveria seguir o ritmo da menina, mas explorar cada fragmento com ela, prestando muita atenção ao que a criança sentia quando realizava essa parte da brincadeira e o que achava que a boneca tinha sentido. Assim, uma verdadeira reunião das peças poderia acontecer. Não acredito que possamos costurar cirurgicamente os fragmentos da mente. Ocasionalmente, podemos ajudar o processo, mas, principalmente, temos de deixar que os pacientes voltem a se desenvolver. A condição ilustrada por Sandra tem a ver com a questão do grau de integração, ou capacidade cognitiva, ou, em termos psicanalíticos, ego e equipamento introjetivo que uma criança tem para pensar a respeito da experiência. Essa criança tinha um longo caminho pela frente.

O senhor P vinha tratando um garoto esquizofrênico *borderline* chamado Alan, que vivia em um orfanato. É possível que tivesse sido abusado sexualmente por seu irmão, mas ele próprio era muito violento, tanto que quando foi adotado teve de ser enviado de volta ao orfanato. A escola estava tendo dificuldade em mantê--lo. Ele ainda não tinha sido violento com seu terapeuta, mas falava com o senhor P sobre seu lado "sujeito malvado". Quase todas as suas comunicações eram feitas com uma voz desvitalizada e desinteressada. Ele também fazia algumas associações por semelhanças sonoras muito estranhas: um "buraco" poderia se tornar uma "auréola" e a "auréola" poderia se tornar "sagrada".[1] Alguns meses após o início do tratamento, sua sessão semanal começou com ele falando sobre Deus fazer lavagem cerebral e prender o diabo, como se o próprio Alan fosse esse Deus cruel. As anotações do terapeuta seguem:

> *Mais tarde, ele pegou de sua caixa um antigo desenho e me disse que, se eu quisesse continuar colorindo-o depois, poderia fazê-lo, que eu era "livre como um pássaro", expressão que ele usava várias vezes. Ele continuou me explicando, quando eu disse algo a respeito, que era uma metáfora e que uma metáfora significava que a pessoa não queria dizer exatamente o que estava dizendo. Ele estava tentando definir uma metáfora; deu o exemplo: se eu fosse bater nele, ele diria: "Você vai mor-*

---

1 Em inglês, essas três palavras têm sonoridade semelhante: *hole* (buraco), *halo* (auréola) e *holy* (sagrada) [N. T.].

250 ABUSO SEXUAL INFANTIL

rer se fizer isso", mas isso não significava que realmente me esfaquearia. Eu disse que talvez ele de fato sentisse vontade de me machucar, que podia sentir isso, mas que não necessariamente o faria. Eu também disse que sentir isso não faria dele necessariamente uma pessoa horrível como ele parecia pensar... Um pouco mais tarde, ele falou sobre como lutaria contra seus inimigos na escola (onde costumava se envolver em muitas brigas violentas) e que iria castigá-los. Fiquei com a impressão de que, se alguém se aproximasse, ele ficaria com medo e começaria uma briga. A pessoa ficaria brava e ele lhe diria: "Você não aguenta uma brincadeira", e então a pessoa iria embora.

Quero chamar a atenção particularmente para a noção de metáfora e a ideia de que os outros "não aguentariam uma brincadeira". Acredito que seria bastante importante, com esse material, interpretar *não* o desejo da criança de ferir (não que o senhor P o tenha feito), mas o *medo* da criança de realmente machucar alguém e, ainda mais, seu medo de não apenas ele, mas também seu objeto, não saberem a diferença entre pensamento e ação. Parece-me que esse garoto certamente tinha problemas com sua própria violência, porém, ainda mais, um problema com a *violência de seu objeto*. Ele disse que seus inimigos não aguentariam uma brincadeira. Ele estava, creio eu, buscando desesperadamente um objeto que pudesse conter e transformar a ação violenta em metáfora violenta. Interpretações de tipo desmascaramento revelador (que, felizmente, o senhor P não fez), que tentassem revelar a Alan sua própria violência, teriam, acredito, sido ouvidas por ele como uma amplificação, intensificação progressiva e acusação, mais do que uma contenção receptiva de seu desejo de reduzir suas relações objetais violentas.

Mais tarde, ele pegou o carrinho verde – que sempre esteve cheio de bandidos – e repentinamente decidiu colocar cada um dos três bandidos em um dos outros três carros, para que pudessem ser controlados. Então ele poderia atirar o carro verde de cima do penhasco e se livrar dele. Esse foi um modelo interessante de uma tentativa de encapsular e conter – por meio de fragmentação, cisão ou divisão – o problema que o inundava e oprimia. Em sessão posterior, ele desenhou um mapa de Bristol (Inglaterra) cheio de linhas divisórias e depois achou-as muito finas. Examinou-as e trocou-as por linhas de fronteira que "seriam muito mais grossas". Ele as fez muito mais grossas, particularmente a fronteira entre Avon e Gloucestershire. Isso porque "em Gloucestershire coisas loucas aconteciam. Por exemplo, três segundos podiam ser dez minutos: as pessoas dirigiam no lado errado da rua; a ponte entre Avon e Gloucestershire abre e fecha muito, muito rápido".

Alan parecia estar tentando fortalecer a barreira que mantinha as coisas loucas da lado de fora, porque sentia que elas podiam entrar e sair com uma incrível e desregulada rapidez. Se a função de formação de símbolos e a função alfa do paciente forem muito frágeis e se essas funções também forem inadequadas em seu objeto interno, pode ser importante o terapeuta não fazer interpretações que encorajem equações simbólicas, mas sim interpretações que possibilitem que discriminações vitais e desejadas sejam feitas. Então, talvez possa começar a ocorrer um verdadeiro desenvolvimento da simbolização.

Kanter apontou em "Ressocialização em esquizofrenia: renegociando o período da latência" (1984) que, com a crescente ênfase no tratamento fora dos hospitais e na reabilitação de pacientes esquizofrênicos, o conceito de "ressocialização" é frequentemente

252 ABUSO SEXUAL INFANTIL

utilizado, mas raramente definido ou esclarecido. Talvez, sugere, isso seja resultado da falta de diálogo entre o campo da psicanálise e o da reabilitação psiquiátrica. Seu artigo tenta ser a ponte para esse hiato usando uma perspectiva psicanalítica do desenvolvimento que examina o que denomina "os reveladores processos intrapsíquicos e intrapessoais" em adultos com esquizofrenia crônica em um hospital-dia. A perspectiva do desenvolvimento foca os déficits na personalidade dos pacientes – déficits que surgem de "negociações inadequadas de tarefas do período de latência, especialmente em termos de capacidades do ego para lidar com situações relacionada ao meio social extrafamiliar". Kanter também insiste em que, quando o esquizofrênico do hospital-dia começa a ter fantasias e compartilhá-las com outras pessoas da mesma ala – inclusive fantasias do tipo piadas de mau-gosto –, é um passo considerável para além da alucinação. Isso não parece tão distante da ideia de Bion a respeito do processo pelo qual um elemento beta pode vir a se transformar em material disponível para sonhar e pensar. O autor acredita que o limite entre a alucinação e a piada, por mais doentia que seja, precisa ser respeitado.

No caso de Sandra, sugiro que a criança não pode se lembrar do abuso até que saiba como lembrar. No caso de Alan, ele pode precisar construir a ideia de um objeto não abusador e retaliador, e que saiba a diferença entre uma fantasia e um ato, antes de ele próprio poder começar a pensar a respeito dos reais abusos e violências perpetrados contra ele. A criança pode ter de começar a lembrar em condições toleráveis e seguras, enquanto passa a esquecer um pouco e a construir um aspecto não abusado de sua personalidade. Uma criança foi capaz de conversar pela primeira vez sobre o abuso – e realmente lembrar-se dele, inclusive do medo e até mesmo do sentimento de defesa – apenas depois de vários meses de terapia, ao perceber que o terapeuta a protegia e possibilitava que ela "passasse" por alguns garotos perigosos nos corredores que o levavam à sala de terapia na escola (Sinason, 1986). Enquanto o abuso ameaça de todos os lados, lembrar-se, no sentido catártico que descrevem Hartmann e Pynoos, pode ser impossível.

Uma terceira condição ou estágio surge nas crianças que podem de fato ter começado a ter fé em um mundo não abusivo ou naquelas que tiveram um começo de vida melhor antes do abuso e cuja confiança nunca fora completamente destruída. Mas, para que esse lado não abusado seja fortalecido, talvez se precise dar à criança a possibilidade de esquecer por alguns momentos. Isso pode estar relacionado a alguns pensamentos psicanalíticos sobre o período de latência. Lidar com crianças que tiveram seu despertar sexual durante os anos pré-escolares propicia um novo respeito pela "calma" do período de latência. É interessante considerar o que acontece quando crianças que foram abusadas começam a desenvolver um interesse pelo mundo não sexual e de não-abuso. Como muitas das crianças psicóticas e psicóticos *borderline* que apresentam melhoras, crianças que sofreram abusos, na medida em que ficam mais sadias parecem ter que se defender excessivamente contra a fantasia e o símbolo. Diferentemente do latente normal, que adora fazer trocadilhos com palavras contendo conotações anais ou sexuais, um menino que tentava se livrar de suas preocupações com masturbação anal talvez não entendesse a piada. Era um menino que tinha sido penetrado pelo ânus regularmente com 2 anos de idade e, antes do tratamento, tinha, ele mesmo, se tornado muito pervertido. No entanto, mais tarde durante o tratamento, estava quase chorando no dia em que tentava falar ao terapeuta sobre um *bun* e a palavra *bum* escapava inadvertidamente em sua fala.[2] Em tais momentos, parece-me que a parte da personalidade que está tentando esquecer o abuso pode precisar de mais atenção

---

2 Em inglês, essas palavras são semelhantes: *bun* (tipo de pão) e *bum* ("bum-bum") [N. T.].

254 ABUSO SEXUAL INFANTIL

do que a parte que não consegue evitar a lembrança. Não quero dizer que terapeutas devam fazer conluios com tentativas de negar o que aconteceu, mas devem tentar discriminar entre tentativas de superar e tentativas de negar. É mais fácil falar isso do que fazer.

Uma menina de uma família de crianças prostituídas que costumava descrever-se como pertencendo à sarjeta, depois de muitos anos de tratamento e grande progresso, disse à sua terapeuta que iria colocar seus girinos em um tanque para que eles fizessem bebês. A terapeuta perguntou como, e ela disse: "Bom, eles vão lá com seus parceiros". A terapeuta começou a interpretar o conteúdo sexual, mas a criança corrigiu-a, e a terapeuta percebeu que a menina estava usando a palavra Cockney "*mate*" no sentido de amigo (Hunter, 1986). Parece-me que a criança tinha atingido um desenvolvimento muito importante em que era capaz de conceber que amizade e afabilidade podem ter algo a ver com fazer bebês. Nesse momento, talvez a última coisa que ela precisava era esclarecimento sexual e pensamentos sobre intimidade física. Concentrar-se em um pensamento, uma tarefa ou um assunto requer não só a focalização da atenção, mas também a capacidade de ignorar outros pensamentos, tarefas e assuntos – a capacidade de colocar de lado esses outros. Também parece requerer o desejo de que tais pensamentos, tarefas e assuntos, permaneçam em segundo plano e esperem sua vez; sendo assim seria um tipo de relação objetal com seus próprios pensamentos.

O quarto estágio ou condição que quero descrever diz respeito a uma situação em que lembrar e esquecer parecem ocorrer lado a lado. Hartmann descreveu cuidadosamente como o conteúdo traumático é trabalhado pelo usual processo curativo integrador e, assim, é integrado ao restante da vida normal. Gostaria de dar um exemplo que me parece evocativo e provocador ao descrever alguns desenhos de uma criança que foi abusada uma vez por seu pai aos

4 anos de idade e várias vezes aos 8 anos. O pai regularmente colocava seu pênis na boca de Catherine enquanto estimulava-a entre as pernas. Ambos os pais haviam tido períodos de hospitalização psiquiátrica. Entretanto, a mãe tinha conseguido cuidar dos filhos bastante bem durante os períodos em que não estavam internados. Essa criança não parecia tão perturbada quanto as outras que descrevi. Em seus desenhos dos primeiros meses de tratamento, havia sinais de um tipo de tensão irritada. Linhas fortes e grossas emanavam, por exemplo, do rabo que um cachorro abanava enquanto esperava tensamente que um gato descesse de uma árvore. O cachorro não parecia particularmente assustador, mas a sensação de urgência nele era palpável. Em outra ocasião, Catherine desenhou um grande farol, com raios de luz saindo dele, elevando-se entre duas íngremes montanhas. Um navio estava no mar, e o desenho era bem-feito e impressionante. Havia várias características dignas de nota no farol: primeiro, ele se parecia extraordinariamente com um falo dominante e excitante. Mas, enquanto no desenho do cachorro a luz vinha do teto e a sensação de urgência vinha do rabo do cão, agora, em vez de urgência e tensão físicas, o campo de força emanava de uma fonte de luz – uma luz muito poderosa, poderosamente importante e valiosa, protetora dos navios no mar. Pode estar acontecendo algum processo integrativo em marcha aqui: talvez algo da compreensão e da inteligência da terapeuta tenha sido introjetado e admirado, talvez o amor e a determinação dos pais em permanecer em contato com os filhos. Continuava sendo, no entanto, um farol muito fálico e as montanhas pareciam se assemelhar a coxas. Vale lembrar que Catherine tinha sido abusada oralmente. Quando vi os desenhos pela primeira vez, o que me interessou foi a questão técnica a respeito da latência: pensei que a terapeuta deveria deixar o farol ser um farol e não chamar a atenção para suas propriedades fálicas. Se Catherine desenvolvesse uma fascinação por faróis, isso seria muito melhor para ela do que

256 ABUSO SEXUAL INFANTIL

se tornar uma prostituta. Mas, e sua qualidade fálica? Duas outras crianças abusadas sexualmente falaram de um modo que parecia significar que nunca poderia haver esquecimento completo – não apenas pela maldade da experiência, como também pelo seu poder. Uma criança falou de uma flor que tinha sido aberta muito cedo (Sinason, 1988). Talvez, algumas vezes, haja um despertar para uma poderosa experiência sensual em relação à qual a criança não pode deixar de ficar temerosa. A situação fica especialmente complicada quando o amor profundo pelo genitor abusador é mantido. Temos que trabalhar com grande delicadeza nesses momentos para ajudar a criança a distinguir entre amor, e perversão sexual, e ambos de uma quase sagrada atitude para com a sensualidade. Abuso crônico ou regular pode permear todo o ser da criança de modos altamente complexos e de forma alguma facilmente – caso algum dia seja – expurgados. Aquele farol deixou muitas questões não respondidas em minha mente.

Tentei sugerir quatro possíveis condições para o processo de recuperação em relação à criança sexualmente abusada. Primeiro, para um lembrar que seja útil, é necessário ser capaz de pensar e lembrar, bem como colocar juntos ao menos dois pensamentos e dois sentimentos. Segundo, a criança pode precisar lembrar a partir de uma perspectiva segura, protegida e esperançosa, o que envolve necessariamente "deslocamentos" e "projeções" ou, ainda, substituições e perspectivas. Pode também implicar primeiro poder encontrar um objeto não abusivo e capaz de manter firmes limites entre fato e fantasia, ação e metáfora. Terceiro, enquanto esse mundo não abusivo é construído, o terapeuta pode precisar respeitar a necessidade da criança de manter afastados tanto o abuso como o passado. Quarto, mesmo quando muitas e necessárias digestões, integrações e curas ocorrem, podemos ter de respeitar o desenvolvimento do período da latência. No entanto, não deveríamos nos surpreender ao descobrir que o abuso ainda desempenha um papel poderoso mesmo na mais saudável das simbolizações.

13. Além do princípio do desprazer
O brincar e simbolismo

No Capítulo 2, descrevi como a urgência em minha voz em certo dia pareceu acordar Robbie de seu longo sono autista e como, ao emergir, ele me cumprimentou como a um amigo há muito perdido, com um surpreso e amoroso "Oi!". Embora estivéssemos a ponto de nos separar para as férias, acredito que não foi tanto sua consciência da separação, mas sim meu óbvio alarme ao vê-lo tão perto da morte psíquica, o que o trouxe de volta à vida. Acredito que tenha repentinamente me visto como real e realmente ali para ele. Não foi tanto a perspectiva da minha ausência, mas sim a evidência das presenças minha e dele que o acordaram. A isso seguiu-se seu colapso terapêutico e a subsequente mudança para um tratamento intensivo e, então, alguns meses mais tarde, a sessão da corda salva-vidas. Sugeri, em capítulos anteriores, que cheguei à conclusão de que a disponibilidade do objeto pode ser tão alertadora e provocadora de pensamento – especialmente para crianças cujo objeto foi longe demais – quanto o é a não-disponibilidade para crianças que tomaram como demasiadamente certa sua presença. Gostaria agora de discutir essas ideias em relação a teorias sobre o brincar e o simbolismo.

Kundera (1986) disse um dia que o romance *A vida e as opiniões do cavalheiro Tristram Shandy*, de Laurence Sterne, afirma, por meio de sua divação e de associações livres, que a verdadeira poesia não está na ação, mas no lugar "em que a ação termina, onde a ponte entre a causa e o efeito é rompida, e o pensamento vaga em uma doce e preguiçosa liberdade". Kundera se refere ao que parece ser o elemento lúdico da poesia. Pode ser útil comparar algumas das teorias psicanalíticas sobre o brincar com as teorias e descobertas de pesquisadores do desenvolvimento infantil. As teorias psicanalíticas tendem a se concentrar mais nos elementos sérios que operam no brincar, e os estudiosos do desenvolvimento infantil focaram mais os elementos que têm a ver com o que o meu paciente obsessivo, John, muito surpreso, um dia chamou, maravilhado, de "diversão". Não é surpreendente que analistas e psicoterapeutas infantis sejam mais sensíveis aos motivos sérios do brincar de seus pacientes, considerando o nível de enfermidade e perturbação que costumam ver neles. Certa vez, um menino muito carente desenhou uma criança enterrada viva em um túmulo, com um braço saindo do caixão e esticado para o céu – não se tratava de uma visão incomum no caso do terapeuta em questão. De certa forma, esse braço em busca de algo parecia indicar um sopro de esperança, mas o problema é que o cemitério acima estava repleto de megeras e bruxas velhas com aparência maligna. Não havia aqui muito divertimento, nem doce e preguiçosa liberdade.

Na verdade, muitas crianças cronicamente deprimidas e carentes têm grande dificuldade em usar sua imaginação; algumas quase não conseguem desenhar ou brincar, e muitas são bastante incapazes de imaginar, mesmo em sua brincadeira, que a vida poderia ser diferente ou que poderiam exercer muito mais controle de seu destino. É essencial, creio eu, que estejamos alertas a momentos em que elas emergem da depressão e que distingamos cuidadosamente as identificações narcisistas dos pacientes genuinamente maníacos – baseadas em onipotência – dos primeiros sinais de novas identificações e internalizações – baseadas em fantasias de potência – em crianças que podem ter estado clinicamente deprimidas por toda a vida. Ambas as motivações podem coexistir em um único paciente no mesmo momento, mas não devem ser confundidas.

Já em 1921, Klein se interessou em como o aprender – supostamente uma atividade intelectual – poderia sofrer interferências de bloqueios causados por fantasias e medos inconscientes. Ela se interessou não apenas pelos bloqueios ao aprendizado, mas também pela própria atividade de aprender e declarou que tudo o que uma criança fazia em sua brincadeira era expressão de sua fantasia inconsciente. Àquela época, eram particularmente as fantasias sexuais inconscientes e a expressão simbólica que Klein via no material. Assim, por exemplo, o modo como a criança realizava somas ou tinha problemas com subtração poderia ser visto como relacionado a suas fantasias sobre o que acontecia quando as pessoas se juntavam ou se separavam (Klein, 1921; 1932). Essa não é a história completa, claro. Oliver Sacks (1985) descreveu como, para matemáticos ou pessoas que adoram números, eles podem suscitar um envolvimento que inclui calor, emoção e relação pessoal. Ele cita o matemático Wim Klein dizendo: "Números são amigos para mim, de certa forma. 3 844 não significa o mesmo para você, certo? Para você, é apenas um três e um oito e um quatro e um quatro. Mas eu digo 'Oi 62 ao quadrado'" (p. 198).

Descrevi anteriormente as modernas ideias da psicanálise que foram além das descobertas iniciais de significados orais e sexuais, para explorar fenômenos mais mentais. Também descrevi alguns

262 ALÉM DO PRINCÍPIO DO DESPRAZER

dados de pesquisas que sugerem que recém-nascidos começam a vida podendo perceber padrões e fazer abstrações. É interessante que Fordham (1976) – que ajudou muito a teoria jungiana a colocar os pés no chão, trazendo-a para o mundo do bebê e da criança pequena – parece enfatizar as experiências corporais ainda mais do que alguns dos kleinianos modernos que foram influenciados pelas ideias de Bion. Minha impressão é de que, enquanto os jungianos têm colocado os pés no chão, os kleinianos vêm tentando encontrar seu caminho para o céu, e os dois grupos recentemente se cruzaram em algum lugar no meio do caminho! Entretanto, o que todas as linhas analíticas têm em comum é a crença no significado do brincar, e que mesmo a brincadeira aparentemente mais sem sentido tem significado.

O primeiro exemplo detalhado da observação do brincar de uma criança muito nova e discussão de seu significado aparece em *Além do princípio do prazer*, de Freud (1920). Ele descreve uma brincadeira inventada por seu neto de 1 ano e meio, um "bom menino", que não perturbava seus pais à noite e nunca chorava quando sua mãe, a quem ele era muito apegado, deixava-o por algumas horas. Freud observou que o menino frequentemente fazia a mesma brincadeira, o que o convenceu de que teria a ver com os afastamentos e as saídas da mãe. Um dia, Freud observou algo que confirmou seu ponto de vista. A criança pegou uma carretel com um pedaço de cordão ao redor da madeira, e o atirou por cima de seu berço, fazendo-o desaparecer e exclamando "o-o-o-o". Ele então puxava o carretel de volta e saudava seu reaparecimento com um alegre "da" (aí está). Freud sugeriu que o jogo completo – desaparecimento e retorno – estava "relacionado à grande conquista cultural da criança – a renúncia pulsional... que ele fizera, ao permitir que sua mãe fosse embora sem protestar. Compensava-se, por assim dizer, encenando para si próprio, com os objetos a seu alcance, o desaparecer e o regressar" (p. 15).

Freud apontou que era inútil fingir que a encenação do alegre retorno fosse a parte principal do jogo, porque seu primeiro ato, a partida, era encenado como um jogo em si e muito mais frequente do que o episódio completo. Ele enfatizou que era a experiência desprazerosa da partida que estava sendo representada, mas que o princípio do prazer ainda desenpenhava um papel porque a experiência passiva fora transformada em ativa. Vale notar que o elemento de prazer é intoduzido nessa teoria psicanalítica inicial sobre o brincar, mas o prazer pelo alegre retorno do objeto e pelo controle das partidas do objeto é visto, primeiramente, como uma defesa contra o desprazer. Freud, em sua maneira costumeiramente rigorosa e intelectualmente honesta, suscitou o problema de que o retorno alegre possa parecer a parte essencial da brincadeira, mas insistiu que não era. De certa forma, talvez não pudesse evitar vê-lo como uma parte menos significativa, em razão da natureza de sua visão da "realidade" como algo que era fundamentalmente frustrante, doloroso e desapontador, e que, portanto, tinha que ser "enfrentado" e assimilado. Essa ênfase e essa teoria são úteis para o entendimento da brincadeira de uma criança funcionando em um nível razoavelmente bom ou neurótico, que tem confiança na acessibilidade de seu objeto, mas que precisa trabalhar sucessivas vezes e encenar as lacunas e rupturas nessa segurança. Tal ênfase e tal teoria podem requerer uma suplementação no trabalho com o tipo de criança que carece – e consequentemente precisa desenvolver – outro tipo de "realidade", que contenha esperança, segurança e até prazer.

Susan Isaacs (1952, p. 73) também discutiu o jogo do carretel, mas em uma linguagem um pouco diferente, baseada na teoria das relações de objeto. Isaacs refere-se ao triunfo da criança "por controlar sentimentos de perda", mas também diz que brincar a "consolava" pela ausência da mãe. O que falta em sua explicação é a importante, mas ao mesmo tempo ainda bastante recente, distinção

264 ALÉM DO PRINCÍPIO DO DESPRAZER

kleiniana entre processos de defesa contra a dor e a depressão, e aqueles que são desenvolvidos para superar a dor e a depressão e promover crescimento. Assim, muito iria depender do estado interior das relações de objeto do menino enquanto brincava com o carretel: se ele estava brincando principalmente para negar a ausência de sua mãe e, mais importante, seu valor (brincando no nível do que Segal chamou de equação simbólica); ou se ele estava brincando para assumir algum controle e tornar a ausência dela mais suportável (brincando no nível do que Winnicott chamou de objeto transicional); ou ainda se ele não tinha dúvida a respeito do valor nem da ausência da mãe, mas estava explorando e tentando aprender mais sobre as propriedades de objetos que podem se ausentar por conta própria (brincando no nível do que Segal descreveu como verdadeira formação de símbolo). Essas três possibilidades estão relacionadas, como indiquei, à teoria do simbolismo desenvolvida por Segal em 1957 e por Winnicott em 1958. Uma quarta possibilidade pode merecer consideração.

Segal (1981) é responsável pela distinção na teoria psicanalítica entre a equação simbólica e o símbolo. Ela notou a diferença entre as dificuldades para tocar violino em público, de um paciente neurótico e aquelas de um paciente esquizofrênico, que explicava não mais tocar violino porque não se podia esperar que ele se masturbasse em público. No último caso, o de uma equação simbólica, a autora apontou que as qualidades intrínsica do substituto – sua violinidade – não são reconhecidas ou admitidas.

> *A equação simbólica é usada para negar a ausência do objeto ideal ou para controlar um objeto persecutório. Faz parte dos primeiros estágios de desenvolvimento... O símbolo propriamente dito, por outro lado, é sentido como representando o objeto... Suas próprias caracte-*

rísticas (isto é, as do objeto) são reconhecidas, respeitadas e utilizadas. Ele surge quando sentimentos depressivos predominam em relação aos esquizoparanóides, quando a separação em relação ao objeto, a culpa ambivalente e a perda podem ser vivenciadas e toleradas. (Segal, 1981, p. 57)

O símbolo é usado (no nível neurótico ou normal) não para negar, mas para superar a perda. Tustin (1981) chamou a atenção para as implicações técnicas de sua sugestão de que objetos autísticos de crianças autistas deveriam ser vistos como equações simbólicas e não como símbolos, isto é, o terapeuta não deveria tratar tais objetos autísticos como símbolos substituindo o objeto real, mas, ao contrário, como uma rejeição de um objeto humano vivo. O objeto autístico é visto pelo paciente não como um mero substituto, mas como muito superior ao objeto humano.

O conceito de objeto transicional de Winnicott está posicionado, em termos de desenvolvimento, entre a equação simbólica e o verdadeiro símbolo. Ele o descreve como sendo uma área intermediária de experiência entre a pura ilusão narcisista de que tudo pertence à própria pessoa e a consciência madura da alteridade e da gratidão, em que o verdadeiro funcionamento simbólico é possível. Assim, se a criança usa seu ursinho de pelúcia como um objeto transicional, ela em parte reconhece que o ursinho é diferente do objeto primário (seio ou mãe) e em parte não reconhece – nem, segundo Winnicott, deveria ser forçada a fazê-lo cedo demais. Winnicott enfatiza que o objeto transicional pode ser a primeira posse "não-eu" da criança; diz ainda que é uma área que precisa permanecer inquestionável e que deveria existir como um lugar de descanso – um paradoxo que é necessário e deve ser respeitado. Ele quis argumentar, creio eu, que o terapeuta não deve

266   ALÉM DO PRINCÍPIO DO DESPRAZER

ficar continuamente lembrando o paciente que seu ursinho não é a mamãe, apenas uma defesa contra a perda, a separação e a dependência. Parecia preocupado com a possibilidade de isso eclipsar a outra metade de seu significado – isto é, que o objeto transicional é a primeira importante experiência de posse independente da criança, e negar isso pode interferir com a criatividade e o desenvolvimento dela. O ursinho, afinal, é da criança. A ênfase de Winnicott na *posse* "não-eu" serve para lembrar-nos que o que Segal estava realmente descrevendo em sua teoria do simbolismo eram dois tipos diferentes de relações de objeto. A criança no estágio intermediário ou transicional tem uma experiência de um objeto que é dela, mas também tem uma experiência de si mesma como possuidora de algo. O estágio final em que o simbolismo é alcançado, o da diferenciação, foi visto pela autora como mais maduro que o primeiro (em que tudo é equação e posse), e isso irá ocorrer, como acreditava Winnicott, quando o bebê passar de um estado de posse ilusória para um estado de desmame e perda.

Para a criança carente, no entanto, a situação pode ser diferente. Talvez tenha tido poucas ilusões desse tipo; pode ter partido de um ponto bem diferente. Seus símbolos podem ser tão tristes e desolados quanto *Fim de partida*, de Beckett. Uma bola, uma boneca e um ursinho podem nunca ter adquirido significados simbólicos, nem sido vivificados por eles. Essa tal criança ou bebê brincará, mesmo com os brinquedos mais novos, de modo errático e vazio. A criança pode não ter a ilusão de singularidade de ser um; pode estar começando de uma visão de desolação vazia e do nada – de cinzas. Seus primeiros passos na direção de uma fantasia de posse, de ganhar um objeto desejado, de agradá-lo, atraí-lo e juntar-se a ele precisam ser recebidos com interpretações que reconheçam não a onipotência, mas os poderes e a potência; não o reasseguramento, mas o legítimo direito à segurança. A criança carente pode, com ajuda, chegar ao nível transicional, numa transição de um lugar diferente e, de certa forma anterior ao descrito por Segal e Winnicott. Pode, então, estar no processo de aprender não sobre as propriedades de objetos que se ausentam, mas sobre as propriedades de objetos que retornam e sobre suas próprias capacidades de fazê-los retornar. Precisamos de símbolos para o por-do-sol, mas também para novas manhãs. Essa é a quarta possibilidade que pode precisar ser adicionada à teoria do simbolismo. A criança carente pode estar se movendo não de uma equação simbólica para um estágio transicional na direção da verdadeira formação de símbolos, mas de um vazio simbólico para um estágio transicional na direção da formação do verdadeiro símbolo; nesse caso e diante dessa trajetória, uma ênfase diferente nas interpretações do terapeuta pode ser necessária.

O princípio da realidade

Muitas teorias psicanalíticas afirmam que as experiências negativas na vida são as grandes mestras, grandes estimuladoras, e que o prazer só acalma e alimenta a ilusão, enquanto o desprazer nos desperta e nos alerta para o grande mundo exterior da "realidade". A formulação mais concisa dessa ideia está no artigo "Formulações sobre os dois princípios do funcionamento mental", de Freud (1911b). Nele, Freud sugeriu que foi a pressão das necessidades internas, seguida pelo desapontamento de sua satisfação, seguida pela inadequação dos sonhos alucinatórios de realização de desejos que gratificam essas necessidades a longo prazo, acabou por levar o aparato mental a formar uma concepção das reais circunstâncias do mundo externo e a tentar buscar uma alteração real nele. "Um novo princípio de funcionamento mental foi então introduzido; já não se representava na mente o que era mais agradável, mas o que era real, mesmo se fosse desagradável. Esse estabelecimento do princípio de realidade provou ser um passo importante devido às suas consequências" (p. 219).

A identificação do que realmente são os estimuladores negativos do pensamento foi enormemente refinada desde os dias em que Freud insistiu sobre as frustrações de desejos sexuais. Por exemplo, a noção kleiniana de uma realidade que precisa ser encarada para que a maturidade e o caráter sejam desenvolvidos é mais particular e, de certa forma, mais trágica do que a que precisou sofrer o pequeno Édipo de Freud: não é a força bruta do poder da realidade que força o aparecimento da consciência na criança em crescimento: é, na verdade, a força de seu amor e a influência e o poder do controle dele sobre o ódio que permite que a criança tolere e aceite – mais do que se submeta – à perda. Em vez da renúncia, há desistência. Em vez de controle, há aceitação. Assim, a criança pode brincar o jogo do carretel na posição paranoide para controlar as partidas de sua mãe e triunfar sobre elas; na posição depressiva, ela pode, ao brincar, estar aprendendo a aceitá-las.

Entretanto, muitas das teorias, incluindo as de Winnicott e Bion, associam-se na tendência a enfatizar as experiências de perda, separação, separabilidade, ou o que Winnicott chama de desilusão, como os grandes estimuladores do aprendizado, e do crescimento e desenvolvimento intelectuais. É de justiça lembrar que é o equilíbrio entre ilusão e desilusão que Winnicott (1958) enfatiza, não simplesmente a desilusão e a dor. Também é verdade que Klein, quando lida cuidadosamente, também enfatiza o equilíbrio mais do que apenas o negativo, embora seu positivo esteja menos relacionado à fusão do que a uma relação amorosa e mais alerta. Certamente ela enfatizou repetidamente que a introjeção do seio bom era a base fundamental para o desenvolvimento futuro (Klein, 1937). Seria isso apenas uma condição necessária para o desenvolvimento ou, às vezes, uma condição suficiente por si só?

ANNE ALVAREZ 269

Passar da literatura psicanalítica sobre o brincar para os estudos a respeito do desenvolvimento infantil é quase cômico, porque a ênfase é muito diferente. No livro chamado *Brincadeira*, editado por Bruner, Jolly e Sylva (1976), a introdução de Bruner começa, de certa forma, dando como certo o regozijo da brincadeira e cita a descoberta comum de que jovens chimpanzés parecem ser capazes de brincar mais livremente quando sua mãe está por perto para proporcionar uma proteção contra distrações e pressões. Hutt aponta que:

> *O brincar... só ocorre em um ambiente conhecido, e quando o animal ou a criança sentem que conhecem as propriedades do objeto naquele ambiente; isso é visível no grau de relaxamento do estado de ânimo, evidenciados não apenas por mudanças na expressão facial, mas por uma grande diversidade e variabilidade de atividades. No brincar, a ênfase muda da questão "o que este objeto faz?" para "o que eu posso fazer com este objeto?". (1966, p. 211)*

Desde Freud, a teoria psicanalítica tem se preocupado muito com a noção de objeto ausente (O'Shaughnessy, 1964). Muitos estudos clínicos e observações detalhadas de bebês sugeriram que a capacidade de uma pessoa de ter confiança na permanência do objeto amado quando ele não está à vista é extremamente importante para o desenvolvimento cognitivo e simbólico, para a capacidade de suportar e sobreviver às dolorosas perdas e crises da vida e para a saúde mental em geral. Alguma experiência da consciência de ser separado (separabilidade), perda e dor parece ser um ingrediente vital desse desenvolvimento. No entanto, a pesquisa sobre o desenvolvimento da criança no que se refere à questão cognitiva da "constância do objeto" sugeriu ser ela altamente complexa: quando, "fora do campo de visão" implica (ou não) "fora da mente" (Bower, 1974)? Parecem haver outros ingredientes vitais além da experiência de perda. Bebês de aproximadamente 1 ano de idade que não foram capazes de encontrar um objeto escondido em um copo invertido à sua frente (um famoso experimento piagetiano) tiveram pouca dificuldade quando o copo tinha uma foto de um rosto sorridente colada nele. Eles também achavam a tarefa muito mais fácil se o experimentador se inclinasse para a frente, encontrasse o olhar do bebê e dissesse: "Vai, agora você encontra!". Os pesquisadores apontaram que isso parece lembrar a criança de que o experimentador realmente quer que ela ache o brinquedo, que ele não o está escondendo para não ser achado, mas apenas o escondeu (Freeman, Lloyd & Sinha, 1980). Claramente, um objeto que está disponível demais talvez nunca estimule curiosidade e interesse intelectual, mas entendo que um objeto que está muito indisponível pode ter o mesmo efeito.

Ilustração clínica

A senhora H tratava Molly, uma menina de 9 anos que tinha sido encaminhada pela psicóloga escolar por conta de dificuldades de aprendizado e comportamento retraído na escola (devaneios e balanceios). Sua mãe havia adoecido e morrido repentinamente quando ela tinha 2 anos, apenas quatro meses após o nascimento de sua irmã. Molly era negra, tinha um pai amoroso e dedicado, e irmãos mais velhos próximos e carinhosos. Eles se mudaram para Londres para estar em contato com familiares do pai que também eram calorosos e prestativos. No entanto, houve um período em que a família morou em outra cidade, e o pai teve um relacionamento duradouro com uma mulher extremamente cruel e negligente com as crianças. O pai não está mais com essa mulher atualmente. Considero que Molly seja uma criança carente em razão da privação e dos maus-tratos iniciais, mas ficará claro que ela não estava, de forma alguma, tão desesperada e desconectada quanto algumas crianças institucionalizadas ou outras que tiveram inúmeras mudanças de cuidador. Ela começou a chorar em sua terceira sessão e parecia que choraria para sempre. Em uma sessão posterior, perguntou se, caso pulasse pela janela, a senhora H pularia também para salvá-la.

A sessão que quero discutir ocorreu após uma interrupção não planejada. Esse tipo de situação pode facilmente trazer à tona medos antigos, depressões antigas e sentimentos de abandono. Isso aconteceu após alguns meses de tratamento e, embora sua esperança e confiança fossem precárias, ela certamente já não estava tão retraída.

A terapeuta escreve:

Molly veio comigo rapidamente desde a sala de espera, então parou no corredor a cerca de 10 metros da minha porta. Ela disse: "Não fale! Você não é minha amiga". Eu comentei – à distância – que havia sido uma longa pausa e que ela estava querendo saber se ainda éramos amigas. "Você não é minha amiga." Ela acenou rispidamente com seu braço querendo que eu a ultrapassasse na estreita passagem. Disse-lhe que ela queria que eu, como de costume, estivesse em minha sala quando ela entrasse e que eu faria isso. Fui e, sentada em meu lugar, ficava a um ângulo de aproximadamente 60 graus em relação à porta. Ficar de frente

para ela enquanto ela entra é, ao mesmo tempo, perse-
guidor e assustador, tão ambivalente que é seu apego.

A sessão continua com a criança muito defensiva e amarga, rejeitando a terapeuta, mas gradualmente indo na direção dela.

Ela subiu na mesinha e se equilibrou com os pés na maçaneta, com as mãos em cima da porta aberta (uma posição bastante perigosa). Olhando para mim, de cima, ela riu: "Você está assustada?". Ela moveu a porta. "Eu deixei você apavorada?" Eu levei adiante dizendo: "Será que você me apavorou mortalmente?". Ela então afirmou com seriedade tranquila e convencida: "Eu posso fazer você morrer". Eu disse que às vezes era difícil imaginar que nós continuaríamos vivas – ou que continuaríamos a ter nosso tempo juntos –, quando ela estava brava comigo.

"Vamos lá!", ela pulou da mesa. "Vamos brincar de esconde-esconde." Eu virei de costas enquanto ela se escondeu quatro vezes. Todas as vezes ela sentia um grande deleite ao ser encontrada, e eu ofereci as interpretações evidentes sobre estar perdida (fora do campo de visão) e encontrada, ligadas à recente interrupção e às férias que estavam por vir. [A terapeuta comenta, então – em suas notas, não para a criança –, que essa foi uma encenação interessante sobre o estar ATIVAMENTE procurando Molly, o que, claro, não tinha acontecido durante a interrupção.] Era hora de terminar e ela parecia contente.

Esse fragmento de material é interessante em parte por conta do desenvolvimento que se seguiu à aceitação da terapeuta em relação às dúvidas da criança sobre sua bondade e confiabilidade. Mas é a perigosa brincadeira na porta e o esconde-esconde que eu gostaria de analisar do ponto de vista técnico e teórico. Considerada de uma certa maneira, a sessão pode ser vista como sendo sobre a aceitação da perda. De outro ponto de vista, Molly pode ser vista como gradualmente experimentando, encenando de forma cada vez mais clara a ideia de que essa mulher parece ter retornado e que ela, Molly, parecia ter tido o poder de trazê-la de volta. Certamente, ela pode estar em parte se livrando de uma experiência de impotência, mas pode também estar tendo a experiência do prazeroso poder – o poder de fazer um objeto materno procurá-la. Deveria a terapeuta interpretar para a criança que ela estava negando o que tinha acontecido na semana anterior – isto é, perda, partida e abandono? Ou deveria dizer que Molly parecia querer ter certeza de que a terapeuta estava realmente procurando por ela, realmente preocupada com ela e que tinha realmente voltado? (Vale notar que, na verdade, a terapeuta foi cuidadosa ao interpretar tanto a condição de estar perdida quanto a de ser achada, e na situação clínica raramente trata-se de uma questão de "ou isso ou aquilo".) A segunda interpretação teria oferecido reasseguramento e negação de realidades mais dolorosas? Creio que não. Suspeito que, para algumas pessoas que tenham sofrido muito cedo (ou muito) em suas vidas, a alegria, a diversão e o poder trazer o objeto para perto sejam elementos de "realidade" que precisam de tanta assimilação e aprendizado quanto seus opostos. A senhora H descreveu o "deleite" de Molly com o jogo, não seu triunfo maníaco.

Todas as crianças – exceto as mais ansiosas – adoram brincar de esconde-esconde. Seu prazer geralmente envolve uma mescla complexa de emoções e, provavelmente, a própria mistura é prazerosa. No brincar, o medo, a excitação, a ansiedade a respeito da

274　ALÉM DO PRINCÍPIO DO DESPRAZER

perda, mas também a alegria de encontrar e ser encontrado podem ser encenados. O prazer e o deleite da criança em descobrir uma pessoa que a procura quando está escondida ou perdida, e que *a quer e quer encontrá-la* não precisam surgir de motivações narcisistas ou defensivas. É uma parte natural e necessária do desenvolvimento normal, e a terapeuta de Molly parece ter conseguido um efeito extremamente curativo sobre ela.

Para concluir: busquei uma palavra ou conceito que pudesse se contrapor à grande teoria de Freud sobre o "trabalho do luto" e portar o mesmo peso e dignidade. Palavras como regozijar, celebrar e agradecer não transmitem a extensão e a lentidão do processo – semelhante ao luto em sua lentidão – do nascimento e desenvolvimento da esperança em uma criança que pode ter estado clinicamente deprimida por toda sua vida. O mais perto que consegui chegar é algo como "trabalho de regeneração" ou, para parafrasear Stern e Herbert, a "lenta e significativa descoberta de que seu coração murcho pode conter frescor".

14. Sonhos e mentiras extravagantes

Aspiração e identificação em crianças deprimidas

Introdução

Uma das coisas que sempre me impressionou a respeito da mente de Robbie foi a completa ausência de qualquer ideia de futuro. Nos primeiros anos de tratamento, ele estava completamente paralisado e perdido, sem qualquer percepção de tempo em movimento. No entanto, mesmo quando finalmente começou a se mover e emergir do que chamou de congelamento profundo, parecia alguém caminhando de costas para o futuro, com sua mente totalmente preocupada com o passado. Se havia algo chamado futuro, ele nem sabia nem se importava. Era algo muito mais doente do que a negação; parecia haver simplesmente um espaço vazio no lugar em que o futuro deveria estar. Levou anos até que viesse a usar o tempo futuro em sua fala e, como mostrarei no Capítulo 16, ainda mais anos antes de usar o subjuntivo ou o condicional. Lembro que uma vez, quando ele ainda falava com algum sentimento a respeito da alucinação ou sonho de cair de um penhasco dentro da noite, comentou sobre conseguir ver uma única estrela. Parecia

276 SONHOS E MENTIRAS EXTRAVAGANTES

estar muito apagada e distante, mas suponho que era um começo. Havia um esboço de uma ideia de que mais adiante poderia haver vida e luz. Mas o que era incrivelmente estranho era a ideia de um futuro em aberto, um futuro incontestável, um lugar que atrai, e na direção do qual nos movemos com força viva. Depois de Robbie, já me impressionei com a ausência desse conceito em outras crianças mais paranoides e psicóticas e com seu parco desenvolvimento em crianças deprimidas. A técnica psicanalítica desenvolveu-se muito desde sua ênfase original sobre o passado na direção de um maior interesse pelos eventos transferenciais do aqui e agora da atual relação do paciente com seu analista. Pode ser necessário, no entanto, particularmente no trabalho com crianças clinicamente deprimidas, considerar também a importância dessas outras fantasias. O elemento prospectivo, de expectativas e aspirações da natureza humana sempre foi importante na teoria jungiana, nas ideias de Lowenfeld e na psicologia de Vygotsky.

Klein sugeriu que o trabalho do luto e a reparação eram centrais para o processo de superação (diferentemente de defender-se) da depressão clínica. Neste capítulo, gostaria de sugerir que a capacidade de sonhar sonhos também pode ser um passo importante no caminho para superar a depressão clínica. Sonhos de glória e grandeza são, geralmente, defesas contra dolorosas perdas ou vergonhas vividas no passado ou no presente, mas, outras vezes, são algo diferente: vim a entender, que são um componente essencial e vitalizante do desenvolvimento normal, da vida de fantasa e do brincar da criança normal; são, do meu ponto de vista, uma necessidade própria do desenvolvimento.

A criança carenciada ou severamente deprimida, no entanto, pode não ser capaz de ter essas fantasias ou praticamente não ser capaz de conceber a ideia de tê-las. Assim, pode não ser suficiente que o psicoterapeuta – funcionando como um objeto parental

– esteja preparado para ser receptivo ou compartilhar tais fantasias, já que a criança deprimida pode carecer delas. Quando de fato emergem, podem precisar emergir primeiro não na mente da criança, mas por meio de um tipo particular de identificação projetiva (que sugiro merecer outro nome) na mente do terapeuta ou professor ou responsável. A criança pode *parecer* ter fantasias grandiosas em tais momentos porque o *conteúdo* da fantasia é grandioso, mas, na realidade, pode estar deprimida demais para ser grandiosa. Ela pode não estar convencida, mas estar experimentando a fantasia em outra pessoa, com dúvida e possivelmente pela primeira vez, para ver se esse outro está preparado para ter a fantasia por ela, em nome dela. O processo pode parecer com comunicações grandiosas, mas na verdade é muito diferente das comunicações genuinamente grandiosas de uma criança genuinamente maníaca e narcisista.

O que estou sugerindo é que algumas fantasias grandiosas e arrogantes aparentemente bastante prazerosas – até mesmo mentiras e pressões manipuladoras – podem conter uma semente de esperança de tipo experimental e moderada. Isso pode requerer uma contenção receptiva por parte do terapeuta, sem necessariamente implicar um conluio com a mentira ou uma traição da verdade. Tais "mentiras" podem ser a expressão de um desenvolvimento deficiente na área das aspirações da criança e em sua relação com um objeto parental que, no caso da criança normal, seria capaz de ter aspirações por ela. Essas mentiras ou comunicações confabulatórias para o terapeuta, embora geralmente chamadas de identificações projetivas, podem ser mais bem denominadas identificações antecipatórias, como forma de dar o devido peso ao elemento prospectivo e de expectativa de desenvolvimento humano – especialmente no desenvolvimento de um ser humano que ainda é uma criança. A noção de antecipação, que tomei emprestada de um recente trabalho de Bion (1980), também se refere à tentativa

278 SONHOS E MENTIRAS EXTRAVAGANTES

de identificação – uma tentativa que pode ser facilmente mascarada pela aparente grandiosidade do conteúdo.

Quero também sugerir que esse elemento prospectivo é uma dimensão importante na atividade normal do brincar e no desenvolvimento da formação de símbolos. Segal apontou que o símbolo ou a representação representam uma realidade que foi, um dia, mas não é mais, possuída ou passível de ser possuída e que é pranteada (Proust como adulto, lembrando sua infância perdida, por exemplo). No caso da criança (especialmente uma que se recupera de depressão), o símbolo ou representação pode, às vezes, representar uma realidade esperançosa que ainda não existe, mas que poderia vir a existir no futuro. Isto é, ela poderá um dia ser possível, ou, no mínimo, em casos de injustiça e abuso, ser percebida e falada como algo que deveria ser assim. A ênfase exagerada do terapeuta em perda, ausência e abandono, em tais casos, pode interferir com desenvolvimentos importantes na formação de símbolos. A gramática do brincar pode precisar ser ampliada para além do passado e do presente para incluir os tempos futuro e condicional e o modo subjuntivo – isto é, para incluir o que poderá ser, o que poderia ser e até o que deveria ser. Tal gramática pode ter implicações interessantes para o estudo psicológico do querer.

No capítulo anterior, chamei a atenção para a existência, nas teorias da formação de símbolo de Segal e Winnicott, de três possíveis modos de se brincar com o carretel. Também apontei a possibilidade de um quarto modo, em que a criança não estaria encenando a questão da perda, da partida e da condição de ser separada, mas a questão do ganho, do retorno e do voltar a estar juntos. Gostaria, agora, de sugerir uma quinta possibilidade: ir além da noção da criança que, brincando com o carretel, sente seu poder de fazer a mãe retornar, e sugerir que a criança pode, às vezes, sonhar com poderes ainda maiores no futuro. Também gostaria de sugerir que ela foi ajudada nisso pelas fantasias de seus pais para ela ou sobre ela: este pode ser um elemento importante na teoria da função parental como continente das identificações projetivas do bebê. A mãe, além de conter e transformar a frustração (e até os deleites) de seu bebê ou de seu filho, pode também, na maior parte do tempo, funcionar como um continente para suas aspirações. Bion sugeriu que o sonho de conquista heroica de uma criança, não significa necessariamente a negação da impotência infantil; pode ser, disse Bion, uma antecipação de futura condição de adulto e de futuros potenciais.

Seguramente o mesmo pode ser dito sobre o devaneio e o brincar da criança. Precisamos que a perspectiva psicanalítica nos ajude a ver a noz na nogueira, o bebê na criança ou o seio perdido no macio ursinho de pelúcia. Mas, podemos precisar da perspectiva dos estudiosos do desenvolvimento infantil e de Jung para nos ajudar a ver a nogueira na noz, o adulto em que a criança vai se transformar e está *em processo de vir-a-ser*. O ursinho pode ser, assim, não apenas uma transição da mãe real para um símbolo adequado a ela, mas também uma transição entre a mãe real perdida e a futura esposa antecipada. Uma criança é mais do que seu passado e presente. Uma criança, mais do que qualquer adulto, está repleta de ideias sobre seu futuro – dado, é claro, que ela não esteja severamente deprimida. Claramente, mães e pais podem ajudar nesse processo de desenvolvimento ou obstruí-lo. Mães e pais contêm, para a criança, não apenas o bebê que ela foi um dia, e em parte ainda é, como também a ideia do homem ou da mulher que ela irá se tornar – e *está se tornando*.

Alguns anos atrás, um pacientezinho meu chamado Tommy, trouxe para uma sessão logo antes do Dia das Bruxas uma máscara de sargento da Marinha com uma grande mandíbula e colocou-a sobre o rosto assim que chegou. Eu disse que ele parecia querer que eu o visse como forte e poderoso naquele dia. Acrescentei, então, que pensava que nós dois sabíamos que aquilo acontecia porque ele estava morrendo de medo do término prematuro de seu tratamento no Natal, quando ele e sua família iriam se mudar para o norte da Inglaterra. Vínhamos falando bastante sobre o assunto ultimamente, e ele tinha medo não só do frio, mas da violência, do terror e da miséria, tais como apareciam nos pesadelos. Quando sugeri que a máscara era uma defesa contra suas ansiedades e medos de sua fragilidade, ele simplesmente gritou "Não!" terrivelmente desesperado. Pensei a respeito de alguns dos livros que vinha lendo à época sobre a questão da defesa e, alguns minutos mais tarde, quando ele colocou a máscara novamente, refiz meu comentário e disse-lhe que estava claro que hoje eu deveria vê-lo como um sujeito muito forte, corajoso e durão. Dessa vez, deixei a segunda parte de fora. Não acrescentei que no fundo ele estava realmente aterrorizado. Ele escutou tenso e, então, disse lentamente e com grande alívio: "Siiiiim". Depois de um momento, ele disse que na verdade estava doente de preocupação com a mudança.

Desde então, tenho pensado muito a respeito daquela máscara. Primeiro, conclui que Tommy queria ser forte, mas que ambos sabíamos que ele não era. Essa era uma ideia consistente com a teoria de que o brincar tenta controlar a realidade, fugir da realidade ou triunfar sobre ela. E parte do brincar, uma grande parte, faz precisamente isso. Com um paciente menos doente e com um ego mais forte e mais confiança a que recorrer, tal interpretação poderia ter sido apropriada. Poderia tê-lo ajudado a se sentir capaz de conversar sobre seus medos. Mas, e se Tommy precisasse que seu objeto, em vez de lembra-lo de sua atual realidade triste, assustada e patética, o lembrasse da possibilidade de um dia ser mais forte? O menino de 2 anos vestido de vaqueiro não é cumprimentado com um lembrete de que ainda não é um adulto de verdade. A mãe costuma dizer: "Nossa! Que cara valentão que você está hoje".

Assim, ela contém não somente os desapontamentos do menino como também suas aspirações. Ela entra na brincadeira não para fazer conluio com uma equação simbólica concordando que ele *é* o Papai ou um vaqueiro, mas considerando a possibilidade de que, embora seja um faz-de-conta, não é "apenas um faz-de-conta" de forma redutiva ou pejorativa. Essa mãe pode conter em sua mente a crença na possibilidade dele um dia vir a ser um adulto.

Klein escreveu dois artigos clássicos sobre o processo de identificação projetiva. Em um deles, de 1946, descreveu como uma pessoa pode livrar-se de partes más não desejadas de sua personalidade colocando-as em outra pessoa – ou partes boas e valorizadas não desejadas da mesma maneira. Ela mostrou como o ego pode ficar empobrecido por essas cisões e projeções. Mas também escreveu, em 1955, sobre outro tipo de identificação projetiva (que eu gostaria que tivesse outro nome), em que a pessoa pode penetrar dentro da identidade de outra pessoa, de maneira invasiva e intrusiva, e assumi-la quase completamente. Todos conhecem aquele estudante que não apenas repete o que o professor está ensinando; começa a andar como o professor, falar como ele, utilizar seus maneirismos; este fenômeno é fonte de irritação e desconforto para aqueles que o presenciam ou que são objetos dele. O professor pode se sentir bastante desnudado em tais circunstâncias. Kleinianos distinguem cuidadosamente esse tipo de identificação de outro tipo mais saudável, às vezes chamado de "identificação introjetiva", em que a pessoa pode se identificar com o objeto admirado, mas em que as diferenças são reconhecidas e respeitadas. Na "identificação introjetiva", a nova identidade não é roubada, mas conseguida ou até recebida como um presente de um objeto amigável e bem tratado.

Mas, o que dizer do *processo de desenvolvimento* que vai desde o estado mais incômodo e total de identificação projetiva até esse

282   SONHOS E MENTIRAS EXTRAVAGANTES

mais sadio – o desenvolvimento que vai do roubar a identidade de alguém para usá-la com gratidão? E os estágios intermediários? Ou, ainda, e o desenvolvimento, em uma criança que sai do estado de estar muito desesperada para imaginar poder um dia ser como as figuras admiradas ou idealizadas – que parecem remotos e inalcançáveis – até um estado em que ela começa a imaginar essa possibilidade? Essa criança poderia estar passando de um estado de *não-identificação* projetiva para um estado transicional de tentar experimentar uma nova identificação. E o que dizer das identidades que não são roubadas, apenas emprestadas, e experimentadas para ver se servem?

Bion sugeriu, como mencionei, que não deveríamos ver os sonhos apenas como tentativas de reescrever o passado. Deveríamos vê-los como acontecimentos da vida, experiências de vida. Ele disse, no entanto, que também poderíamos vê-los, de certa forma, como antecipações do futuro. Tive um pacientezinho que sonhou ter encontrado um fóssil em seu jardim e acordou muito triste por ter sido "apenas um sonho", porque, disse ele, sempre quis tocar uma peça da história. Bion considerava que o sonho do meu paciente – e de outros como ele – não era "apenas sonho". Isto é, não necessariamente negações da impotência infantil; ao contrário, podiam ser vistos como antecipações de futura condição de adulto. Esse elemento prospectivo é importante no pensamento de Jung, que escreveu a respeito disso muito antes de Bion (ver Storr, 1983). Em dois livros que fazem referência a Jung, máscaras foram utilizadas não como disfarces, mas como ensaios para uma nova identidade e tentativas de experimentá-la (Muir, 1987; Wells, 1985). Pode ser útil empregar o termo "transicional" de Winnicott para identificações desse tipo. Pode até ser necessário ir um pouco além e enfatizar o elemento de futuro – e de possibilidade – utilizando um termo como identificações "antecipatórias".

ANNE ALVAREZ 283

Antes de passar para mais material clínico, pode ser útil considerar a relevância do trabalho do grande psicólogo russo Vygotsky. Ele apontou que:

> *No brincar, uma criança sempre se comporta como além de sua idade, acima de seu comportamento cotidiano – brincando, é como se ela fosse uma cabeça mais alta do que ela é. Como no foco de uma lente de aumento, a brincadeira contém todas as tendências de desenvolvimento em forma condensada e é uma fonte importante de desenvolvimento. (Vygotsky, 1978, p. 102)*

Bondioli, Achinto e Savio (1987) salientaram que, nesse sentido, Vygotsky vê no brincar a criação de um desenvolvimento *potencial*. Vygotsky deixa de fora o fato de que também existe o brincar regressivo – isto é, o brincar em que a criança se comporta como se fosse um palmo menor do que ela é e brinca de ser um bebê – mas sua ênfase na qualidade antecipatória é interessante. No campo do aprendizado, menciona que a maioria dos testes mede funções que amadureceram, frutos do desenvolvimento, mas que deveríamos medir também os botões ou flores em desenvolvimento. A primeira medida caracteriza o desenvolvimento mental retrospectivamente, enquanto a última, prospectivamente. Esta "leva em conta processos que estão atualmente em estado de formação, que estão apenas começando a amadurecer e a se desenvolver" (Vygotsky, 1978). Ele insiste que o estado de desenvolvimento mental de uma criança só pode ser determinado se esclarecermos os seus dois níveis: o nível de desenvolvimento presente e a Zona de Desenvolvimento Proximal.

Joseph, utilizando a noção de Bion do analista como continente de partes do *self* do paciente, sugeriu que o analista pode ter que conter inclusive a inteligência do paciente. Eu mesma ainda me surpreendo quando pergunto a um paciente o que ele está pensando e ouço-o dizer que sua mente está completamente vazia e então, se tenho a perspicácia de perguntar o que ele acha que *eu* estou pensando, descubro que sua mente está fervilhando de ideias. Essa criança pode ter inteligência e uma vida mental ativa, mas pode, infelizmente, tê-la cindido e projetado em outras pessoas. E as crianças ainda mais doentes, aquelas que nunca desenvolveram de fato certos aspectos de sua personalidade – as cronicamente deprimidas ou cronicamente abusadas? Elas podem precisar de um objeto que possa carregar por elas a esperança em relação a si mesmas, a crença nelas, não porque estejam projetando algo que um dia lhes pertenceu, mas porque nunca realmente desenvolveram muita esperança, e ainda não conseguem tolerar esperança. Tais crianças podem ter muito pouco senso de futuro; podem ver portas fechadas e céus cinza por toda parte. Tornar-se como seus heróis pode parecer um sonho impossível. Elas geralmente se veem como muito burras e muito feias. Não devemos lhes oferecer falsas promessas e reasseguramento cego, mas precisamos estar alertas e atentos aos primeiros momentos de luz, já que a criança pode precisar descobrir que essa tomada de consciência pode acontecer primeiro em nós antes de poder permiti-la em si mesma.

Um segundo exemplo clínico: uma adolescente carente institucionalizada, Carol, foi encaminhada para psicoterapia porque seu comportamento violento em relação a vários pais adotivos fez com que ficasse muito difícil alguém adotá-la. Ser rejeitada por famílias adotivas foi muito doloroso porque ela tinha sido a única de seus irmãos a ser rejeitada por sua família biológica. No entanto, não era uma criança endurecida, e suas esperanças cresceram quando sua terapia começou. Um dia, ela trouxe uma fotografia dela com alguém que afirmava ser seu "tio". A terapeuta percebeu que deveria se tratar de um tio de uma das famílias que a tinha rejeitado. A senhorita B, sentindo que seu papel era de ajudar essa criança aparentemente arrogante, mas de fato vazia e carente, a aprender e conviver com sua depressão e sentimento de perda, disse, de maneira gentil, algo como: "Acho que você gostaria que eu pensasse que esse é seu tio, mas ambas sabemos que a triste verdade é que ele provavelmente é um tio da sua família adotiva". Sua interpretação é muito similar a meu primeiro comentário ao menino que trouxe a máscara para a sessão. Mas suponhamos que, por trás da arrogância pretensiosa de Carol, tivéssemos percebido que uma *questão* estivesse sendo formulada: "Você pode me imaginar como uma pessoa que poderia ter um tio?". Assim, a terapeuta poderia dizer: "Acho que hoje eu deveria vê-la como alguém que poderia ter um família próxima" ou "Você sente que nós estamos começando a nos conhecer melhor, mais ou menos como uma família". Não creio que ela devesse dizer: "Você *quer* que eu veja você...", já que a ideia de querer joga muita responsabilidade em uma criança que pode ainda não ser forte o suficiente ou esperançosa o suficiente para ter seu próprio querer. A criança pode precisar que o terapeuta contenha essa fantasia esperançosa para ela. Três anos mais tarde, Carol finalmente conseguiu ser adotada: disse ter percebido que sentiria falta da coordenadora do orfanato e que elas tinham "ficado muito próximas". Suas circunstâncias externas puderam mudar quando suas relações internas ficaram mais amistosas. A imaginação é o grande terreno de cura e a grande área de desenvolvimento potencial para aquilo que pode ser e que precisa ser. Esse potencial pode ser respeitado, creio eu, sem conluios com negações da realidade.

Um terceiro exemplo: Danny, um menino de 8 anos, foi encaminhado a mim por dificuldade de aprendizado na escola, efeminação, comportamento agressivo e preocupante fascinação por fogos de artifício. Seus pais sentiam que ele fora muito prejudicado quando bebê e no início da infância, porque estavam

286 SONHOS E MENTIRAS EXTRAVAGANTES

preocupados com uma doença grave de sua irmã mais velha. A irmã tinha se recuperado, e a família começava a se reestruturar, ciente do dano causado a seu filho mais novo. Danny se apresentava como um garoto pretensioso, arrogante, mas também apático e depressivo, que fazia longos e detalhados discursos sobre coisas que tinham lhe acontecido recentemente – sempre com uma voz muito robótica. Ele não tinha ideia de como brincar. Confabulava e contava mentiras pretensiosas, mas, se eu cometesse o erro de fazer perguntas mesmo que cuidadosas que revelassem dúvida a respeito da veracidade de suas histórias, ele se fechava defensivamente. Pouco a pouco, percebi que ele se magoava muito com minhas perguntas e que, embora parecesse uma criança arrogante que imaginava que seu ouvinte engoliria qualquer coisa e ficava indignado caso isso não acontecesse, arrogância, indignação e defensividade não eram tudo.

Danny era um gordo simplório, um filhinho de mamãe desprezado e desgostado na escola, com poucos amigos. Depois de cerca de um ano de tratamento, tinha aprendido a controlar suas explosões de agressividade, a ser um pouco menos arrogante, conseguiria perder peso e a fazer alguns amigos. Um dia, chegou e disse que ele e um grupo de garotos da escola tinham inventado um jogo. Eles faziam torneios a cavalo; ele era o cavalo e seu amigo, um dos meninos menores, o cavaleiro. Ele era o cavalo – explicou com orgulho –, porque "tinha os ombros mais fortes da classe". Ele e seu amigo eram o melhor par do grupo. Comentei seu prazer e orgulho em ser capaz de me mostrar um lado amistoso e forte dele, e então ele continuou, animado, a dizer que, às vezes, seu amigo ligava para sua casa pela manhã, e que também pulava da sacada para seus ombros, igual ao seriado de TV *Os três mosqueteiros*. Ele acrescentou, me observando: "Às vezes, eu levo ele para a escola galopando!". Eu sabia – e tinha certeza de que ele sabia que eu sabia – que era mentira, mas a pressão e o significado da fantasia eram tão poderosos que parecia importante não contestá-lo naquele momento. Eu já o tinha visto antes desinflar-se desesperançoso vezes demais. Creio que o importante era que *eu deveria vê-lo* como heroico, ousado, másculo, e foi assim que coloquei para ele. Não disse: "Você *quer* que eu te veja como...". Alguns dias depois, quando parecia estar em um estado mental mais firme, pude comentar a questão de seus exageros, e ele concordou. Mas, nos momentos em que eu o sentia em "carne viva" e vulnerável, em que compartilhava comigo seus sonhos mais selvagens, um comentário tão "comedido" teria sido, acredito, um erro. Entendi que, nas ocasiões em que consegui ser sensível à qualidade experimental e antecipatória oculta por atitudes pretensiosas e ostentatórias, Danny tornava-se mais – não menos – despretensioso.

Concluindo, passei a pensar que talvez precisemos de uma gramática do brincar. Winnicott (1971) disse que o brincar acontece na grande área intermediária entre a total fantasia e a absoluta realidade; poderíamos acrescentar, entre aquilo que não é e aquilo que é. O brincar, portanto, pode ser pensado como relacionado àquilo que pode ser, aquilo que deveria ser (um senso de justiça é essencial para a salvação mental de crianças cronicamente abusadas), aquilo que poderia ser e até aquilo que será. O jogo do carretel, quando feito pela primeira vez por uma criança cronicamente abandonada e desesperançada pode implicar uma questão sobre a possibilidade de alguns objetos poderem retornar: a criança pode estar começando a desenvolver a noção de que, algum dia terá o poder de traze-los de volta. Uma máscara, uma fotografia ou uma mentira, podem envolver uma oferta que contém não necessariamente uma negação da realidade passada ou de uma dor atual, mas sim uma questão experimental sobre a possibilidade de uma nova versão do presente e até uma nova visão do futuro. A mente do terapeuta, do professor, da mãe ou do pai deve, às vezes, ter de proporcionar o campo de prova em que tais ideias são experimentadas. Em termos teóricos: enquanto a criança maníaca pode desenvolver-se a partir de identificações projetivas patológicas para identificações introjetivas, a criança deprimida pode ir de identificações inadequadas ou não existentes para identificações introjetivas por meio de processos que podem ser chamados de identificações antecipatórias. Goethe escreveu algo nesse sentido na canção de Mignon, em *Wilhelm Meister*:

> *Então, deixe-me parecer, até eu ser*
>
> *Não arranquem minha veste branca*
>
> *Da adorável terra eu me apresso*
>
> *Até aquela casa segura.*

Os tradutores para o inglês (Bird & Stokes, 1976) dizem que a tradução literal seria: "Deixe-me permanecer trajado como um anjo até que eu me torne um".

15. Autismo
As controvérsias

*A observação científica não é meramente a pura descrição
de fatos isolados. Seu principal objetivo é examinar um
evento de tantas perspectivas quanto possível.*

Alexander Luria

Quero examinar neste capítulo algumas das áreas em crescimento e evolução em que algumas teorias organicistas não psicanalíticas do autismo se sobrepõem às psicanalíticas. De certa forma, as ideias desses campos opostos aproximaram-se um pouco,
embora ainda existam grandes e sérias diferenças. Com certeza,
ambos os grupos se desenvolveram e modificaram suas posições
anteriores muito divergentes. A ponte entre eles, creio eu, pode ser
o estudo do desenvolvimento do bebê, da interação mãe-bebê e
nos conceitos da moderna teoria psicanalítica britânica das relações objetais.

Organicistas e psicodinamicistas originalmente dividiam-se
sobre as questões de etiologia e de tratamento: os organicistas de-
fendiam causas bioquímicas e neurológicas, propondo tratamento

behaviorista ou medicamentos; os psicodinamicistas, particularmente nos Estados Unidos, culpavam o ambiente e recomendavam comunidades terapêuticas ou psicoterapia (Bettelheim, 1967). (Escritores psicanalíticos britânicos foram bem menos ambientalistas.) Muita confusão poderia ser evitada, acredito, se a discussão a respeito do tratamento não fosse tão frequentemente acompanhada das questões de etiologia: é, por exemplo, perfeitamente possível que pacientes neurologicamente prejudicados sejam ajudados emocional e *cognitivamente* por meio da terapia psicanalítica (Spensley, 1985; Sinason, 1986). O trabalho da psicanalista Betty Joseph (1975) sugere que mesmo uma dotação aparentemente tão inata quanto a inteligência precisa ser definida não apenas em termos de uma psicologia de uma pessoa como também em termos de relações de objeto – uma psicologia de duas-pessoas. Por exemplo, dois pacientes meus psicóticos *borderline*, que por muitos anos foram considerados por seus pais e professores como tendo deficiência intelectual, estavam estruturando seus pensamentos e seus comentários de maneira pouco inteligente, em parte porque consistentemente imaginavam-se falando com uma pessoa retardada. Alguns pacientes de Sinason sofriam de uma deficiência secundária porque achavam estar falando com pessoas que imaginavam considerá-los retardados. Resultados bem-sucedidos utilizando o método psicanalítico com crianças autistas não provam necessariamente que a condição inicial não incluia elementos orgânicos. Giannotti e outros, em Roma, mostraram que a psicoterapia melhora os eletroencefalogramas de crianças autistas (citado por Tustin, 1990). Resultados auspiciosos utilizando-se o método psicanalítico, no entanto, proporcionam evidências relacionadas aos elementos interpessoais e intrapessoais do estado psicológico que ao final emergem em um estágio secundário, terciário ou ainda mais tardio de uma cadeia interativa de causalidade que arrasta a criança para uma trajetória autista. O autismo pode, muitas vezes, começar com alguma disfunção neurológica, mas sua subsequente forma particular de déficit psicológico pode precisar de descrição, exploração e inclusive cura, em termos que levem em conta as relações objetais, bem como o estágio de desenvolvimento delas e a capacidade de comunicação emocional da criança.

Questões etiológicas

Tanto a teoria organicista quanto a etiológica ambientalista sobre o autismo afirmam que sua autoridade deriva de duas conclusões aparentemente contrastantes presentes no artigo de referência escrito por Kanner (1944), no qual identifica a síndrome do autismo infantil precoce. No artigo são descritas onze crianças que apresentavam uma combinação de características: extremo isolamento desde o princípio da vida, inabilidade de usar a linguagem de maneira significativa e insistência ansiosamente obsessiva na preservação da mesmice. Por um lado, Kanner sugeriu uma etiologia ambiental quando notou que havia grande obsessividade e preocupação com abstrações na família e acrescentou que existiam "muito poucos pais e mães realmente afetuosos" no grupo. Isso levou a teorias exageradamente entusiasmadas sobre mães "geladeiras" e causas psicogênicas simplistas, particularmente entre pensadores psicodinâmicistas americanos (Bettelheim, 1967). Também provocou muita dor e culpa nos pais dessas trágicas crianças. Por outro lado, Kanner também acrescentou que as razões para o isolamento das crianças desde o início da vida (a falha em buscar os braços quando esperam ser tomadas no colo, ou seja, a ausência de movimentos antecipatórios habituais quando esperavam ser pegos no colo e o fracasso em adaptar seus corpos à postura das pessoas que as carregam) era um argumento contrário à ideia dos pais como principais agentes causadores. Ele se

292   AUTISMO

posicionou do lado organicista e concluiu que as crianças haviam nascido com uma "incapacidade inata para fazer contato afetivo com pessoas, assim como outras crianças vieram ao mundo com deficiências físicas ou intelectuais inatas" (Kanner, 1944). Atualmente há um grande e crescente corpo de evidências demonstrando anomalias cerebrais em indivíduos autistas (Dawson & Lewy, 1989b; Frith, 1989; Gillberg, 1990).

Muitos autores organicistas e psicodinamicistas tendem agora a aceitar causação múltipla, embora para muitos organicistas essa chamada multiplicidade seja puramente médica. No entanto, Gillberg (1990) cita uma pesquisa que mostra que o comportamento de crianças autistas com disfunção neurológica demonstrável *não difere* do comportamento de crianças autistas sem tal disfunção. Os organicistas (exceto Hobson, 1990) infelizmente parecem não estar a par de que autores psicodinamicistas do Reino Unido, como Tustin (1981), Meltzer (1978) e Reid (1990), não se atêm a uma visão estritamente ambientalista porque também aceitam uma causação múltipla de natureza complexa e interativa. A causação múltipla incluiria, entretanto, fatores psicogênicos. Tustin (1981), por exemplo, sugere que o mesmo quadro pode surgir como resultado de circunstâncias e reações precipitadoras muito diferentes. Sugere que a deficiência orgânica pode ter impedido a criança de fazer "uso adequado dos primeiros cuidados, de modo que compensações autísticas patológicas teriam que entrar em ação. Estas, combinadas com a deficiência neurológica, fazem com que a criança fique totalmente fora do contato com a realidade. Assim, fatores orgânicos podem levar à mesma aparência externa do que fatores psicogênicos" (p. 18). Eu acrescentaria, por exemplo, que um bebê com uma leve disfunção neurológica e uma aproximação vital fraca, frágil ou desorganizada, nascido de uma mãe já deprimida e cuja depressão piora dada sua incapacidade de lidar com seu bebê apático, pode tornar-se ainda menos conectado à mãe, produzindo mais depressão nela. E assim por diante. Uma deficiência muito severa, por outro lado, pode sobrecarregar até mesmo o relacionamento com uma mãe saudável e feliz (ver Fraiberg, 1974, a respeito das dificuldades que mães de bebês cegos podem ter em perceber a responsividade de seus bebês a elas). Um bebê sem qualquer deficiência neurológica e com prontidão normal para se engajar em relacionamentos pode encontrar uma mãe deprimida e retraída em um grau tão severo que ele pode, *de forma relutante, mas lenta e firme, desistir* de tentar conseguir sua atenção, com implicações devastadoras para seu desenvolvimento emocional e cognitivo. Essas ideias não são imaginárias, são baseadas em observações clínicas e pesquisas de uma variedade de fontes do Reino Unido e da Itália (Di Cagno et al., 1984; Miller et al., 1989; Murray, 1989) e do Serviço de Terapia para de 0 a 5 anos da Clínica Tavistock, que trabalha para transformar esses círculos viciosos em benignos. Um modelo de *feedback* interacional aplicado aos primeiros dias e semanas de vida – em que a natureza e os cuidados recebem a devida atenção, assim como *o incrível poder de um efeito se tornar uma causa de si mesmo* – poderia ser uma área promissora para pesquisas prospectivas a respeito da etiologia do autismo. Muitos clínicos e observadores têm visto as consequências de um sistema de *feedback* em que cada um dos parceiros na relação bebê-mãe pode ir ficando cada vez mais insensível aos menores sinais do outro, com graves implicações para o desenvolvimento emocional do bebê – e, sugiro, para sua inteligência. (Ver o relato corajoso e comovente de Hocking (1990) sobre como isso aconteceu entre ela e seu bebê.) O crescente corpo de observações clínicas e pesquisas científicas a respeito da responsividade do bebê a forças ambientais no útero torna a situação ainda mais complicada, mas deveria servir de alerta necessário contra teorias etiológicas lineares e simplistas sobre o autismo (Piontelli, 1987; Liley, 1972). (Esse modelo interacional tem algo em comum com a teoria matemática do caos, que faz uso

294 AUTISMO

de equações não lineares para o estudo de clima, terremotos, preço do algodão, paradas cardíacas e dinâmica de fluidos. De acordo com a teoria do caos, diminutas diferenças no *input* podem rapidamente se transformar em diferenças insuportáveis no *output* – um fenômeno chamado "sensível dependência às condições iniciais". Gleick (1987) explica que "no clima, por exemplo, isso se traduz no que é conhecido apenas em tom de brincadeira como Efeito Borboleta – a noção de que uma borboleta batendo asas hoje em Pequim (China) pode causar tempestades no próximo mês em Nova York (Estados Unidos)" (p. 8).)

Para entendermos a maneira como os fatores inatos interagem com o ambiente, talvez não precisemos de uma única cadeia causal com dois fatores contribuindo no início; precisamos, na verdade, de uma dupla-hélice em que hereditariedade e ambiente giram uma em torno da outra em espirais interativos como os "estranhos *loopings*" de Hofstadter. Uma deficiência cognitiva, ao final desse processo, pode ser desproporcional à frágil hereditariedade original ou ao ambiente inadequado original – ou mesmo a ambos. A severidade e a profundidade da condição de autismo, de alguma forma se presta a fortes reações e explicações convincentes, mas demasiadamente simplistas. Algo tão terrivelmente inumano em uma criança humana parece precisar de uma etiologia singular igualmente terrível e poderosa.

Características psicológicas do autismo: a necessidade de uma teoria de relações de objeto

Discutindo as questões etiológicas, Uta Frith (1989), organicista, chama a atenção para o exemplo de uma doença relacionada à deficiência de enzimas em que a introdução do remédio *no momento errado* na cadeia de eventos causais não produz efeitos benéficos. Concluiu que, até um completo entendimento da etiologia do autismo ser atingido, "será necessário levar em conta os sintomas psicológicos do autismo acima de quaisquer esperanças de cura biológica". Embora eu deva sugerir que as descrições psicológicas são limitadas pelo uso de uma psicologia de uma-pessoa, talvez isso seja melhor do que absolutamente nenhuma psicologia, em que as descrições são dadas apenas em termos do funcionamento do cérebro. Se esse ser psicológico tem ou não qualquer conexão com a criança estudada pelo método psicanalítico é o tema sobre o qual agora me dedico.

Uma das maiores descobertas do enorme estudo de Wing e Gould (1979) com 35 mil crianças de Camberwell (Inglaterra) foi que as três características anteriormente consideradas como típicas do autismo formavam uma tríade. Desde então, muitos organicistas tentaram explicar por que essas três características estariam tão conectadas, quais propriedades poderiam ter em comum e qual poderia ser a força que as uniria. As três características implicam uma noção de prejuízo: (1) severa incapacidade social (note-se a mudança nas palavras em relação a "severo isolamento autista" de Kanner); (2) severas dificuldades de comunicação, tanto verbal quanto não verbal; (3) ausência de atividades imaginativas, inclusive a brincadeiras de faz de conta, substituídas pelo comportamento repetitivo. Considerados de um ponto de vista puramente descritivo e de certa forma superficial, é possível que "severa incapacidade social" possa parecer equivalente a "severo isolamento autista". De outro ponto de vista, o que a criança *não* é pode se tornar mais importante do que aquilo que ela *é*. Isolamento é algo mais pessoal, mais próximo da experiência subjetiva do ser humano, e pode abrir caminho para mais questões a respeito do estado subjetivo da criança: ela se sente só? Há diferentes maneiras de se estar só? Há algo invisível acompanhando-a?

296 AUTISMO

Como seria ser ela? Qual a sensação de se estar com ela? E, talvez o mais importante: sob que condições interpessoais existem variações no sentimento de solidão? Varia com mudanças nos sentimentos do terapeuta em relação à criança, por exemplo? Essas perguntas sobre o estado do mundo interno da relação *self-objeto* da criança nem sequer podem surgir quando o debate está fechado pelo conceito de incapacidade social neurologicamente causado. A noção de prejuízo é, de certa forma, até mais forte do que a de déficit, já que contém fortes implicações etiológicas de dano. De todo modo, Rutter (1983), revisando a literatura sobre pesquisas, propôs que todos os sintomas pudessem ser explicados por um déficit cognitivo básico a todos eles. Enfatizou que isso envolvia uma incapacidade mais do que um uso desordenado e criticou Kanner e Tinbergen por considerarem o retraimento autista e o desejo por mesmice como sendo causados por motivações psicológicas, como medo ou necessidade de segurança. É uma pena que Rutter e Frith, tão profundamente críticos em relação ao que consideram como a tendência psicodinamicista de explicar a sintomatologia autista em termos de resistência, evitação e defesa contra a ansiedade, não conheçam a literatura psicodinamicista britânica, que utiliza uma psicologia bem mais complexa: a do colapso depressivo. O conceito de "compensações" de tipo autístico patológico de Tustin, por exemplo, é diferente da noção de defesa *contra* algo; parece envolver mais a ideia de "contentar-se" com menos do que o suficiente. Em seu livro mais recente, de 1990, Tustin enfatiza que a "concha" autista não é apenas compensatória, pois tem também uma função protetora. Ela escreve tanto sobre problemas de desespero e êxtase quanto sobre pânico e raiva. A discriminação de Daniel Stern (1977) entre mecanismos de defesa e mecanismos de manejo ou executivos, em que o bebê normal que desvia o olhar em resposta a uma mãe intrusiva e demasiado estimuladora, suscitou em mim questões interessantes sobre como um mecanismo perfeitamente normal pode se tornar, ao longo do tempo, enrijecido e como podemos precisar de nomes diferentes e mecanismos diferentes para descrever a qualidade da ausência de contato em diferentes estágios do processo. Um tipo de manejo, na forma de retraimento em relação a um contato muito intenso ou perturbador, pode começar a se tornar uma defesa contra um excesso de estímulação, por exemplo, ou uma compensação pela subestimulação; com o passar do tempo, cada um deles pode se tornar um modo de vida aditivo ou até perverso.)

Os terapeutas parecem tão interessados em distinguir subtipos de autismo quanto em descrever suas características gerais. Tustin analisou esse problema em mais de um de seus livros, e Reid, da Oficina de Autismo na Clínica Tavistock, apresenta sua visão a respeito desse assunto em seu livro. Tustin (1981; 1990) distinguiu a criança "tipo concha", que pode usar seu autismo de modos mais defensivos e protetores, da criança "ameboide", que é muito mais indefesa. Meu paciente Robbie apresentava-se como uma criança extremamente ameboide; mais tarde, à medida que começou a fazer algum contato, tornou-se muito "emaranhado" – outro subtipo definido por Tustin –, e ainda mais tarde, quando ficou mais endurecido, passou a ser capaz de usar seu retraimento autista de maneiras resistentes do tipo concha. Assim, não pretendo afirmar que a noção de defesa tenha desaparecido completamente do pensamento do clínico psicanalítico: na verdade, sugiro que tenha precisado assumir uma posição muito mais modesta. Atualmente, o terapeuta sabe que precisa trabalhar com um déficit que é tanto emocional quanto cognitivo (ver Capítulo 7).

A descrição de *colapso* depressivo psicótico de Tustin, então, é muito diferente do retraimento como uma defesa contra o medo. Meltzer (1975) bate em uma tecla parecida quando insiste em que a "falta de espaço mental no *self* e no objeto, na personalidade pós-autista, é um *defeito contínuo* não relacionado ao estresse por ansiedade" (p. 19, meu itálico). Ele afirma com convicção que estados autistas propriamente ditos "não devem ser entendidos como derivados de mecanismos de defesa contra a ansiedade, mas tendem a ser provocados pelos bombardeios de sensações diante de um equipamento inadequado e do fracasso da dependência" (p. 21). Tustin também sugere um conceito de déficit quando se refere às dificuldades da criança em filtrar experiências. (Nenhum dos autores afirma que o problema da filtragem ou o do bombardeio sejam puramente psicogênicos.) Ambos também avançam na discussão dos efeitos do retraimento autista original na produção de déficit (ou talvez seja melhor dizer déficit progressivo). Tustin é bastante clara sobre a maneira como o "tampão" ou a "concha" autista de fato impedem que a criança introjete novas experiências; Meltzer diferencia o estado autista propriamente dito dos resíduos autistas. Também se refere à função cumulativa da quantidade de tempo de vida perdido durante os estados de desmentalização da criança. Deveria ficar claro, então, que de modo algum esses autores fazem uso de uma causalidade linear simplista ao sugerir que o autismo tem origem em estratégias defensivas contra um ataque ambiental.

Entretanto, a grande diferença entre seus escritos e os de Rutter e Frith está no modelo de mente que implica o que é, por definição, uma psicologia de duas-pessoas. Isto é, a mente contém não apenas um *self* com qualidades e orientações específicas e possíveis déficits; ela também contém uma relação e um relacionamento com os chamados "objetos internos" ou "modelos representacionais" (Klein, 1936; Bowlby, 1988). Esse ponto de vista implica que os seres humanos nascem buscando um objeto e uma relação com um objeto (ou seja, nascem para buscar, e precisam de relações com outros seres humanos), uma implicação compartilhada por analistas da interpersonalidade e da intersubjetividade dos Estados

Unidos (Sullivan, 1953; Stolorow, Brandchaft & Atwood, 1987). A particular ênfase dos teóricos das relações de objeto, no entanto, é colocada na internalização dessas relações com pessoas e no fato de que fantasias sobre essas figuras humanas vivas e experiências com elas (ou falta de experiências) são tão parte da mente humana quanto o sentido de *self*. Parafraseando Bion (1962), há sempre ao menos uma preconcepção de um objeto humano vivo (e pensante). Sem uma adequada realização na experiência que confirme essa preconcepção, um conceito adequado desse objeto humano pensante vivo pode não emergir. Porém, a preconcepção ainda pode ser detectável. Assim, a questão do déficit no *self* teria de ser acompanhada da questão sobre que tipo de déficit pode existir no objeto. (O objeto interno nunca é visto como idêntico ao externo. Ele é considerado como moldado em parte por elementos da natureza e vida de fantasia do bebê.) É a psicologia descritiva, não a etiologia, que é tão diferente em uma psicologia de duas pessoas, que considera o sentido interno da condição de existirem dois como não completamente dependente da experiência externa (Bion, 1962).

Embora de um ponto de vista comportamental ou externo o comportamento de Robbie fosse o mais não-objeto-relacionado que eu havia visto fora de alas de hospitais psiquiátricos, perguntava-me: com qual tipo de objeto ou quase-objeto ou não-objeto ele está se relacionando ou deixando de se relacionar? Sua resposta, quando finalmente ele foi capaz de traduzi-la em palavras, foi "uma rede esburacada". Quando Bion fala de seu paciente esquizofrênico projetando em um espaço tão vasto que era quase infinito, ainda estava usando um modelo de relações de objeto que acredito ter um convincente poder explanatório e descritivo, além de terapêutico. O terapeuta tem que compreender que as pessoas falam e conversam tendo em mente a concepção de um ouvinte; suas palavras têm um alvo e, se sentirem que não há lugar algum para onde direcioná-las, por que falar? Crianças autistas ocasionalmente falam *para* alguém,[1] mas quase nunca *com* alguém. Uma questão que me intrigava a respeito da rede esburacada de Robbie era: "Como eu poderia me tornar suficientemente densa, suficientemente significativa, suficientemente condensada para proporcionar-lhe algo ou alguém que pudesse juntar e centrar sua mente?". Simplesmente esperar por ele de modo receptivo e muito passivo, em seu estado infinitamente disperso e frouxo, teria levado uma vida inteira. Foi o que eu fiz até poder tardiamente ter mais clareza de minha tarefa.

A *visão dos organicistas de déficit psicológico*

A conclusão de Rutter (1981) foi de que as anormalidades sociais de crianças autistas devem originar-se de algum tipo de déficit "cognitivo", no sentido de um déficit para lidar com pistas sociais e emocionais. Ele deixou claro que a pesquisa não indicou um déficit no processamento de estímulos de qualquer modalidade sensorial em particular – na verdade, os estímulos que causaram dificuldade foram aqueles que continham um significado emocional ou social. Há atualmente diferentes teorias, suportadas por alguns experimentos extremamente criativos, que tentam identificar a natureza precisa do déficit subjacente. Todas, na minha opinião, partem de uma visão estreita demais porque tentam definir o déficit em termos de uma psicologia de uma pessoa de natureza muito limitada. Dawson é um organicista que entende que essas crianças sofrem de dificuldade em modular estados de excitação, e discutirei alguns problemas ligados a essa explicação no capítulo sobre estereotipias (Dawson & Lewy, 1989a).

---

1 Em inglês: *talk at*, que significa falar na direção de alguém, sem interesse em possíveis respostas ou comentários do interlocutor [N.T.].

A visão de déficit de Frith (1989) é um tanto diferente da de Dawson. Ela segue Leslie, ao argumentar que a criança autista carece de uma teoria de mente, e isso surge, ela sugere, de um déficit de funções cerebrais mais elevadas, ligadas à metarrepresentação. Argumenta, persuasivamente, que os estranhos picos na *performance* intelectual de crianças autistas – as chamadas ilhas de capacidades e as habilidades mecânicas de memória dos *idiotas sábios* – são sinais de disfunção em razão de uma capacidade enorme de ignorar o contexto. O indivíduo autista, diz Frith, carece de uma "força central coesiva organizadora" que ela compara a um rio caudaloso "que centraliza grandes quantidades de informação (muitos afluentes)". Essa metáfora em particular – à qual Frith retorna em vários pontos de seu livro – é um exemplo interessante das limitações, a meu ver, de seu uso de uma psicologia de uma-pessoa. Não é o rio, seguramente, que junta os afluentes. É a força da gravidade (força organizadora central) que leva a água das montanhas para os afluentes, para o próprio grande rio e, finalmente, para o mar. A metáfora geográfica fica incompleta sem alguma atenção às leis da física do movimento, como também fica a psicologia de uma-pessoa que ignora o papel do cuidador (primeiro como um objeto externo, depois como objeto internalizado) em encorajar, focar, canalizar e intensificar qualquer grau de capacidade inata, desejo de coerência e capacidade de busca por um objeto com que um recém-nascido inicia sua vida. De qualquer modo, as evidências a respeito das capacidades sociais do recém-nascido sugerem que ele nasce com um desejo por coerência que não é, de forma alguma, puramente cognitivo. Isso também leva a questionar a visão de Frith de que uma teoria da mente é um mecanismo de maturação tardia – isto é, que amadurece no segundo ano de vida. A força coesiva central, sugiro, é nossa potencialidade inata para relacionamentos humanos e sua consequente realização em interações e na internalização dessas interações. Nascemos – e talvez até sejamos concebidos – como buscando um objeto.

Há, contudo, alguns vestígios de correspondências entre a ideia dos cognitivistas de que pessoas autistas carecem de uma teoria de mente e a ênfase dada por Meltzer na desmentalização dos estados autísticos – e na de Tustin sobre a ausência de significado e qualidade assimbólica dos "objetos autísticos". Porém, as similaridades param aí. Por exemplo, Tustin e Melzer enfatizam *haver* momentos de concentração de atenção em seus pacientes, e ambos estão consistentemente alertas à potencialidade da criança para o que Bion chamou de uma *preconcepção* da mente, se não uma concepção completamente desenvolvida (1962, p. 91). De qualquer modo, os autores psicanalíticos se dedicam mais à "mente" do que os teóricos cognitivistas. O que está muito marcadamente ausente das descrições dos cognitivistas é a ideia de uma mente como um mundo interior cheio de objetos vivos, memória e pensamentos vivificados por significados. Uma mente é um vasto panorama de sentimentos pensados e pensamentos sentidos constantemente em interação uns com os outros. São dinâmicos e energéticos. Os pensamentos têm seu próprio poder de existência: podemos pensar sobre eles, podemos buscá-los se nos parece que os estamos perdendo. Podemos excluí-los e abafá-los. Às vezes, eles se voltam contra nós, correm atrás de nós, ou nos incomodam. Às vezes, conseguimos juntar dois deles; às vezes, eles se juntam por conta própria, sem nossa permissão. Às vezes, eles nos assombram e frequentemente nos escapam. Por outro lado, o conceito de mente de Frith e de Baron-Cohen (1988) parece infértil, esvaziado, estreitamente definido em termos de experimentos nos quais a teoria é baseada.

No entanto, os experimentos em si, carentes que são de atenção à emocionalidade e ao dinamismo que alimentam e acompanham o pensamento, são criativos e imaginativos. Baron-Cohen,

Leslie e Frith usaram um experimento desenvolvido por Wimmer e Perner para o estudo do desenvolvimento de uma teoria de mente em crianças pequenas. Eles usaram duas bonecas: Sally e Anne. Sally tem uma bolinha de gude que coloca em sua cesta e então ela cai. Anne pega a bolinha de gude de Sally e a coloca em sua caixa enquanto Sally está ausente. Sally volta e quer brincar com sua bolinha. Os experimentadores perguntam à criança que está observando: "Onde Sally vai procurar sua bolinha?". A maioria das crianças não autistas, já rindo do apuro de Sally, acerta e aponta para a cesta. A maioria das crianças autistas erra e aponta para a caixa onde elas sabem (mas não a pobre Sally) que a bolinha está. A explicação de Frith é que crianças autistas não entendem que ver é saber e que não ver pode envolver não saber (1989, p. 159ff). Ela acredita que o que Kanner e, mais recentemente Hobson (1989) consideram como uma desordem afetiva (emocional) é melhor explicado pela falta de um fator coesivo central no cérebro – isto é, por um déficit que é cognitivo. Observadores psicanalíticos dessa pesquisa, embora não descartando fatores orgânicos, seriam muito mais minuciosos em sua investigação de tal fenômeno. Iriam, creio eu, interessar-se pela incapacidade de algumas crianças autistas de *identificar-se com* Sally. Isso envolve um salto de um *self* para o outro. A capacidade de se identificar com o estado de mente de outra pessoa – ou com o de outra pessoa imaginada – é vista como não puramente cognitiva nem puramente emocional; ela é entendida como partilhando ambas as áreas, mas envolvendo processos muito particulares que não podem sequer começar a ser examinados em uma psicologia de uma pessoa. O terapeuta também poderia suspeitar de que algumas das crianças do "tipo concha" mais desenvolvidas podem não querer saber que ver é saber (Hobson, 1989).

Baron-Cohen, outro proponente da teoria cognitiva, parece, à primeira vista, assumir uma posição similar à psicanalítica ao considerar que aquilo que é central no autismo é a dificuldade da criança autista em compreender o estado mental de outras pessoas. Porém, "compreender o estado mental de outras pessoas" para ele, significa uma atividade puramente cognitiva – e, na verdade, muito complicada – já que imagina que a coisa toda funciona lógica e inferencialmente. Claro que isso aconteceria se nosso entendimento cognitivo a respeito do que outros sentem e acreditam nunca fosse alimentado e moldado por identificações empáticas ou projetivas, nem pela capacidade de sentir com, ou por outros seres humanos. O que Baron-Cohen faz é o que sugiro ser uma falsa distinção entre o entendimento de estados *mentais* e o entendimento de estados emocionais – o que pensa ser muito mais fácil. Considera que estados mentais, diferentemente de emocionais, não são diretamente observáveis e devem ser inferidos, "uma inferência que requer um mecanismo cognitivo complexo". Ele diz que entender o que alguém acredita é mais complexo do que entender o que alguém sente, porque crenças e desejos são sempre *sobre* algo. No entanto, não temos a impressão de que as crianças normais que estavam rindo do apuro de Sally estivessem empenhadas em uma série complexa de conjecturas inferenciais do tipo Sherlock Holmesiano. A identificação projetiva com outra pessoa, ou pessoa imaginária, pode acontecer instantaneamente; uma vez que se assume o ponto de vista de outra pessoa, fica fácil entender como as coisas são vistas do lugar onde ela está; uma vez na pele de Sally, sabe-se imediatamente que ela pensa que a bolinha ainda está em sua cesta. E, de qualquer modo, entendo que vocês já sabem como nos sentimos quando perdemos algo, porque objetos perdidos e desaparecidos não trazem problemas puramente cognitivos àqueles que os perderam ou não os encontram. Baron-Cohen também parece simplificar extremamente ao sugerir que estados emocionais como felicidade, tristeza, medo e raiva não têm necessariamente conteúdo e, assim, podem ser menos úteis para prever e dar sentido a comportamentos sociais.

Como analista, estou acostumada a tentar desvendar os muitos modos diferentes de uma criança autista estar retraída. Sinto que presenciei centenas de maneiras diferentes pelas quais elas podem deixar de usar sua mente. Assim, surpreende-me a busca quase monoteística dos pesquisadores por uma única explicação e uma única descrição no experimento Sally-Anne. Eu suspeitaria, por exemplo, que algumas crianças autistas falharam no teste porque, com seu funcionamento desmentalizado, deram a resposta que imaginavam que o pesquisador queria delas: o que escutaram não foram os detalhes da pergunta – "Onde Sally acha que a bolinha está?" –, mas "Onde está a bolinha?". Elas frequentemente se prendem a apenas uma parte da frase; parece que se agarram fracamente, ineficazmente e frouxamente e, às vezes, desesperadamente ao final das frases, não na esperança de que isso vá fazer grande diferença, mas como se acreditassem que qualquer coisa é melhor do que nada (agarrando-se a qualquer coisa, como quando Robbie agarrou-se a uma porção de grama ao sentir que estava caindo de um abismo noite adentro). Identificar-se com Sally estaria além de suas capacidades, bem como parar, confiantemente, para pensar sobre a questão. Sua aparente desmentalização tem muitos determinantes, alguns mais iniciais na cadeia causal, outros mais tardios e mais derivados daqueles. Não precisa ser sempre em razão de um defeito orgânico; pode ser o resultado de uma enorme renúncia ao uso de suas mentes (possivelmente resultante de colapso depressivo crônico com subsequente atrofia de funções mentais) ou por conta de uma projeção massiva de suas funções pensantes em outras pessoas. Robbie, por exemplo, certas vezes simplesmente não conseguia acreditar na existência de vida mental em qualquer lugar; em períodos posteriores – um pouco melhores – ele realmente sentiu que alguém podia pensar e ter respostas, mas certamente não ele. Assim, se eu lhe fizesse uma pergunta, ele procuraria a resposta nos meus olhos, mesmo que ele soubesse perfeitamente a resposta.

306 AUTISMO

Vi outras crianças autistas darem qualquer resposta simplesmente para se livrar do questionador.

Hobson, o maior proponente da teoria afetiva do autismo – em oposição à teoria cognitiva –, aproxima-se muito da perspectiva psicanalítica de relações de objeto no artigo "Além da cognição" (1989), em que insiste que, contrariamente à visão de Baron-Cohen, sentimentos são sempre *sobre* algo ou alguém. Sua pesquisa, baseada em uma série de experimentos com fotografias de rostos demonstrando vários graus de emoção revelada, mostrou que indivíduos autistas têm uma anormalidade específica no modo de perceber emoções nos rostos das pessoas. Ele argumenta que os autistas têm um prejuizo biologicamente fundamentado em seu relacionamento afetivo-conativo com o ambiente. Sugere que parecem carecer de coordenação entre a experiência e o comportamento sensório-motor-afetivo, que é uma característica da vida mental intra e interpessoal. Crê que isso pode se dar por conta de uma disfunção neurológica, mas não sempre. No entanto, insiste que déficits cognitivos – por exemplo, na linguagem, nos símbolos ou no fracasso no teste Sally-Anne – decorrem da incapacidade das crianças autistas de participar da vida afetiva do outro e, "assim, construir um conhecimento das pessoas como pessoas".

Uma teoria de relações objetais modificada

Hobson, em um artigo posterior intitulado "Sobre abordagens psicanalíticas do autismo" (1990), vai ainda além. Ele afirma que uma abordagem psicanalítica de relações objetais – preferencialmente uma que seja "cautelosa e autocrítica" – pode ter um lugar importante no estudo do autismo. Considera que pode haver enriquecimento mútuo entre organicistas e psicodinamicistas e acredita que o estudo do autismo pode demandar modificações na teoria de relações objetais e, certamente, algumas reconsiderações tanto a respeito das bases inatamente determinadas, quanto sobre as bases muito iniciais da experiência de relacionar-se com o objeto. Eu sugeriria, no entanto, que algumas das modificações necessárias já existem e que também já temos disponíveis algumas ideias, fruto dessas reconsiderações mencionadas por ele. Esses desenvolvimentos tornam um pouco mais simples a tarefa aparentemente impossível de aplicar a teoria das relações de objeto às crianças que parecem, por definição, muito claramente não-objeto-relacionadas a objetos. Robbie, por exemplo, pode ser descrito, em certa medida, como totalmente não relacionado a objetos; pode ser visto como de fato relacionando-se com um objeto, mas um objeto do tipo minúsculo, uma rede esburacada ou uma tênue porção de grama que o impede de cair do precipício.

Desde o trabalho de Klein nos anos 1930 e 1940, a ideia de objeto na teoria psicanalítica tem evoluido e se modificado em relação àquela da pessoa humana inteira representada na mente de, digamos, uma criança normal de 3 anos – a pessoa inteira com quem tão obviamente a criança autista de 3 ou mais anos estudada por Rutter, Frith, Baron-Cohen e Hobson não se relaciona. Klein (1937) enfatizou a importância de objetos-parciais, como o seio; Winnicott (1960), a função *holding* da mãe; Bion (1962), sua função continente. Grandes modificações adicionais resultaram do trabalho de Rosenfeld (1987) sobre o objeto de identificação no narcisismo, do estudo de Bick (1968) sobre o objeto bidimensional, do estudo de Meltzer (1978) sobre o objeto desmantelado, do trabalho de Tustin (1981) sobre objetos autísticos e das teorias de Bollas (1989) sobre o objeto alternativo. Gostaria de acrescentar minha própria sugestão sobre a importância do objeto reclamador (ver Capítulos 4 e 5). Teóricos subsequentes passaram a utilizar uma linguagem mais consistentemente mental e modificaram a definição de "objeto" materno: o estudo de Stern (1985) sobre

308   AUTISMO

a sintonia materna, a pesquisa de Trevarthen e Marwick (1986) sobre a língua "motherese" (a língua falada pela mãe), e a ênfase de Bion sobre a função da mãe como transformadora das comunicações e projeções do bebê abrangem significativas reformulações na descrição do que pode envolver "o reconhecimento de pessoas como pessoas". Além disso, o trabalho de Klaus e Kennell (1982) e Brazelton, Koslowski e Main (1974) e, eu acrescentaria, a poderosa imagem da corda salva-vidas de Robbie proporcionam evidências de funções vivificantes, alertadoras, reivindicadoras e reclamadoras da figura do cuidador.

Assim, uma abordagem psicanalítica de relações de objeto cautelosa e autocrítica já está disponível e pode ser consideravelmente útil para prover o estudioso ou pesquisador do autismo de melhores ferramentas para a descrição de sua condição psicológica. Déficit cognitivo, ou déficit afetivo, ou mesmo déficit cognitivo-afetivo-social – pensados em termos de uma psicologia de uma pessoa – podem ser mais bem descritos e entendidos em termos de um déficit tanto no sentido do *self* quanto do objeto interno. O primeiro sintoma da tríade, o prejuízo social, poderia, assim, ser visto como incluindo um prejuízo ou déficit na "sociabilidade" do objeto interno. A criança pode não apenas não se interessar pelo objeto, como também esperar que ele não esteja interessado nela. Da mesma forma, o segundo maior sintoma, o das dificuldades de comunicação, pode precisar incluir, em sua descrição e definição, uma descrição das dificuldades de comunicação (expressiva, receptiva e alertadora) do objeto interno. (Deixarei a discussão sobre o terceiro sintoma – estereotipias – para o próximo capítulo.)

No entanto, o enriquecimento pode certamente ter duas vias: o estudo do autismo pode, como Hobson sugere, levar também a modificações ainda maiores na teoria das relações objetais. Esse estudo certamente me ensinou a olhar tão atentamente para o déficit nas auto-representações da criança autista quanto para o déficit em suas representações de objeto. O modelo de Bion de uma mãe como continente implica um bebê repleto de emoções ainda não processáveis ou pensamentos ainda não pensáveis, projetados para fora, para que a mãe os contenha e processe. O *self* do bebê, por mais sobrecarregado e não-reflexivo em tais momentos, é visto como *cheio de algo*. Porém, no modelo de Brazelton, e em muitas observações comuns, o *self* de alguns recém-nascidos pode ser visto como muito mais frouxo, fraco e disperso – uma imagem de *self* bastante mais vazia, mas, ainda assim, um *self* que é *capaz de ser juntado por uma mãe que se concentra nele e se oferece (de forma concentrada) como foco de concentração*. Retornarei a essa interessante questão do déficit no sentido de *self* no último capítulo. Quando alguém diz "você" para uma criança autista, ela, às vezes, olha por cima de seu próprio ombro, parecendo não ser capaz de encontrar a si mesma. Tal criança precisa de ajuda especial para fazer isso.

Outra modificação importante no conceito de objeto é a distinção que Bion faz entre conceito e preconcepção inata. O bebê nasce, segundo Bion, ainda sem um conceito de seio, mas ao menos com uma preconcepção de um seio. Seu ponto de vista de que o bebê nasce com um impulso para K, a necessidade de fazer contato com a qualidade psíquica ou, em termos mais simples, com a necessidade de conhecer alguém, implica que o bebe nasce com mais que uma preconcepção de um seio; ele nasce também com uma preconcepção do que O'Shaughnessy chamou, em comunicação pessoal, de um "objeto psicológico", ou, parafraseando Trevarthen, "companhia viva inteligente". O que Bion chama de preconcepção parece, de certa forma, mais perto de tornar-se um conceito do que qualquer coisa que eu tenha testemunhado em alguns dos bebês mais insípidos e vazios que vi em estudos sobre observação de bebês e no curso de psicoterapias mãe-bebê. Talvez os bebês que Bion observou fossem feitos de um material mais resistente do que alguns bebês que Brazelton, por exemplo, descreveu. Certamente, os recém-nascidos mais vigorosos e alertas chamam nossa atenção como tendo bem mais que uma preconcepção de um objeto; parecem já ter um conceito e podem seguramente ser chamados de buscadores de objeto ou que buscam um relacionamento com um objeto – ou, para tentar outra formulação, que buscam inteligência e se relacionam com a inteligência. No caso de recém-nascidos mais frágeis, frouxos, e ainda não despertados (cujos cérebros podem não estar prejudicados – esta é uma discussão da psicologia descritiva, não da etiologia do autismo), talvez o máximo que possamos dizer é que de fato eles têm uma preconcepção de um objeto inteligente no sentido de que estão preparados para o objeto e precisam do objeto. Isto é, estão inatamente *preparados para,* e inatamente *necessitam de* um relacionamento com um ser inteligente e são capazes de responder *quando este ser cria as precondições adequadas.* A preconcepção, nesses bebês menos alertas, pode precisar de um tipo muito específico de realização na experiência para poder transformar-se no conceito de um ser inteligente, de uma mente cuidadosa, interessante, interessada e atenta. A especificidade pode precisar ser apropriada exatamente para o déficit de desenvolvimento particular daquela criança, possivelmente para problemas no desenvolvimento durante os primeiros dias e semanas de vida. Tentarei discutir algumas dessas realizações específicas ao abordar o tratamento psicoterapêutico no próximo capítulo.

Resumo

Neste capítulo, tentei encontrar um caminho nesse campo minado das controvérsias que cercam a trágica condição do autismo.

Na discussão sobre sua etiologia, tentei evitar as limitações de qualquer teoria etiológica baseada em uma causalidade linear e ofereci um modelo interacional que leva em conta a surpreendente maneira pela qual um efeito pode se tornar uma causa em si mesmo. Discuti algumas das características psicológicas do autismo e sugeri que podem ser mais bem estudadas em termos de uma psicologia de duas-pessoas – e não de uma. Aponto já existir uma teoria modificada das relações objetais com uma compreensão sobre objetos arcaicos, ou mínimos, ou pré-objetos e com distinções entre preconcepções e conceitos no trabalho de Klein, de Bion e de pesquisadores do desenvolvimento do bebê.

16. Ritos e rituais no autismo
O uso da contratransferência: Robbie aos 30 anos

A *contratransferência usada com propósitos de descrição*

Não há dúvida de que o autismo é uma condição que provoca reações extremamente poderosas naqueles que a estudam. Talvez seja a profundeza e a impenetrabilidade do retraimento, e a aparente fria determinação de permanecer retraído, o que é tão desanimador e suscita essas reações extremadas. Entre os organicistas, o autismo produz uma reação que um terapeuta poderia considerar como excessivamente distante, até mesmo como uma atitude defensivamente desapegada. Para os terapeutas, ao menos no meu caso quando comecei, foi uma reação que me levou a um comprometimento, no sentido de determinação e insistência em encontrar significados onde o "sem sentido" reinava tão claramente. Houve enormes diferenças na linguagem utilizada para sua descrição, não apenas a respeito de etiologia. Já comentei sobre a mudança havida desde a descrição de Kanner do sintoma primordial como "extremo isolamento desde o começo da vida" para "severo prejuízo

314   RITOS E RITUAIS NO AUTISMO

social" de Wing. No entanto, as diferenças entre Kanner e Wing relacionadas à descrição e definição do terceiro sintoma são ainda mais dramáticas. O "desejo ansiosamente obsessivo pela mesmice" de Kanner (1944) torna-se, nas mãos de Wing (1979), "a ausência do brincar imaginativo e do faz-de-conta, e sua substituição pelo comportamento repetitivo". As descrições posteriores parecem ter o cuidado de evitar as hipóteses de Kanner sobre motivação, desejo e significado humano. Porém, uma descrição puramente comportamental deixa de fora importantes características descritivas. O comportamento repetitivo é simplesmente um comportamento repetitivo ou podemos nos permitir a liberdade de ver nele o mortífero, o vazio e talvez até algo pior? Os adjetivos que se referem ao emocional precisam necessariamente de uma leitura nas entrelinhas, ou podem ser uma parte mais cuidadosa da descrição do comportamento? Afinal, o que está faltando, mesmo no relato de Kanner mais ligado às emoções é o horror, a descrença e o tédio atormentador engendrados na mente de qualquer pessoa que esteja disposta a *acompanhar por tempo suficientemente longo* uma criança autista engajada em seu particular ritual autista, para observar plenamente os sentimentos que são despertados e para examinar reflexivamente a qualidade tanto do comportamento da criança quanto dos sentimentos mobilizados em si mesma por esses comportamentos. Essas emoções na contratransferência em relação à criança autista podem levar o terapeuta a descaminhos: ele pode, por exemplo, ficar tentado ver significado onde não há. Porém, usadas apropriada e cautelosamente, essas emoções podem ser não apenas o sangue que dá vida à terapia como também um instrumento vital para a *observação* acurada e detalhada da sintomatologia autista. Portanto, manterei a linguagem das emoções, em parte porque estou consciente que foi somente quando me permiti sentir meu profundo tédio em relação ao comportamento repetitivo de Robbie e, ainda mais, reconhecer o completo horror que eu vinha negando a respeito da falta de tédio e de urgência em relação à passagem do tempo é que cheguei a algum lugar, primeiro na compreensão de seu estado mental e, depois, para ajudá-lo a voltar à vida. Nem a imparcialidade científica, nem a pseudoneutralidade, nem mesmo a continência receptiva em suas formas mais passivas foram adequadas. Será nosso desejo humano normal, a esperança de vitalidade e inovação, e a reação de horror diante da qualidade mortífera e entediante dos rituais autistas necessariamente uma "leitura nas entrelinhas", ou será o sentimento humano de alarme e urgência, essencial para emprestar às nossas afirmações um poder descritivo adequado?

Há outras razões pelas quais uma linguagem mais ligada a emoções por parte dos terapeutas é mais apropriada para propósitos de uma descrição acurada. Ela tem a ver com as percepções do terapeuta a respeito da natureza qualitativa dos próprios rituais em cada momento: isto é, sua percepção de algumas qualidades muito perturbadoras e desagradáveis ligadas aos rituais. Estas têm pouco em comum com as motivações mais respeitáveis em que os organicistas imaginam que os terapeutas acreditam, tal como a evitação da ansiedade. Ao contrário, estou pensando nas excitações perversas, no banhar-se em sensações e frenesis e também em algumas das motivações mais sádicas e destrutivas que podem estar ligadas aos rituais e desempenhar um papel importante em sua perpetuação. Suspeito que a real insanidade do autismo seja, às vezes, tão perturbadora que todos os organicistas e ambientalistas procurem explicações únicas ou causas que sejam suficientemente separadas do *ser* psicológico da criança para poupar o espectador da tarefa de olhar muito de perto. Motivações ligadas à perversão ou à adição nem sempre acompanham os rituais, mas a maioria dos clínicos as considera um sinal prognóstico mais preocupante para a terapia do que quando os rituais são mais simplesmente compensatórios e não demasiadamente fixos. Mas, mesmo sem esses elementos perversos, o *grau* de retraimento, o grau de recusa ou incapacidade de responder a nossas propostas, despertam fortes sentimentos de rejeição, incompreensão, desespero e raiva. Muitos profissionais preferem ver esse buraco negro em uma mente guardandoo grande distância profissional. Outros, em seu desespero por se aproximar, podem negligenciar a importância das condições sob as quais essas distâncias podem ser transpostas.

Se Hobson (1989) estiver correto ao afirmar que o autismo deveria ser considerado como um déficit socioafetivo que deriva de interações empáticas falhas com outras pessoas, então o instrumento para estudo pode precisar ser não apenas a descrição científica de unidades de comportamento quantificáveis como ainda um estudo do próprio método de interação empática. Examinar a criança autista ignorando a dimensão interpessoal *entre nós* é como ouvir música sem condições de perceber as diferenças entre as notas musicais, ou comparar o perfume de duas rosas sem olfato. O músico que vai comprar um novo violoncelo insiste em primeiro tocá-lo para avaliar seu som e suas ressonâncias. Para julgar a responsividade ao seu toque, precisa envolver-se com o instrumento de maneira altamente habilidosa. Hamlet, caçoando de Guildenstern por ele se imaginar capaz de manipulá-lo, imaginar poder enganá-lo, diz a respeito de si mesmo: "No entanto, há muita música, excelente voz nesse pequeno órgão, ainda que você não possa fazê-lo falar" (Shakespeare, Hamlet III, 2). O observador psicanalítico do autismo estuda não apenas as respostas da criança a ele na transferência, como também suas próprias respostas à criança na contratransferência e, então, as respostas da criança a suas respostas. Ele estuda as respostas *no contexto do relacionamento criança-analista* e em seguida estuda a maneira como uma mudança de contexto afeta as respostas de momento a momento. O que é estudado é um relacionamento – um dueto, não um solo. Dois de meus pacientes autistas fazem certas coisas apenas quando minha atenção desvia-se

ANNE ALVAREZ 317

por um momento, nunca quando está totalmente com eles. Preciso monitorar minhas respostas tanto quanto as deles. Analistas da intersubjetividade nos Estados Unidos sugeriram que, se um arqueólogo, sem perceber, deixasse cair um relógio em uma escavação, seria perigoso presumir que tudo o que fosse achado na escavação necessariamente já deveria ter estado lá antes. Como disseram Stolorow, Brandchaft e Atwood (1987), a psicanálise é a única entre as ciências em que o observador é também o observado.

Essa atenção por parte do terapeuta/observador às mudanças de estado de sua própria mente pode ajudar a esclarecer a aparente falta de interesse da criança autista por outras pessoas. Frith enfatiza que, de qualquer forma, não é uma falta de consciência da existência de outras *pessoas*, mas sim de outras mentes. Ele ainda discute a falta de interesse de crianças autistas em criar uma atenção compartilhada: Curcio (1978), por exemplo, mostrou que crianças autistas muito pequenas nunca exibiam apontamentos protodeclarativos.[1] Certa vez ouvi Trevarthen dar um maravilhoso exemplo da efetividade disso para "referência social" em uma bebê de 10 meses que foi levada pela primeira vez, pela mãe, a seu laboratório experimental. A menina, aparentemente, apontou com espanto e um "Ahn!" um tanto curioso e agitado para a câmera de vídeo montada em um tripé. Sua mãe respondeu de maneira confiante e tranquilizadora: "É uma câmera, querida", ao que a bebê soltou um "Ah" satisfeito e voltou sua atenção para outro lugar. A bebê claramente não entendeu a palavra "câmera de vídeo", mas entendeu que a mãe sentia que aquela estranha engenhoca era algo cognoscível. Frith toma a descoberta de Curcio como evidência de uma incapacidade (inata) para reconhecer outras mentes. No entanto, suponhamos que estamos explicitando, ao invés

---

1 Apontamento ou gostos protodeclarativos. Aparecem em torno de 12 meses e têm função de chamar a atenção de outros utilizando gestos de apontamento.

318   RITOS E RITUAIS NO AUTISMO

disso, um *déficit desenvolvido* (um desenvolvimento iniciado nos primeiros dias e semanas de vida) *na capacidade e/ou desejo de reconhecer outras mentes atentas – isto é, mentes suficientemente não-deprimidas ou não-perturbadas que compartilhem reconhecimentos prazerosos, e que sejam capazes de responder e sintonizar consigo mesmo.*

Minha própria experiência clínica com crianças autistas leva-me a pensar que, embora não *declarem* um interesse nem convidem alguém a compartilhá-lo por meio de modos explícitos normais, elas de fato encontram seus próprios métodos para conseguir interesse e atenção, e não sempre interesse e atenção do tipo que puramente satisfaça necessidades; isto é, parecem eliciar uma atenção consciente. Um paciente autista, Mark, pode continuar repetitivamente esfregando a mesa, andando em círculos, esfregando a mesa, andando em círculos sem parar por meia hora no canto da sala enquanto meu olhar está fixado nele. No minuto – possivelmente no segundo – em que minha mente e provavelmente meu olhar desviam-se dele, ou a qualidade de meu olhar muda, o círculo se transforma em uma forma oval. Isso o traz para meu campo de visão e ele consegue minha atenção de volta! Então, e apenas então, ele retorna a seu círculo. Se eu estivesse apenas estudando seu comportamento sem monitorar meu próprio estado de mente também, eu não perceberia essa conexão e sua responsividade à minha falta de responsividade. Robbie, mesmo de sua posição sobre o divã em que não podia me ver, sempre parecia perceber o momento em que minha atenção se desviava e, às vezes, introduzia algum de seus rituais verbais mais irritantes – um modo sempre efetivo de chamar a completa atenção total de alguém para ele. Asperger, que identificou o que muitas pessoas veem como um subtipo mais elevado de autismo, pensa que as crianças parecem assimilar as coisas por meio de breves olhadelas periféricas (Frith, 1989). Suspeito que isso seja verdade também para algumas das crianças autistas mais doentes. O problema é que a criança pode estar usando seu sintoma mais aparente de ser não-objeto relacionada, um ritual estereotipado, mas que pode ser, de maneiras muito indiretas, poderosamente relacionados a uma relação de objeto. Ilustrarei isso mais adiante.

Explicações para os rituais

Gostaria, agora, de revisar algumas maneiras como autores citados anteriormente discutiram o problema de estereotipia ou comportamento repetitivo. Referi-me, em capítulos anteriores, ao ponto de vista de Dawson (Dawson & Lewy, 1989a) de que a explicação para a falta de habituação[2] de crianças autistas poderia ser vista em sua inabilidade para modular um estado de excitação. Essa é uma observação interessante, mas não necessariamente uma explicação causal. O próprio Kanner (1944) referiu-se a ações e movimentos rítmicos e notou que o respectivo fervor extasiado indicava a presença de gratificação masturbatória. No entanto, essa observação, ao que me consta, nunca mais apareceu na literatura organicista. A compreensão de atos sexuais perversos – ou fantasias perversas com conteúdo perverso – tem uma longa história na psicanálise. Entretanto, o entendimento de que fantasias perversas podem expressar-se mais indiretamente na *forma* de apresentação verbal, não pelo conteúdo, é uma formulação relativamente recente (ver as observações de Joseph sobre "queixar-se compulsivo" em "Adição à quase morte", 1982; Hinshelwood 1989).

Minha experiência com Robbie sugere que uma determinada preocupação repetitiva pode surgir como um modo de lidar com

---

2 *Habituation*: em português, habituação, ato de habituar-se, de criar hábitos [N.T.].

320 RITOS E RITUAIS NO AUTISMO

algum estado de perturbação ou de vazio, ou, mais tarde em seu tratamento, até como um objeto de interesse genuíno e renovado. Posteriormente, o combustível que a mantinha em funcionamento, não era nem a perturbação, nem o vazio, nem o novo interesse, mas alguma outra coisa. Perversões e adições são capazes, assim como o bronze, de manter sua forma mesmo depois que o molde é removido. Os agentes aglutinadores – uma vez que o molde está fundido, podem ser de ordem completamente diferente e tendem a não ser passíveis de análise mediante simples interpretações explicativas referentes a qualquer agente causal que possa ter gerado a atividade.

Dawson discute a evidência psicofisiológica de que crianças autistas têm desvios de atenção, isto é, elas não criam hábitos. O terapeuta que trata essas crianças pode sentir-se morrendo de tédio ao testemunhar uma atividade repetitiva pela centésima ou milésima vez, mas a criança nunca parece se entediar! Minha impressão é de que, na realidade, um estudo atento dos momentos em que o terapeuta se entedia é o que pode alertá-lo para o fato de que a essa altura a criança talvez também devesse estar entediada – e das mínimas mudanças qualitativas na atividade repetitiva da criança pode revelar que a criança de fato parece entediar-se, mas não o demonstra de maneira evidente. Às vezes, ela continua a atividade porque não sabe como parar; às vezes, força-se a continuar porque não consegue se imaginar fazendo outra coisa; às vezes, é impulsionada a continuar; às vezes, continua porque gosta de provocar tédio em nós, e às vezes, continua numa espécie de frenesi, porque acha essa estereotipia particularmente excitante. Ou pode continuar sem pensar, de modo irracional e indiferente, de maneira errática, mas continua. A falta de habituação precisa, sugiro, ser estudada mais minuciosamente.

Dawson aponta ainda que crianças autistas também não conseguem voltar-se para novos estímulos mesmo quando se habituam. Esses momentos em que a criança repentinamente se cansa de uma estereotipia impõe problemas técnicos difíceis, porém cruciais para o terapeuta. Tais momentos, como eu disse, são difíceis de detectar e, como a criança em geral não sabe que outra coisa fazer com sua atenção, desaparecem antes que o terapeuta possa intervir com suficiente rapidez para fazer uso deles e ajudar a criança a ver que pode encontrar outros objetos de interesse. Muito vai depender de a criança ter simplesmente perdido o ânimo ou de estar mais friamente determinada em sua recusa a encontrar novos objetos de interesse. Dawson argumenta que o indivíduo autista sofre de uma dificuldade em modular seu estado de excitação e que isso influencia diretamente sua capacidade de prestar atenção e compreender tanto as informações sociais quanto as não sociais e fundamentalmente funcionar adaptativamente em ambas as esferas. Sua pesquisa sobre intervenções terapêuticas mostra que a atenção de crianças autistas a outras pessoas pode ser aumentada por estratégias interativas sensíveis que proporcionem respostas simplificadas, previsíveis e altamente contingentes e que permitam à criança controlar e regular a quantidade de estimulação. Esta me parece uma área promissora do pensamento e de tratamento e se aproxima, em certos aspectos, dos desenvolvimentos na psicoterapia que venho descrevendo neste livro (Dawson & Levy, 1989a). (Ver também a interessante expansão nos métodos comportamentais usados por Howlin e Rutter (1987) no tratamento de crianças autistas em suas próprias casas.)

Muito se trabalhou até o momento sobre o modo como a modulação da excitação é alcançada e estabelecida nos primeiros meses de vida em milhões de repetições de minuciosas interações rítmicas e cíclicas entre o bebê e seu cuidador humano vivo e responsivo. Stern (1974) e outros, por exemplo, mostraram que o

322 RITOS E RITUAIS NO AUTISMO

olhar materno e a constelação de comportamentos vocais e faciais que o acompanham exercem forte efeito para suscitar e manter o olhar do bebê. A atenção, como disse Meltzer (1975), precisa ser "prestada"; e, como propuseram Klaus e Kennell (1982), citando Cassel e Sandler (1975), é o rosto, a voz e o seio da mãe que agem como um "ímã que alinha as limalhas de ferro". Mais tarde, quando essas experiências já estão internalizadas, a atração do ímã é internalizada e representada internamente, de modo a que a criança normal é levada a buscar contato com um objeto vivo que pode produzir inovações e que ela, agora, espera encontrar. Em outras palavras, é a *atração* que emana de um objeto vivo que ajuda a combater a distração. Enquanto os organicistas não considerarem o efeito dessas primeiras interações em relação a, junto com o fator de disfunção neurológica, sua suposição de um prejuízo cerebral primário como único fator causal do autismo deve ser vista como extremamente parcial. A teoria de Dawson sofre do mesmo problema do que a da "força coesiva central" de Frith: ambas derivam de uma psicologia de uma-pessoa. Certamente, é a mãe em sua função de manter o foco (Miller, comunicação pessoal) quem desempenha um papel fundamental na função organizadora coesiva central e na modulação da excitação. Muito vem do bebê, mas muito vem dela também.

A explicação de Frith sobre o comportamento repetitivo é relativamente diferente, propondo que se deve à falta de simbolização da criança e a seus problemas em processar sensações. Acredita que o poder terrorífico das sensações e a repetitividade no autismo sejam dois lados da mesma moeda – a moeda sendo o enfraquecimento da força coesiva central. Em certo momento, ela menciona a lenta habituação a novos estímulos e acrescenta que, embora algumas pesquisas sugiram que estereotipias ocorrem entre pessoas normais em situações estressantes como forma de reduzir o nível de excitação, uma revisão extensa demonstra que estereotipias geralmente *aumentam* a excitação. Novamente, para um terapeuta, isso não seria difícil de explicar. Um sintoma pode surgir como uma reação ao estresse e, assim, diminuir a excitação; ele pode trazer ganhos secundários quando a excitação nem diminui nem aumenta a excitação; e, finalmente, o sintoma pode até reunir motivações perversas, aumentando a excitação. Anos de observações do uso variável de um único sintoma tornam a simples noção de uma função primária – ou mesmo de um ganho secundário – demasiadamente simplista. O sintoma pode adquirir incontáveis motivações novas. Senti, em relação a alguns dos sintomas de Robbie, que quase a totalidade de sua personalidade e uma enorme gama de sentimentos bastante complexos poderiam ser percebidos em uma única série repetitiva de frases. Sacks (1985) cita Wollheim (1984), que (em *O fio da vida*) faz uma distinção absoluta entre cálculos e o que ele chama de estados mentais "icônicos".[3] Sacks discute os gêmeos *sábios e idiotas* que faziam cálculos: "Eles não parecem 'operar' com os números. Não iconicamente, como uma calculadora; eles os 'veem' diretamente como uma vasta cena natural" (p. 195). Os ícones de Robbie eram bem mais limitados, mas ele parecia experimentar uma sinestesia similar ao famoso mnemonista de Luria (1968); e, às vezes, quando repetia alguma de suas frases favoritas ou descrevia alguém como tendo "uma voz verde-clara aveludada" seu rosto se iluminava de alegria. Assim, os rituais não eram, de forma alguma, sempre mortos ou sempre perversos, particularmente no início.

---

3 Iconicidade: propriedade que o signo icônico tem de representar por semelhança o mundo real. O grau de iconicidade de um signo é uma grandeza inversa de seu grau de abstração.

Os rituais de Robbie: a necessidade de múltiplas explicações

As repetições de Robbie geralmente passavam pelo que finalmente tornou-se para mim uma série familiar de estágios. A princípio, pareciam envolver uma reação à ansiedade, ou um interesse inquieto, e excitado, bem como uma tentativa inadequada de controlar, conter e processar essa experiência. Certa vez, por exemplo, muito antes de Robbie conseguir atravessar ruas e se locomover por Londres sozinho, escapou do carro de sua mãe e chegou 15 minutos adiantado para a sessão. Eu sabia que ele não tinha noções de segurança no trânsito, então não conseguia imaginar como ele tinha chegado sozinho tão cedo naquele estado de excitação. Ele era estava "louco" naqueles dias para poder explicar o que havia acontecido, então continuei sem saber até que sua mãe chegasse, furiosa. Minha voz claramente traiu a ansiedade que senti por ele (e por sua mãe) quando disse: "Está um pouco cedo, Robbie. Você poderia esperar um momento na sala de espera?". Por anos após esse episódio, ele nunca entrou pela minha porta sem dizer: "É um pouco cedo". Tenho certeza de que no primeiro dia ele notou meu abalo e nos dias seguintes estava tentando aprender a conviver com ele – e, claro, aceitar seu próprio impacto também. Por anos continuei tentando compreender o que isso significava, quando, na verdade, a frase tinha se tornado ritualizada. Pensei que suas palavras diziam algo a respeito do fato de ele ter sentido que eu não estava pronta para ele e que havia um significado mais profundo no sentido de que o mundo não tinha estado pronto para ele. Esse pode realmente ter sido o significado nos primeiros dias. Mas, mais tarde, a situação mudou. Se eu tivesse usado minha contratransferência honestamente e reconhecido o terrível cansaço que sentia quando abria a porta anos depois e ele ainda soltava essa frase morta de maneira apática, poderia ter conseguido não ser tão autista com ele quanto ele era comigo. Eu também poderia ter sido capaz de mostrar a ele, o que tínhamos aprendido juntos anos depois, que em algum lugar ele sabia que esse modo apático e maçante de falar com as pessoas as tornava pouco receptivas e fazia com que ele não fosse bem recebido por elas.

Havia muitos outros rituais verbais que, se respondidos no nível equivocado por mim e por outros, nunca perderiam sua utilidade e jamais seriam processados e digeridos de maneira natural. Após o primeiro uso genuíno, eles tendiam a entrar em um período de envelhecimento estéril em que parecia não ter qualquer significado, vida ou motivação vinculados a eles. Mais tarde, quando fiquei atenta a isso, interpretei essa característica mais cuidadosamente, e Robbie se tornou menos repetitivo – ou então usava sua repetitividade com objetivos de provocar, irritar, mas certamente continham mais vida e esperança do que os que descrevi anteriormente. A essa altura, os rituais nunca eram erráticos. Entretanto, é sobre os períodos erráticos que acredito ser tão instrutiva a observação de Frith: ela insiste em que "o que é requerido de uma agência central é o desligar, não o ligar". Claro que ela acredita que isso se faz no cérebro, mas pode ser também que seja parcialmente aprendido nos primeiros dias e semanas de vida, na interação com uma mãe não deprimida que ajuda o bebê a *ligar*-se a novos objetos de interesse pela animação de seu rosto, de sua voz, de seu seio.

O problema era que se um sintoma escapasse à minha atenção – ou à de seus pais, já que eles também se tornaram atentos a esse problema –, esse sintoma tendia a entrar em um estágio aditivo, ou mesmo perverso e fetichista. Esses são os rituais que podem se sobrepor intimamente aos estados icônicos descritos por Wollheim e Sacks, mas são muito mais limitados em termos de alcance emocional. Em momentos de ansiedade, Robbie podia lamber o lado interno de seu lábio inferior aparentemente para se acalmar;

326 RITOS E RITUAIS NO AUTISMO

porém, em outros momentos, fazia com um prazer masturbatório e altamente sensual, com uma expressão facial maliciosa, perversa, desagradavelmente lasciva e, de certa forma, devassa e triunfante. Tustin (1981) e Meltzer (1973; 1975), ambos escrevendo de uma perspectiva psicanalítica, são os únicos autores após Kanner a se referir a fetichismo e perversão no autismo. (Reid, da Oficina de Autismo da Clínica Tavistock, prepara um livro que inclui este tópico.) Meltzer refere-se ao brinquedo ou ritual favorito da criança autista como um "brinquedo fetichista" (1975, p. 28).

Frith e Dawson oferecem descrições claras – ainda que não-emocionais – da falta de simbolização no autismo, mas é para os terapeutas de orientação psicanalítica que devemos recorrer para ter observações atentas sobre os modos e as condições sob as quais a criança autista pode se mover para a frente e para trás entre o modo concreto e um mais "simbólico". Tustin, ao tecer hipóteses a respeito da primeira infância dessas crianças, descreveu os processos por meio dos quais o sugar a mucosa interna de sua bochecha pode tornar-se cada vez mais distorcido e perverso. Winnicott deixa claro que um objeto transicional pode degenerar em algo perverso, mas Meltzer (1973) parece suspeitar que o objeto transicional é, ele próprio, fetichista. A preferência de Meltzer por fazer claras distinções entre a posição esquizoparanoide e a posição depressiva, às vezes leva-o a uma atitude "ou isto, ou aquilo", que não considera a possibilidade de progressão gradual e desenvolvimentos transicionais de uma para a outra. Ainda assim, o próprio Meltzer (1975, p. 219) aponta, em outro estudo, que mecanismos de defesa podem operar como dispositivos moduladores, do ponto de vista do desenvolvimento.

Meltzer tem uma explicação adicional para o comportamento repetitivo obsessivo no autismo. Ele o vê como resultado de um processo de "desmantelamento do aparato sensorial em suas partes componentes". Como resultado, os sentidos se apegam ao objeto mais estimulante do momento.

> *O modo essencial de atividade é direcionado para tornar sem sentido uma experiência incipiente ao desmantelá-la até um estado de simplicidade abaixo do nível "do senso comum", de maneira a não poder funcionar como uma "forma simbólica" para "conter" significação emocional, mas apenas, em suas várias partes, encontrar articulações de tipo aleatório e mecânico. (Meltzer, 1975, p. 217)*

Notem a atividade e a intencionalidade na noção de desmantelamento e remoção do significado. Certamente testemunhei esses ataques ativos aos significados por parte de crianças autistas, mas não considero que esta possa ser a única explicação para a concretude delas. Minha impressão é de que sua experiência também é frequentemente "não-mantelada"; às vezes, alguns dos fragmentos simplesmente nunca foram juntados. (Ver Capítulos 7 e 10 para uma discussão mais completa das questões de déficit e defesa.)

Meltzer (1975, p. 6) tem algumas coisas interessantes para dizer a respeito do que ele chama do "estado autista propriamente dito", em oposição a resíduos autistas. Ele o descreve como um estado de retraimento que interrompe as relações objetais transferenciais, assim como a estática do rádio interrompe, mas não destrói o fluxo. Tais interrupções, diz ele, são reversíveis, e a relação viva pode continuar como se nunca tivesse sido interrompida. Ele descreve como, se eliminarmos as interrupções, podemos ver algo consecutivo acontecendo de modo similar à técnica de fotografia do desabrochar de flores (1975, p. 6).[4] Isso nos ajuda a entender as reações

---

4 Meltzer compara ao processo de tirar fotos com intervalos de pouco tempo.

328 RITOS E RITUAIS NO AUTISMO

excessivamente atrasadas e os reconhecimentos emocionantes de que essas crianças são capazes. Ainda lembro meu espanto em relação ao primeiro comentário de Robbie quando ele retornou após a pausa de dez meses: "Onde está o bilhete?". Entretanto, a pureza dessas aparentes "ilhotas de capacidades" (Frith, 1989) não é, como aponta Frith, um sinal de capacidade especial. É um sinal de disfunção, no sentido de que algo *deve* ter acontecido à memória de Robbie. À parte dos poderosos *flashbacks*, a mente precisa realizar processos de esquecimento para que experiências novas e presentes tenham seu impacto. As lembranças precisam ficar em seu devido lugar na última fila da mente. Robbie achava quase impossível esquecer e, infelizmente, minha técnica inicial de continuar tentando entender o material persistente acabou fazendo conluio com sua adição ao passado.

O mnemonista profissional estudado por Luria também acabou incorrendo no problema de ser incapaz de esquecer e apagar imagens das quais não mais precisava: grandes tabelas de números e cálculos de desempenhos passados, de décadas atrás, começaram a entupir sua mente. Em seu modo concreto, tentou se imaginar apagando a lousa; ele também tentou escrever os cálculos no papel e queimar suas anotações. Nada funcionou, até que, um dia descobriu que uma tabela de números específica não estava vindo à sua mente porque *ele não queria que ela viesse*. Ele disse: "A-ha! Isso quer dizer que, se eu não quiser que a tabela apareça, ela não aparecerá. E eu só precisei perceber isso". No filme *O anjo exterminador*, de Buñuel, os convidados desesperados e famintos acreditavam estar aprisionados na casa que foram chamados para um jantar. De repente, após dias de terror, eles descobriram que tudo o que tinham a fazer, se desejavam partir, era... partir! Similarmente, e com a mesma lentidão, Robbie e eu viemos a aprender que ele *podia* esquecer. Ele podia se livrar de pensamentos e frases aparentemente compulsivos que pareciam dominar e preencher sua mente.

Isto é, ele podia, quando *quisesse*, e quando decidisse, que outra coisa merecia ser colocada ali. Ao aprender que podia exercer controle sobre sua própria mente – ser o sujeito, e não o objeto impotente de seus pensamentos – e também quando alcançou alguma diferenciação entre uma parte de sua mente e outra (ele parecia ter muito pouco ego), geralmente *escolhia* se entregar a seus rituais verbais. Mas era uma atividade muito diferente do passado, quando eles pareciam governá-lo. Agora que podia escolher ser sadio, nós podíamos ter sessões inteiras em que ele, ainda que um tanto lentamente, podia permanecer em total contato comigo e consigo mesmo. Porém, a essa altura, ele tinha desenvolvido algum senso de si mesmo como possuindo uma capacidade para agir, potência e vontade, que ele podia exercer sobre seus próprios pensamentos. De certa forma, parecia ter a experiência de sua mente possuindo alguma muscularidade e poder e sendo finalmente sua. Ela não precisava mais ser o meio flácido, impotente e que se deixava excitar por quaisquer pensamentos que estivessem passando por ela no momento.

Até agora, venho tentando discriminar motivações para os rituais que envolviam tentativas de lidar com a ansiedade ou a excitação,as motivações que eram mais claramente perversas e mórbidas. No entanto, como em todas as situações reais – opostas a situações ideais e teóricas –, as motivações eram geralmente muito misturadas e por vezes era difícil dizer – especialmente quando a personalidade de Robbie foi se tornando mais rica e complexa – qual era a motivação dominante e qual merecia maior discussão a cada momento. Por exemplo, ocasionalmente ele chegava em um estado visivelmente agitado, dizendo que alguém no trabalho tinha gritado com ele. Repetia isso de novo e de novo. A essa altura, já tínhamos entendido juntos há alguns anos, que ele não estava simplesmente me contando uma história perturbadora e assustadora – estava também excitado de modo perverso pela experiência e pela

330 RITOS E RITUAIS NO AUTISMO

ideia de alguém estar bravo com ele. Estava assustado e excitado, ou, para ser mais precisa, estava assustado-excitado. Às vezes, ele até tinha uma ereção enquanto repetia a história reiteradas vezes. Mas, não era simplesmente o conteúdo da história ou a ideia que o perturbava e excitava. Era também o modo como *ele estava vivendo essa fantasia sadomasoquista ao contá-la para mim*. Ele meio que me olhava, com um pouco de medo de mim, mas também frenético e excitado pela maneira como as repetições penetravam cruelmente minha mente. Assim, era necessário mostrar-lhe que, embora fosse verdade que estivesse em parte tentando desesperadamente comunicar seu estado de perturbação, não estava simplesmente desesperado, e não estava simplesmente empenhado em uma comunicação. Estava, ao contrário, engajado em uma forma altamente perversa de conversação destinada tanto a excitar, quanto a enraivecer o interlocutor, de modo que pudesse conseguir a irritabilidade, para começar tudo novamente com outra pessoa. Se eu não notasse a excitação e apenas demonstrasse irritação, um sorriso altamente sensual me mostraria que eu fracassara e desempenhara meu papel no jogo perverso.

Uma perspectiva de relações objetais sobre o terceiro sintoma – em que o observador utiliza tanto suas percepções sensíveis a respeito das características qualitativas do comportamento ritualístico quanto seus sentimentos contratransferênciais e respostas ao comportamento – significa, creio eu, que o sintoma recebe uma definição e uma descrição mais completas. Suspeito que, ao longo dos anos de variações das motivações e dos estados mentais de Robbie ao realizar seus rituais, eu tenha visto exemplos de tudo, desde o desejo ansioso e obsessivo pela mesmice de Kanner até o comportamento repetitivo de Wing, passando pelo desmantelamento mais ativo do significado, de Meltzer. Em outros momentos, vi o objeto autista de Tustin ser utilizado para destruir significado e vida, e o queixar-se aditivo e perverso de Joseph. Podemos precisar não de uma, mas de várias explicações desse sintoma que é tão ameaçador à vida e ao desenvolvimento psicológico normal.

Problemas técnicos no tratamento da estereotipia: Robbie aos 31 anos

O terapeuta de uma criança autista que desenvolveu rituais parece defrontar-se com dois problemas técnicos principais: o de ajudar a criança a desistir de seus rituais e o de ajudá-la a descobrir que a vida pode valer a pena sem eles. Evidentemente a situação é, na realidade, muito mais complexa porque, ao passo que a criança se torna mais viva, os próprios rituais podem ser usados de modos bastante vívidos. Assim, o problema se torna mais o de ajudá-la a aprender a preferir a interação com um objeto vivo do que com um objeto totalmente controlável e morto. Mas isso é muito diferente do trabalho com um paciente neurótico obsessivo que tem ao menos uma parte de sua personalidade que deseja se livrar dos rituais. Muitos autores notaram a similaridade entre o comportamento repetitivo autista e o comportamento obsessivo de pacientes neuróticos. Freud (1909) referiu-se à repressão e à proibição envolvidas na neurose obsessiva compulsiva. Porém, como notado por Tustin, um grande problema com o autismo é que ele é um estado relativamente livre de conflito. O neurótico obsessivo compulsivo seguramente sofre; ele reclama dos sintomas. A criança autista parece, às vezes, apreciar profundamente seus sintomas e estar absolutamente contente, se não em extase. Meltzer (1975) descreveu sua sensualidade, além da "alegria e triunfo da posse" (p. 10). A alegria, claro, não é de forma alguma inocente. Às vezes, ela é sádica, mas é, de qualquer modo, invariavelmente egossintônica. A pessoa autista pode não reclamar, mas seus companheiros se queixam. Tustin acredita que a criança precisa experimentar uma firme restrição de suas atividades idiossincráticas para fazer emergir o tipo de conflito e repressão que é característico do crescimento sadio normal. A autora é contra a ab-reação e medidas catárticas, e adverte que muitos processos de psicoterapia individual com crianças psicóticas têm sido demasiadamente permissivos e passivos (Tustin, 1981, p. 154). Reid (comunicação pessoal) tem um ponto de vista similar. Ambas argumentam que a restrição deve ser efetuada com habilidade e sensibilidade. Tustin diz que parar essas atividades de maneira grosseira e insensível é tão prejudicial quanto deixá-las continuar – talvez até pior: "A principal meta deve ser ajudar a criança a se sentir amparada física e emocionalmente por mãos firmes e compreensivas, de modo que estruturas internas possam começar a se desenvolver" (1981, p. 155).

Barrows vai ainda além. Ela é influenciada pelo trabalho de Tustin e acredita que as crianças Asperger que ela tem tratado na Califórnia têm um déficit orgânico. Há, diz ela, uma diferença substancial entre sua abordagem e a da terapia tradicional não-diretiva do brincar:

> Enquanto na última é essencial que o terapeuta receba da criança suas pistas, os aspectos perseverantes e não-relacionais do brincar de uma criança Asperger demandam que o terapeuta intervenha ativamente para instigá-las. Muitas vezes correndo o risco de fazer o que na terapia tradicional poderia parecer intrusivo, tive de estruturar o brincar de meu paciente para poder introduzir um conteúdo simbólico ou recíproco onde ela teria persistido no comportamento ritualístico. (Barrows, 1988, p. 149)

Como venho tratando de Robbie por quase toda a minha vida profissional como psicoterapeuta, ele teve que experimentar a gama completa de minhas ideias em desenvolvimento. Embora seu tratamento intensivo tivesse começado somente aos seus 13 anos, meu trabalho com ele no final dos anos 1960 e começo dos anos 1970 foi, creio eu, demasiadamente permissivo e passivo. O trabalho de Tustin a respeito do objeto autista não havia sido publicado, tampouco o trabalho de Joseph sobre o queixar-se de maneira aditiva. Mais tarde, os paralelos entre o uso de brinquedos por parte dos jovens pacientes de Tustin e o uso de histórias repetitivas de Robbie tornaram-se evidentes. Comecei a entender a adequação dos meus sentimentos contratransferenciais de terrível impaciência. Acredito que o que aconteceu durante os primeiros anos – quando eu não me permitia usar minha contratransferência e negava ou reprimia meu tédio e ressentimento – foi que meus sentimentos surgiam, às vezes de forma desastrada e ofensiva. Eu levantava minha voz repentinamente – para minha própria surpresa, assim como para a de Robbie – e dizia-lhe para parar de falar sobre aquilo ou para parar de correr de um lado para outro e sentar-se. Hoje, acredito que apenas raramente é necessário parar ativamente o paciente. Um uso vigilante da contratransferência, assim como das percepções a respeito do que está se passando com o paciente, em geral pode garantir que a interpretação seja feita suficientemente cedo e de maneira suficientemente firme. Uma vez que a excitação consegue escalar, é muito mais difícil trazer o paciente de volta para o contato.

Entretanto, uma vigilância efetiva depende de quanto trabalho o terapeuta realizou no processamento do tédio e dos sentimentos de desgosto a respeito das sensações excitantes a que o paciente está se entregando. Nos primeiros anos, essas excitações eram mantidas como algo muito particular, mas, à medida que seu apego a mim e a outros cresceu, fomos incluídos em sua vida de fantasia, de modo que ele supôs delirante, mas firmemente que eu compartilhava de sua excitação em falar sobre o que eram, para mim, os mesmo assuntos antigos, mas, para ele, era uma forma de masturbação verbal mútua. Tive de aprender a não repetir certas frases e a me obrigar a colocar algumas coisas de um novo modo. (Esse trabalho demanda constante supervisão de nossa própria preguiça mental autista.) Em seus momentos mais loucos, às vezes era melhor que eu não dissesse nada por alguns minutos, já que ele ouvia minhas palavras – por mais sensatas que fossem – como um conluio e permissão para continuar. Entretanto, às vezes, nesses momentos, ele de fato parecia ouvir o silêncio. Também descobri que nunca saí ilesa ao demonstrar qualquer indício de entusiasmo orgulhoso em minha voz quando, por exemplo, achei que estivéssemos à beira de entender algo. Isso também o excitava demais. Havia outros problemas ligados à linguagem e à sua capacidade de fazer inferências. Não era suficiente, por exemplo, dizer a Robbie, quando em um de seus estados mais excitados: "Acho que você se sente como se estivesse na cama comigo hoje" – embora ele claramente sentisse exatamente isso. Ao contrário de uma pessoa sadia, iria ouvir isso como uma confirmação. Assim, eu tinha que transformar a frase e dizer: "Parece difícil para você perceber que eu estou há alguns metros de distância de você, aqui na minha cadeira, simplesmente falando com você e tentando entendê-lo". A tentação, enquanto seu olhar libidinoso me escrutinava e sua certeza em relação a confiança em seus delírios levavam-no a contorções ainda mais sensuais, era ignorá-lo psicologicamente ou, mais honestamente, afastá-lo com certa repulsa. (Ele raramente me tocava, mas a intrusividade de seu olhar era tão sensualmente desagradável que – em ao menos duas ocasiões – ele foi atacado em locais públicos por desconhecidos indignados.) Eu precisava trabalhar muito comigo mesma não só para não simplesmente rejeitá-lo – aberta ou sutilmente –, mas para, ao contrário, tentar entrar em contato com a parte dele capaz de um contato íntimo caloroso que não fosse tão obscena e sensual. Também precisei me tornar capaz de convidar para o contato essa parte quando havia tão pouca evidência de sua existência.

Com outras crianças autistas de um tipo diferente, essa evidência não é tão difícil de encontrar. No caso de Robbie, realmente parecia como se uma mente tivesse que crescer, e que eu tinha de mostrar-lhe que uma forma não-perversa de interação prazerosa com outra pessoa era possível. Também tinha de ajustar minha técnica constantemente para o nível em que ele estivesse funcionando em determinado momento. Quando ele estava em um estado de confusão real e desesperada – e, portanto, confuso a respeito de seus "Eu" e "Você" –, parecia melhor simplesmente fazer o possível para compreendê-lo. Quando ele estava em um estado mais calmo, capaz de pensar, mas ainda fugindo através de sua velha maneira indiferenciada de falar, era importante ajudá-lo a fazer diferenciações. Se ele começasse uma sessão falando sobre algo que tinha acontecido "nesta" casa, era necessário mostrar-lhe sua relutância em estabelecer a diferença entre "esta" e "aquela", entre sua casa e a minha. Essa atitude negligente a respeito do pensamento era muito diferente das reais confusões de identidade e de lugar que ocorriam mais frequentemente nas primeiras fases do tratamento. Todas essas diferenciações de minha parte ajudaram, acredito, a trazer Robbie de volta a seus próprios recursos e a lhe dar um sentido mais forte e mais focado de sua própria identidade, e de seus próprios ossos e músculos dos quais ele tinha falado tantos anos antes. Porém, esse elemento de privação no trabalho tinha de ser balanceado com interpretações que não só estivessem alertas aos momentos em que tentava ser sadio e falar de maneira sadia comigo para me agradar, mas também que levassem em conta os ocasionais momentos em que ele mesmo apreciava falar comigo de uma maneira comum. Além disso, assim como era importante mostrar-lhe quando tinha sentido perfeitamente meu desgosto pela conversa perversa e meu consequente desagrado em relação a ele, era também vital mostrar-lhe que sentia que eu gostava dele muito mais quando ele fazia um esforço para falar comigo de maneira franca. (Há aqui alguns paralelos interessantes entre o trabalho com crianças psicopatas ou sexualmente abusadas e o autismo.)

Quando se aproximava dos 30 anos, Robbie começou a ter momentos em que, em vez de apenas papagaiar uma velha frase, "Eu quero crescer e alcançar minha idade", mostrava real tristeza e arrependimento por seu desenvolvimento perdido e falava sobre sentir falta de ser um homem. Naturalmente, isso também se tornou pervertido, mas era cada vez mais comum que o estado de ânimo pesaroso fosse genuíno. À essa altura, ele não era mais um ser psicologicamente ameboide unicelular; sua mente era diferenciada e tinha alguma estrutura. Ele tinha um *self* sadio para lutar contra o *self* louco. À medida que seu *self* sadio gradualmente foi se tornando capaz de sentir algum prazer no contato com uma mente viva, ele foi conseguindo, a princípio timidamente, usar sua imaginação e mostrar condições para os inícios de uma atividade simbólica – "o outro lado da moeda de atividade repetitiva" de que fala Frith. Uma das consequências de seu problema com a formação de símbolos era que a gramática de Robbie era muito estranha. Ele sempre falava no presente ou no pretérito perfeito. Ele nunca usava o que, em línguas latinas, requereria o modo subjuntivo – isto é, ele nunca conseguia descrever nem, provavelmente, conceber situações hipotéticas. Raramente (exceto na dramática sessão descrita no Capítulo 3), ele dizia "Eu quero ter...", e levou anos até que conseguisse usar o tempo futuro, porque o tempo simplesmente não era diferenciado em passado, presente e futuro. A princípio, havia apenas algo como o ponto de Kundera e, depois, apenas o passado expulsando o presente e sendo arrastado impiedosamente e implacavelmente para todas as conversas. Finalmente, ele tornou-se capaz de narrar um evento simples, mas eu pensava que ele nunca conseguiria dizer "Eu gostaria de ter podido" ou "Eu espero poder" ou "Eu gostaria de". Em um dia de outubro, aos 29 anos, ele subitamente conseguiu.

À época, sua mãe me disse que ele tinha começado a chamá-la por seu primeiro nome – uma forma brincalhona de experimentar a identidade do pai e tentar ver sua mãe da perspectiva dele. Essa "visão binocular" (Bion, 1950, pp. 18-19) tende a ser impossível para pessoas autistas, e Reid (comunicação pessoal) salientou a importância do desenvolvimento de uma perspectiva dual e de suas implicações para o desenvolvimento do símbolo quando afinal acontecer. (Ver também o Capítulo 7 a respeito das "dupla trilha" de Bruner e de sua ligação com a capacidade de "pensar entre parênteses".) Certo dia, Robbie começou a falar sem esperar que eu perguntasse algo – um começo incomum. Ele disse: "Estou *ansioso* para ver 'O Gordo e o Magro' na TV hoje à noite" (meu itálico). Ele disse que tinha visto um filme sobre um homem que tinha "pulado no rio e tinha ficado apavorado, mas que foi para o hospital e recebeu um curativo". Eu disse que ele próprio era um pouco como esse homem porque tinha "decidido correr o risco" de começar a falar primeiro naquele dia; talvez ele estivesse com medo de fazer isso, mas sentia que ele e suas palavras tinham chegado em segurança e tinha conseguido me contar algumas coisas.

Naquele momento, alguns passos foram ouvidos no andar superior de minha casa (a sala de consultas fica no térreo). Robbie começou imediatamente a fazer um de seus pronunciamentos estereotipados repetitivos que consistia na aparente confissão "Eu fiquei correndo de um lado para outro lá em casa". É complicado explicar isso. O correr de um lado para outro era um ritual autista seu muito antigo. Ele corria para a frente e para trás sacudindo suas mãos como se quisesse livrar-se de algo. Eu não o via fazer isso há anos, e ele tinha me dito que não o fazia mais em lugares públicos. O problema, no entanto, era que aquilo que substituía o correr era um novo ritual: a própria confissão. A confissão tinha se tornado um modo sutil de alcançar vários propósitos: às vezes, servia para irritar o ouvinte – presumivelmente seus pais, que sabiam que ele tinha desistido quase que totalmente de correr há muito tempo, mas ficariam alarmados ao ouvir que isso tinha acontecido de novo, já que, em certa ocasião ele tinha sido preso por se comportar dessa forma louca no meio da rua. Assim, ele tinha, sem dúvida, conseguido provocar seus pais em algumas ocasiões. Às vezes, era um modo de conseguir que alguém prestasse atenção nele quando realmente precisava de algum contato, mas não sabia como consegui-lo de maneiras mais normais e nem mesmo sabia que queria isso. Mas senti, nessa ocasião, que havia algo mais, diretamente relacionado ao ruído dos passos no andar de cima. Eu disse, então, que pensava que ele estava tentando me irritar com essa afirmação, mas que, na verdade, *ele* tinha se irritado porque alguém no andar de cima estava andando de um lado para o outro.

Aqui, portanto, há um exemplo de uma "estereotipia" – o aparentemente sem significado, oposto de um contato objeto-relacionado, sendo usada de um modo que insisto ser objeto-relacionado. Primeiro, era, creio eu, responsiva, ainda que instantânea e invisivelmente, a algo que outras pessoas estavam fazendo no seu espaço audível; segundo, estava sendo usada para produzir algum tipo de efeito sobre mim e dentro de mim – isto é, com propósitos de projeção e evitação da ansiedade. (Na verdade, entendo que não tenha nenhuma similaridade com um uso tão perverso das confissões ritualísticas, como no passado.)

Robbie pareceu-me ter escutado atenta e tranquilamente, e a confissão não mais foi repetida nem escalou em um de seus transbordamentos mais excitados. Perguntei no que ele estava pensando e ele disse: "Estou pensando nas estrelas à noite" (não ouvia isso há anos, desde os dias de sua terrível alucinação/pesadelo sobre cair de um penhasco noite adentro). Ele continuou: "O céu... está escuro... e a lua está linda... eu quero estar lá em cima... eu quero estar aqui em cima". De repente, percebi quão raro era, para ele, dizer que queria *estar* em outro lugar. Não havia "outros lugares" quando ele estava em seus estados de êxtase; ele não precisava estar lá, pois geralmente sentia que já estava lá. Nessa ocasião, apesar do uso confuso da palavra "aqui", havia também um conceito de um lugar em que ele queria estar e que sentia que não estava. Ele continuou: "Quero viver... aqui". Eu disse que pensava que ele queria viver aqui comigo e poder ir ao andar de cima como um membro de minha família. Ele respondeu, feliz, mas não excitado: "Eu quero viver na lua. É claro lá". Eu disse que ele parecia estar gostando de conseguir falar sobre esses sentimentos e ideias. Fiquei impressionada pela maneira como ele parecia uma criancinha gostando de experimentar fantasias e apreciando a experiência de compartilhá-las com alguém. Tentei mostrar-lhe que, de certa forma, tinha subido até a lua naquele momento, porque tinha se sentido tão livre para usar sua imaginação e estava gostando de compartilhá-la comigo. Ele não ficou mais excitado com isso. Concordou comigo, parecendo alerta e interessado, e então usou o condicional: "Eu gostaria de voar lá no alto num avião, numa nave espacial... Eu gostaria de voar para a Espanha... e para a França". Fiz, então, outra interpretação transferencial, de certa maneira sentindo que não devia, mas, naquele momento, não entendendo bem o por quê. O que eu disse foi algo sobre seu desejo de estar comigo no fim de semana. Ele começou a entrar em um estado de grande excitação, e percebi que havia dois problemas: primeiro, ele ouviria isso não como uma descrição de um desejo, mas como um tipo de conluio de confirmação e uma gratificação de um desejo. Minha interpretação deveria ter incluído o entendimento de que ele tinha consciência de que a Espanha era *outro lugar* ou de que ele sabia

340 RITOS E RITUAIS NO AUTISMO

que não podia ficar comigo no fim de semana; alternativamente, eu poderia ter permitido que continuasse com a experiência de explorar lugares aos quais gostaria de ir em sua imaginação, chamados "Espanha e França".

A ênfase dada por Winnicott à importância de se respeitar o espaço transicional é relevante aqui. Conforme seu estado de ânimo foi mudando para um estado altamente sensual e perverso, eu disse rápida e seriamente que ele sabia, àquela altura, que não passava seus fins de semana comigo, mas que o que tinha acabado de fazer ali naquele momento era divertir-se conversando comigo e usando sua imaginação. Ele se acalmou, mas sem desinflar-se em desespero – como poderia ter feito anos antes – e disse, de maneira brincalhona, mas não louca: "Os policiais me prenderiam!... Eu gostaria que eles voassem atrás de mim!". Eu disse que ele sentiu que eu tive de policiá-lo, mas eu estava muito impressionada por seu uso do condicional e pela percepção de sua capacidade de brincar com ideias e habitar um mundo hipotético.

Em uma sessão posterior naquele ano, o velho tema da queda surgiu novamente, mas com uma diferença. Ele tinha começado a sessão em um estado muito louco – repetindo um de seus velhos refrãos – mas consegui, com sua ajuda, tirá-lo de lá. Ele então me disse que tinha visto um filme sobre um homem que tinha caído em um poço. "O homem não estava morto... ele subiu de volta por uma corda". Ele disse isso com força e determinação incomuns em sua voz, e apontei que talvez ele se sentisse como aquele homem porque tinha começado a sessão lá embaixo, nos abismos de seu retraimento, mas tinha conseguido subir de volta para fora da loucura e fazer contato comigo – e talvez estivesse orgulhoso de si. (Tinha sido incomum ouvir firmeza em sua voz, que mesmo quando estava sadio, geralmente tinha uma qualidade de leveza, fragilidade e incerteza. Parecia sempre estar sentindo-se assim.

Nenhuma única palavra parecia ter raízes porque, suponho, em parte ele nunca tinha certeza sobre de onde seus pensamentos estavam vindo ou para onde estavam indo. Mas isso foi diferente.) Ele concordou comigo e permaneceu sensato e conversador pelo resto da sessão.

Dois anos mais tarde, quando Robbie tinha 31 anos, a imagem do cair dentro da perversão apareceu novamente, agora com mais vitalidade e sentimento, dando a impressão de que não havia mais espaço abaixo para ele continuar caindo. Ele tinha chegado atrasado, mas tinha conseguido, por conta própria, sem nenhuma pressão de minha parte, não entrar em um estado louco e agitado devido a seu atraso. Mais tarde, anunciou orgulhosamente: "Eu mantive minha mente limpa – mandei os pensamentos sujos embora!". Ao final da sessão, ele respirou fundo e disse pensativamente: "Naquela hora eu não escorreguei... para dentro do bueiro... para dentro do *bueiro escorregadio!*". Ele disse isso com verdadeiro desprezo e repulsa em sua voz, e acrescentou: "Eu continuei vivo!". Era interessante que ele parecia não ter mais muito espaço abaixo para continuar caindo – o problema não era mais desespero e queda abrupta para a falta de controle, mas um escorregão. Fiquei ainda mais surpresa com a animação em sua voz e com o fato de que, em vez de precisar papagaiar ou mesmo usar de maneira respeitosa, mas vazia, uma de minhas metáforas, ele foi realmente capaz de usar uma metáfora dele mesmo.

O que essas duas últimas sessões demonstram, creio eu, é que há sinais do estabelecimento de algum ego, alguma capacidade de pensar por si mesmo e inclusive de pensar com sentimentos a respeito do valor da sanidade. Seria difícil defender a presença de evidências disso em sessões de Robbie nos anos anteriores. Naqueles dias, parecia ser minha responsabilidade carregar as funções egoicas de julgamento e discriminação e também de fazer o necessário "policiamento". Mas, agora, ele parecia ter internalizado algo – originalmente de maneira bastante submissa, mas, quando dessa última sessão, realmente dando a impressão de falar com sua própria voz em nome de algo que poderia ser finalmente chamado de seu *self*.

Alguns meses depois, ele se surpreendeu, penso eu, e me impressionou ao descobrir que podia me criticar por colocar em risco seu ainda frágil equilíbrio mental. A sessão tinha começado bem, mas por volta da metade eu tinha interpretado uma certa impaciência dele, e o fiz em um tom que desconfio ter sido impaciente demais: minha voz tinha se elevado um pouco. Ele imediatamente começou com seus desagradáveis sorrisos e a lamber os lábios. Por vezes, perguntar no que ele está pensando ajuda a evocar sua parte mais reflexiva, mas, outras vezes, isso apenas exacerba a situação. Decidi perguntar o que estava acontecendo, e ele respondeu: "Ah! Esqueça! Não é da sua conta!". Esta é uma frase que ele já tinha usado antes, não exatamente de modo ecolálico, mas de forma papagaial e com fins de autocensura, quando sentia que alguma figura interna se opunha à sua intrusividade. Ele também a usara algumas vezes de maneira muito estereotipada e perversa. Mas ela saiu de sua boca com algum sentimento e uma nota de impaciência. Ele parou na hora, parecendo ter se surpreendido, como se considerando o impressionante fato de que tinha dito aquilo para mim, não para si mesmo. Pareceu, ter registrado que era de fato apropriado dirigir a frase para mim. Estivera se virando no divã e olhando muito para mim de maneira bastante clara e direta. Virou-se novamente, como que checando se a frase era adequada e então repetiu-a, com a voz ganhando força: "Não é da sua conta... é... particular!". Então, ele acrescentou persuasiva, mas gentilmente: "*Você* não quer saber". Impressionada por uma comunicação tão direta e sentindo que tinha quase enfraquecido sua firmeza com minha pergunta, concordei que ele estava certo.

A concordância a respeito das coisas mais simples em geral carregava o risco de excitá-lo demais, e ele começou a dar risadas, mas se acalmou e começou: "Quando eu era pequeno, a senhora James [uma professora que ele adorava, já falecida] e a senhora C. [a fonoaudióloga]…". [Aqui meu coração ficou apertado porque essas figuras desempenhavam um papel enorme em sua fala ritualística e, quando isso acontece, sua voz geralmente assume a qualidade cantarolada perversa. Mas, percebi que seu tom estava, na verdade, bastante emocionado e tranquilo]. Ele terminou: "Elas me ajudavam… Elas me faziam perguntas. Elas me ajudavam a descobrir… coisas".

É interessante notar que não apenas Robbie estava se relacionando comigo na sessão como uma pessoa real, como parecia ter alcançado algum grau de identificação com uma figura discriminadora e sadia que tem sentimentos a respeito do que vale e do que não vale a pena saber. Ele descobriu que podia ter o poder de *me* dizer o que eu deveria e o que eu não deveria querer saber.

No dia seguinte, eu queria lhe passar as datas das minhas férias de fim de ano. Suspeitei que ele não estivesse totalmente concentrado, mas que também não estivesse em uma de suas viagens, então decidi tentar. Em um passado distante, ele não era capaz de absorver nada desse tipo, mas depois de alguns anos de tratamento, se ele não conseguisse incorporar alguma coisa, iria tentar me forçar a oferecê-la novamente. Costumava fazer conjeturas fantásticas que geralmente forçavam as pessoas a corrigi-lo e, assim, a repetir-se. Em outras palavras, fazia uso manipulativo de sua alienação mental e passividade, e eu precisava tomar cuidado com isso. Ele tentava ler a expressão de meus olhos para ver se tinha acertado ou errado sua conjetura – e ele era bom nisso. Mas isso era dramaticamente diferente, agora. Repetiu as datas corretamente, mas de modo ausente e automático, e então deve ter repentinamente percebido que elas não tinham sido incorporadas, porque gritou em pânico: "Socorro! Eu as perdi! Estou caindo no abismo! Preciso de ajuda! Deixei a pedra escapar! Estou caindo no trilho do trem! Perdi as datas. Eu estou... é... Eu estou... perigoso". (Ultimamente, ele tinha começado a se referir ao perigo, mas se confundia sobre como distinguir entre o objeto ou a situação que era perigosa e a pessoa que estava em perigo. Mas isso não era importante comparado com o fato de que, creio que pela primeira vez na vida, ele tinha realmente pedido ajuda e realmente entendido algo sobre a tragédia de sua ausência mental e dos grandes abismos e cânions nos quais seus pensamentos podiam se perder irrecuperavelmente.) Disse-lhe que, de fato, se sentiu em grande perigo quando não se agarrou à sua sanidade e memória e a seu contato com pessoas vivas, e que ele sabia que era perigoso quando deixava isso acontecer. Repeti as datas e ele, com sua mente aparentemente de volta no lugar, calculou imediatamente quantas sessões iria perder.

Na primeira publicação deste texto, Robbie tinha 31 anos, então esse relato de seu tratamento chocantemente longo e sobre os inícios do crescimento de uma mente não é uma história de sucesso. Atualmente, os terapeutas preferem começar o tratamento de crianças autistas ainda na pré-escola, quando possível, enquanto o tratamento intensivo de Robbie só começou quando ele tinha 13 anos. Embora o diagnóstico de seu autismo tenha sido confirmado diversas vezes – algumas delas muito recentemente –, ele começou com muito menos equipamento mental do que as crianças autistas do tipo concha descritas por Tustin (1972). Sua passividade e frouxidão ameboide eram tão extremas que, de certa forma, eu parecia estar começando do zero na tentativa de ajudá-lo a se tornar uma pessoa. Como este livro mostra, eu tinha muito a aprender sobre déficit. Seus pais, no entanto, reportam que ele atualmente está muito mais atento e interessado e que é seguramente mais agradável estar com ele. Ele parou com sua fala insistente e repetitiva e até demonstrou algum interesse neles como pessoas. Ele passou a fazer parte de um grupo de teatro, o que é bom para sua recém-descoberta, ainda muito infantil, capacidade de brincar com ideias. Ele parece desempenhar seus papéis com prazer e até contribui com eventuais improvisações. Mostrou, particularmente nos últimos dois anos, algum desenvolvimento de genuína iniciativa. Ele pode, agora, cuidar da casa sozinho em um ou outro fim de semana. Recentemente, foi roubado na rua e, em vez de entrar em pânico de maneira indefesa, foi direto à polícia e lidou de forma desembaraçada com os consequentes atrasos na agenda já complicada daquele dia específico. Ele chegou à sessão explicando perfeita e coerentemente porque estava atrasado e também porque teve de sair mais cedo para ir a uma partida de futebol. Quando saiu, lembrou-me, educada mas firmemente, de ligar para sua mãe e explicar por que poderia se atrasar!

Quanto a mim, aprendi muito trabalhando com ele, e creio que algo do que aprendi o ajudou, embora tardiamente, a começar a usar sua mente. É motivo de grande tristeza para mim não ter sabido, já no começo do tratamento de Robbie, o que vim a saber mais tarde. Certamente as lições que aprendi com ele e com os avanços mais modernos do trabalho psicanalítico descritos em outros capítulos têm ajudado outros pacientes autistas e *borderline* mais novos a melhorar muito mais rapidamente – meus próprios pacientes e os de terapeutas cujo trabalho tive o privilégio de supervisionar. Todos nós devemos muito aos pais de Robbie por sua paciência, tolerância, apoio e capacidade de perdoar.

Apêndice 1

Brazelton diz que as mães parecem oferecer cinco tipos de experiência a seus bebês em um período de interação.

1. Redução de atividade interferente

Segundo os estudos de Wolff, os bebês não são impulsinados por necessidades ou desconfortos corporais. Para que ocorresse um período de interação com suas mães, os bebês primeiro haviam sido alimentados e trocados, haviam dormido o suficiente e incômodos passageiros tinham sido resolvidos, assim como distrações ou sustos passageiros:

> *Quando o bebê demonstra um comportamento fortuito inesperado, tal como a contração de uma perna ou de um braço, a mãe responde acariciando ou flexionando aquela extremidade para cima e para baixo, transformando assim uma atividade interferente em uma que*

348 APÊNDICE 1

sirva à interação entre eles. Dessa forma, pode-se entender que ela ensina o bebê a dominar e canalizar seu próprio comportamento para um sistema de comunicações. (meu itálico)

2. Montando o cenário

Como parte do comportamento de contenção, a mãe pode usar um método que o oriente em direção a ela. Pode acomodar o corpo do bebê, de modo que ele fique de frente para ela, segurando seu tronco para que ele fique em uma posição alerta – reclinando a um ângulo de 30°, atento em vez de relaxado. Ela pode mover sua própria cabeça para ficar na linha de visão direta do bebê, balançando-a ou fazendo gestos faciais para atrair a atenção dele... Quando o acaricia, ela o faz com um ritmo e intensidade destinados a alertar além de acalmar (por exemplo, havia um ritmo de dois por segundo usado por mães para acalmar E alertar, e um mais lento para apenas acalmar). Quando o bebê se desinteressa, a intensidade e a velocidade do ritmo aumentam, assim como diminuem quando ele está muito agitado. A parte do corpo do bebê que a mãe toca também serve ao duplo propósito de acalmar e alertar – por exemplo, quando ele se acalma com as carícias da mãe em suas pernas ou abdômen, ela move a mão para o peito e finalmente para o rosto, de modo a despertar sua atenção e focá-la nela. (meu itálico)

3. Criando uma expectativa de interação

Os comportamentos da mãe têm certas características típicas de comunicação: (a) RITMO E INTENSIDADE: embora possam começar de maneira explosiva ou lenta, são rapidamente modulados para responder à atenção do bebê. Vocalização, acenos de cabeça, mímicas faciais e carícias que começam explosiva ou calmamente são rapidamente ajustados para manter a interação. (b) AMPLITUDE é tecida da mesma forma. Amplos gestos faciais ou de braço podem iniciar a sequência, mas têm sua amplitude rapidamente diminuída à medida que a atenção do bebê é conquistada. (c) DIREÇÃO: Como o esforço da mãe visa a orientá-lo para o rosto dela como foco central, todos esses movimentos são reduzidos em amplitude, e da periferia para o centro, de modo a trazer o foco do bebê para o rosto da mãe, que usa seu próprio movimento para ativar e depois para dirigir a atenção dele para um foco central: seus olhos e boca. (d) QUALIDADE é especialmente "apropriada" para uma interação com um bebê. A fala é simplificada no ritmo e aguda, para atrair e manter a atenção do bebê; por exemplo, "o falar como um bebê era aguda, com muitas vogais e intercalada com consoantes de alerta como b, d, h e tch. Os olhos e lábios da mãe se abriam e se fechavam em movimentos rítmicos destinados alternadamente a alertar e acalmar seu bebê. À medida que ele se acalma, suas vocalizações e seus movimentos faciais tornam-se rítmicos e "continentes", e então aceleram com um ritmo mais staccato e rápido. Seus olhos alternadamente se estreitam e se arregalam; brilham e se entorpecem na medida apropriada ao estado do bebê. Quando ele reage exageradamente, ela ajusta o olhar para algo mais tranquilizador, tornando-os maiores e mais brilhantes para atrair e "conter" sua atenção. (meu itálico)

Brazelton descreve ainda como as mães providenciam o quarto tipo de experiência, isto é, INTENSIFICAÇÃO DA ATENÇÃO DO BEBÊ. Isto é conseguido pela aceleração da interação, por exemplo, substituindo uma ação por outra ou adicionando-as em sequências. Ele aponta que um estímulo que pode ser acelerador em certo momento, pode servir para sobrecarregar o bebê, em outro.

O quinto modo de experiência tem a ver com o tipo de sensibilidade receptiva mais familiar aos teóricos da psicanálise. Ele chama de PERMITIR A RECIPROCIDADE, isto é, possibilitar que o bebê digira e se recupere da interação e ainda permitir que ele retribua, respondendo, por sua vez, à mãe (Brazelton, Koslowski & Main, 1974, pp. 64-67).

Apêndice 2

A primeira menção de Klein à "posição maníaca" está no artigo "Contribuição" (1935). Após discutir o menosprezo e o desprezo pelo objeto característico da defesa maníaca, Klein diz: "Antes de fazer algumas sugestões sobre o papel que as posições paranoide, depressiva e maníaca desempenham no desenvolvimento normal, devo falar sobre dois sonhos de um paciente que ilustram alguns dos pontos apresentados por mim em conexão com as posições psicóticas" (p. 279). Ela fala, então, de situações extremamente patológicas, mas não retorna às normais. Mais tarde, diz algo muito similar: "Questões de espaço não me permitem lidar em detalhes, aqui, com os modos pelos quais a criança normal elabora as posições depressiva e maníaca, o que, a meu ver, constituem parte do desenvolvimento normal" (p. 284). Diz que se restringirá a certos comentários de natureza geral e, então, parte para a descrição de seu ponto de vista a respeito do desenvolvimento normal, em que aproximadamente aos 4 ou 5 meses o ego é levado a reconhecer que o objeto amado é ao mesmo tempo o objeto odiado. O bebê passa a ver sua mãe como uma pessoa total e se identifica com ela

352 APÊNDICE 2

como uma pessoa total, real, e amada. É então que a posição depressiva assume o primeiro plano e é estimulada e reforçada pela perda do objeto amado, que o bebê experimenta repetidamente cada vez que o seio da mãe lhe é retirado. Essa perda atinge o clímax durante o desmame. Klein enfatiza a diferença entre o bebê normal na posição depressiva e o adulto melancólico, mas também destaca as similaridades em termos de ter que lidar com a questão da perda. Ela diz que é também nesse estágio inicial de desenvolvimento que as fantasias maníacas sobre o controle do seio – e, mais tarde, dos pais – se iniciam, ao lado de todas as características da posição maníaca, utilizado para combater a posição depressiva. Ela indica que as fantasias maníacas são defensivas, mas também necessárias. Em outro texto, também faz um interessante comentário sobre a importância do "desmame para" para o "desmamar de" (Klein, 1936, p. 304).[1]

---

1 Klein fala em desmame do seio e do desmame para algo, em direção a substitutos de gratificação e satisfação, para levar uma vida plena e feliz.

Referências

Abraham, K. (1927). *Selected papers on psycho-analysis* [Artigos selecionados sobre psicanálise]. London: Maresfield Reprints (1979).

Alvarez, A. (1977). Problems of dependence and development in an excessively passive autistic boy [Problemas de dependência e desenvolvimento em um garoto autista excessivamente passivo], *J. Child Psychother, 4*.

Alvarez, A. (1980). Two regenerative situations in autism: reclamation and becoming vertebrate [Duas situações regenerativas no autismo: reivindicação e tornando-se vertebrado], *J. Child Psychother, 6*.

Alvarez, A. (1985). The problem of neutrality: some reflections on the psychoanalytic attitude in the treatment of borderline and psychotic children [O problema da neutralidade: algumas reflexões sobre a atitude psicanalítica no tratamento de crianças *borderline* e psicóticas], *J. Child Psychother, 11*(1).

354 REFERÊNCIAS

Alvarez, A. (1988). Beyond the unpleasure principle: some preconditions for thinking through play [Além do princípio do desprazer: algumas pré-condições para se pensar por meio da brincadeira], *J. Child Psychother*, *14*(2).

Alvarez, A. (1989). Development toward the latency period: splitting and the need to forget in borderline children [Desenvolvimento a caminho do período de latência: a cisão e a necessidade de esquecer em crianças *borderline*], *J. Child Psychother*, *15*(2).

Alvarez, A. (1990a). Riparazione: alcuni precusori [Reparação: alguns precursores], *Prospettivi psicoanalitiche nel lavoro istituzionale*, *8*(3).

Alvarez, A. (1990b). The need to remember and the need to forget [A necessidade de lembrar e a necessidade de esquecer]. In *The consequences of child sexual abuse*. ACPP Occasional Papers 3.

Balint, M. (1968). *The basic fault: therapeutic aspects of regression* [A culpa básica: aspectos terapêuticos de regressão]. London: Tavistock (1979).

Barker, P. (1983). *Basic child psychiatry* [Psiquiatria infantil básica]. Londres: Collins.

Baron-Cohen, S. (1988). Social and pragmatic deficits in autism: cognitive or affective? [Déficits sociais e pragmáticos em autismo: cognitivos ou afetivos?], *J. Aut. Devel. Dis.*, *18*(3).

Barrows, A. (1988). *Asperger's syndrome: a theoretical and clinical account* [Síndrome de Asperger: um relato teórico e clínico]. Tese de doutorado não publicada, Instituto Wright – Escola de Pós-Graduação em Psicologia, Berkeley, CA.

Barzun, J. (1987). *A stroll with William James* [Uma caminhada com William James]. Chicago: University of Chicago Press.

ANNE ALVAREZ 355

Bateson, G. (1955). A theory of play and fantasy [Uma teoria de brincadeira e fantasia]. In J. S. Bruner, A. Jolly & K. Sylva (Eds.). *Play: its role in development and evolution*. Harmondsworth, Middx.: Penguin (1985).

Bentovim, A. (1979). Child development research findings and psychoanalytic theory: an integrative critique [Descobertas na pesquisa sobre desenvolvimento infantil e teoria psicanalítica: uma crítica integrada]. In D. Shaffer & J. Dunn (Eds.). *The first year of life: psychological and medical implications of early experience*. New York: Wiley.

Bettelheim, B. (1967). *The empty fortress* [A fortaleza vazia]. New York: Free Press.

Bick, E. (1966). Infant observation in psychoanalytic training [Observação de bebês no treinamento psicanalítico], *Int. J. Psycho--Anal.*, 4.

Bick, E. (1968). The experience of the skin in early object-relations [A experiência da pele nas primeiras relações de objeto], *Int. J. Psycho-Anal.*, 49.

Bion, W. R. (1950). The imaginary twin [O gêmeo imaginário]. In *Second thoughts; selected papers on psycho-analysis*. London: Heinemann (1967).

Bion, W. R. (1957). Differentiation of the psychotic from the non--psychotic personalities [Diferenciação entre as personalidades psicóticas e não psicóticas]. In *Second thoughts; selected papers on psycho-analysis*. London: Heinemann (1967).

Bion, W. R. (1959). Attacks on linking [Ataques ao vínculo]. In *Second thoughts; selected papers on psycho-analysis*. London: Heinemann (1967).

356 REFERÊNCIAS

Bion, W. R. (1962). *Learning from experience* [*Aprendendo com a experiência*]. London: Heinemann.

Bion, W. R. (1963). *Elements of psychoanalysis* [Elementos de psicanálise]. London: Heinemann.

Bion, W. R. (1965). *Transformations* [Transformações]. London: Heinemann.

Bion, W. R. (1957). On arrogance [Sobre a arrogância]. In *Second thoughts; selected papers on psycho-analysis.* London: Heinemann (1967).

Bion, W. R. (1967). A theory of thinking [Uma teoria do pensamento]. In *Second thoughts; selected papers on psycho-analysis.* London: Heinemann (1967).

Bion, W. R. (1980). Grupo de Discussão, Londres.

Bird, G. & Stokes, R. (1976). *The Fischer-Dieskau book of Lieder* [O livro de Lieder de Fischer-Dieskau]. London: Gollancz.

Bollas, C. (1989). *Forces of destiny* [Forças do destino]. London: Free Association Books.

Bondioli, A., Achinto, F. & Savio, D. (1987). Intersubjective motivations and symbolic production: observations in a nursery school [Motivações intersubjetivas e produção simbólica: observações em uma pré-escola]. Departmento de Filosofia, Universidade de Pavia, *Scuola e Citta, 11.*

Bower, T. G. R. (1974). *Development in infancy* [Desenvolvimento na primeira infância]. San Francisco: W. H. Freeman.

Bowlby, J. (1969). *Attachment and loss I* [Vínculo e perda I]. London: Hogarth.

Bowlby, J. (1973). *Attachment and loss III* [Vínculo e perda III], New York: Basic Books.

ANNE ALVAREZ 357

Bowlby, J. (1988). *A secure base: clinical applications of attachment theory* [Uma base segura: aplicações clínicas da teoria do vínculo]. London: Routledge.

Bradley, J. (1985). In search of pure stone: psychotherapy with a sexually assaulted boy [Em busca da pedra bruta: psicoterapia com um garoto vítima de abuso sexual], *J. Child Psychother*, *11*(1).

Brazelton, T. B., Koslowski, B. & Main, M. (1974). The origins of reciprocity: the early mother-infant interaction [As origens da reciprocidade: as primeiras interações mãe-bebê]. In M. Lewis & L. A. Rosenblum (Eds.). *The effect of the infant on its caregivers* [O efeito do bebê em seus responsáveis]. London: Wiley Interscience.

Brenman Pick, I. (1985). Working through in the counter-transference [Trabalhando via contratransferência]. In E. Spillius (Ed.). *Melanie Klein today, vol. 2: mainly practice* [Melanie Klein hoje, vol. 2: principalmente prática]. Londres: Routledge (1988).

Bruner, J. S. (1968). *Processes of cognitive growth: infancy* [Processos de crescimento cognitivo: primeira infância]. Worcester, MA: Clark University Press.

Bruner, J. S. (1986). *Actual minds, possible worlds* [Mentes reais, mundos possíveis]. Cambridge, Mass.: Harvard University Press.

Bruner, J. S., Jolly, A. & Sylva, K. (1976). *Play* [Brincadeira]. Harmondsworth, Middx.: Penguin.

Byng-Hall, J. & Campbell, D. (1981). Resolving conflicts arising from distance-regulation: an integrative approach [Resolven-

358 REFERÊNCIAS

do conflitos surgidos de regulação da distância: uma abordagem integrativa], *J. Marit. Fam. Ther.*, 7.

Carpy, D. (1989). Tolerating the counter-transference: a mutative process [Tolerando a contratransferência: um processo mutativo], *Int. J. Psycho-Anal.*, 70.

Casement, P. (1985). *On learning from the patient* [Sobre aprender com o paciente]. London: Tavistock.

Cassel, Z. K. & Sander, L. W. (1975). Neonatal recognition processes and attachment: the masking experiment [Processos de reconhecimento neonatal e vínculo: o experimento de se esconder]. Trabalho apresentado na Sociedade para a Pesquisa em Desenvolvimento Infantil e citado por Klaus e Kennell (1982).

Chethik, M. & Fast, I. (1970). A function of fantasy in the borderline child [Uma função de fantasia na criança *borderline*], *Amer. J. Orthopsychiat.*, 40.

Coltart, N. (1986). Slouching toward Bethlehem... or thinking the unthank-able in psychoanalysis [Arrastando-se para Belém... ou pensando o inpensável em psicanálise]. In G. Kohon (Ed.). *The British School of Psychoanalysis: the independent tradition*. London: Free Association Books.

Curcio, F. (1978). Sensorimotor functioning and communication in mute autistic children [Funcionamento sensorimotor e comunicação em crianças autistas mudas], *J. Aut. Childhood Schiz.*, 8.

Daws, D. (1989). *Through the night: helping parents and sleepless infants* [Noite adentro: ajudando bebês insones e pais]. London: Free Association Books.

Dawson, G. & Lewy, A. (1989a). Arousal, attention, and the socio-emotional impairments of individuals with autism [Excitação, atenção e incapacidades socioemocionais de indivíduos com autismo]. In G. Dawson (Ed.). *Autism: nature, diagnosis, and treatment*. New York: Guilford Press.

Dawson, G. & Lewy, A. (1989b). Reciprocal subcortical-cortical influences in autism: the role of attentional mechanisms [Influências subcorticais e corticais recíprocas em autismo: o papel de mecanismos de atenção]. In G. Dawson (Ed.). *Autism: nature, diagnosis and treatment*. New York: Guilford Press.

Di Cagno, L., Lazzarini, A., Rissone, A. & Randaccio, S. (1984). *Il neonato e il suo mondo relazionale* [O recém-nascido e seu mundo relacional]. Roma: Borla.

Dyke, S. (1985). Review of D. W. Winnicott's "Deprivation and delinquency" [Revisão de "Privação e delinquência" de D. W. Winnicott], *J. of Child Psychother.*, *11*(2).

Eisenberg, R. (1970). The organization of auditory behaviour [A organização do comportamento auditivo]. In J. L. Stone, H. T. Smith & L. B. Murphy (Eds.). *The competent infant*. London: Tavistock (1974).

Erikson, E. H. (1950). *Childhood and society* [Infância e sociedade]. Harmondsworth, Middx.: Pelican.

Fairbairn, W. R. D. (1952). *Psychoanalytic studies of the personality* [Estudos psicanalíticos da personalidade]. London: Routledge & Kegan Paul.

Fe D'Ostiani, E. (1980). An individual approach to psychotherapy with psychotic patients [Uma abordagem individual à psicoterapia com pacientes psicóticos], *J. Child Psychother.*, 6.

Fogel, A. (1976). Temporal organization in mother-infant face--to-face interaction [Organização temporal na interação cara

360 REFERÊNCIAS

a cara entre mãe e bebê]. In H. R. Schaffer (Ed.). *Studies in Mother-infant Interaction*. London: Academic Press.

Fordham, M. (1976). *The self and autism* [O *self* e autismo]. Londres: Heinemann.

Fraiberg, S. (1974). Blind infants and their mothers: an examination of the sign system [Bebês cegos e suas mães: um exame do sistema de sinais]. In M. Lewis & L. A. Rosenblum (Eds.). *The effect of the infant on its caregiver*. New York: Wiley.

Freeman, N., Lloyd, S. & Sinha, C. (1980). Hide and seek in children's play [Esconde-esconde na brincadeira de crianças], *New Scientist, 1 225*(88), 30 out. 1980.

Freud, A. (1936). *The ego and the mechanisms of defence* [O ego e os mecanismos de defesa]. London: Hogarth (1986).

Freud, A. (1980). *Normality and pathology in childhood* [Infância normal e patológica]. London: Hogarth and Institute of Psychoanalysis.

Freud, S. (1895). Project for a scientific psychology [Projeto para uma psicologia científica]. In *Standard Edition I*. London: Hogarth (1966).

Freud, S. (1900). The interpretation of dreams [A interpretação dos sonhos]. In *Standard Edition V*. London: Hogarth (1966).

Freud, S. (1905a). Fragment of an analysis of a case of hysteria [Fragmento de uma análise de um caso de histeria]. In *Standard Edition VII*. London: Hogarth.

Freud, S. (1905b). Three essays on the theory of sexuality [Três ensaios sobre a teoria da sexualidade]. In *Standard Edition VII*. London: Hogarth.

Freud, S. (1909). Notes upon a case of obsessional neurosis [Notas sobre um caso de neurose obsessiva]. In *Standard Edition X*. London: Hogarth.

Freud, S. (1911a). Psychoanalytic notes on an autobiographical account of a case of paranoia [Notas psicanalíticas sobre um relato autobiográfico de um caso de paranoia]. In *Standard Edition XII*. London: Hogarth.

Freud, S. (1911b). Formulations on the two principles of mental functioning [Formulações sobre os dois princípios do funcionamento mental]. In *Standard Edition XII*. London: Hogarth.

Freud, S. (1912). Papers on technique [Artigos sobre técnica]. In *Standard Edition XII*. London: Hogarth.

Freud, S. (1914). Remembering, repeating and working-through [Recordar, repetir e elaborar]. In *Standard Edition XII*. London: Hogarth.

Freud, S. (1917). Mourning and melancholia [Luto e melancolia]. In *Standard Edition XIV*. London: Hogarth.

Freud, S. (1920). Beyond the pleasure principle [Além do princípio do prazer]. In *Standard Edition XVIII*. London: Hogarth.

Frith, U. (1989). *Autism: explaining the enigma* [Autismo: explicando o enigma]. Oxford: Blackwell.

Gillberg, C. (1990). Autism and pervasive developmental disorders [Autismo e distúrbios de desenvolvimento prevalentes], *J. Child Psychol. Psychiat.*, *31*(1).

Gleick, J. (1987). *Chaos* [Caos]. London: Sphere Books.

Greenberg, J. R. & Mitchell, S. A. (1983). *Object relations in psychoanalytic theory* [Relações de objeto em teoria psicanalítica]. London: Harvard University Press.

362 REFERÊNCIAS

Grotstein, J. (1979). The psychoanalytic concept of the borderline organization [O conceito psicanalítico da organização *borderline*]. In J. LeBoit & A. Capponi (Eds.). *Advances in the psychotherapy of the borderline patient*. London: Aronson.

Grotstein, J. (1981a). Wilfred R. Bion: the man, the psychoanalyst, the mystic. A perspective on his life and work [Wilfred R. Bion: o homem, o psicanalista, o místico. Uma perspectiva sobre sua vida e obra]. In *Do I dare disturb the universe? A memorial to Wilfred R. Bion*. Beverly Hills, CA: Caesura Press.

Grotstein, J. (1981b). *Splitting and projective identification* [Cisão e identificação projetiva]. London: Aronson.

Grotstein, J. (1983). Review of Tustin's autistic states in children [Análise do trabalho de Tustin, estados autistas em crianças], *Internat. Rev. of Psycho-Anal.*, 10.

Hartmann, E. (1984). *The nightmare* [O pesadelo]. New York: Basic Books.

Hartmann, H. (1964). *Essays on ego psychology: selected problems in psychoanalytic theory* [Ensaios sobre a psicologia do ego: problemas selecionados em teoria psicanalítica]. New York: Int. Univ. Press (1981).

Hedges, L. E. (1983). *Listening perspectives in psychotherapy* [Perspectivas de escuta em psicoterapia]. London: Aronson.

Heimann, P. (1952). Certain functions of introjection and projection in early infancy [Certas funções de introjeção e projeção na primeira infância]. In M. Klein et al. *Developments in psychoanalysis*. London: Hogarth.

Hinshelwood, R. D. (1989). *A dictionary of Kleinian thought* [Um dicionário do pensamento kleiniano]. London: Free Association Books.

Hobson, P. (1989). Beyond cognition: a theory of autism [Além da cognição: uma teoria do autismo]. In G. Dawson (Ed.). *Autism: nature, diagnosis and treatment*. New York: Guilford.

Hobson, P. (1990). On psychoanalytic approaches to autism [Sobre abordagens psicanalíticas do autismo], *Amer. J. Orthopsychiat.*, *60*(3).

Hocking, B. (1990). *Little boy lost* [Menino perdido]. London: Bloomsbury.

Hofstadter, D. R. (1981). *Gödel, Escher, Bach: an eternal golden braid* [Gödel, Escher, Bach: uma eterna trança dourada]. Harmondsworth, Middx.: Penguin.

Howlin, P. & Rutter, M. (1987). *Treatment of autistic children* [Tratamento de crianças autistas]. Chichester: Wiley.

Hoxter, S. (1977). Play and communication [Brincadeira e comunicação]. In D. Daws & M. Boston (Eds.). *The child psychotherapist and problems of young people*. London: Wildwood House.

Hunter, M. (1986). The monster and the ballet dancer [O monstro e a bailarina], *J. Child Psychother.*, *12*(2).

Hutchinson, F. E. (Ed.) (1953). *The works of George Herbert* [Os trabalhos de George Herbert]. London: Oxford Univ. Press.

Hutt, C. (1966). Exploration and play in children [Exploração e brincadeira na criança]. In J. S. Bruner, A. Jolly & K. Sylva (Eds.) (1976). *Play: its role in development and evolution*. Harmondsworth, Middx.: Penguin Books.

Isaacs, S. (1952). The nature and function of phantasy [A natureza e função da fantasia]. In M. Klein et al. *Developments in psychoanalysis*. London: Hogarth.

364 REFERÊNCIAS

Joseph, B. (1975). The patient who is difficult to reach [O paciente difícil de alcançar]. In M. Feldman & E. Spillius (Eds.). *Psychic equilibrium and psychic change*. London: Tavistock/Routledge (1989).

Joseph, B. (1978). Different types of anxiety and their handling in the clinical situation [Diferentes tipos de ansiedade e seu manejo na situação clínica]. In M. Feldman & E. Spillius (Eds.). *Psychic equilibrium and psychic change*. London: Tavistock/Routledge (1989).

Joseph, B. (1982). Addiction to near-death [Vício à quase-morte]. In M. Feldman & E. Spillius (Eds.). *Psychic equilibrium and psychic change*. London: Tavistock/Routledge (1989).

Joseph, B. (1983). On understanding and not understanding: some technical issues [Sobre entender e não entender: algumas questões técnicas]. In M. Feldman & E. Spillius (Eds.). *Psychic equilibrium and psychic change*. London: Tavistock/Routledge (1989).

Joseph, B. (1986). Psychic change and the psychoanalytic process [Mudança psíquica e o processo psicanalítico]. In M. Feldman & E. Spillius (Eds.). *Psychic equilibrium and psychic change*. London: Tavistock/Routledge (1989).

Joseph, B. (1987). Projective identification: some clinical aspects [Identificação projetiva: alguns aspectos clínicos]. In M. Feldman & E. Spillius (Eds.). *Psychic equilibrium and psychic change*. London: Tavistock/Routledge (1989).

Judd, D. (1989). *Give sorrow words: working with a dying child* [Oferecer palavras de pesar: trabalhando com uma criança morrendo]. London: Free Association Books.

ANNE ALVAREZ 365

Kanner, L. (1944). Early infantile autism [Autismo na primeira infância], *J. Paediatrics*, 25(3).

Kanter, J. S. (1984). Resocialization in schizophrenia: renegotiating the latency era [Ressocialização em esquizofrenia: renegociando a era de latência], *Int. Rev. of Psycho-Anal.*, 11(1).

Klaus, M. H. & Kennell, J. H. (1982). *Parent-infant bonding* [Vínculo responsável-bebê]. London: C. H. Mosby.

Klein, M. (1921). The development of a child [O desenvolvimento de uma criança]. In *The writings of Melanie Klein, vol. 1*. London: Hogarth (1975).

Klein, M. (1932). The psycho-analysis of children [A psicanálise de crianças]. In *The writings of Melanie Klein, vol. 2*. London: Hogarth (1975).

Klein, M. (1935). A contribution to the psychogenesis of manic--depressive states [Uma contribuição à psicogênese de estados maníacos-depressivos]. In *The writings of Melanie Klein, vol. 1*. London: Hogarth (1975).

Klein, M. (1936). Weaning [Desmame]. In *The writings of Melanie Klein, vol. 1*. London: Hogarth (1975).

Klein, M. (1937). Love, guilt and reparation [Amor, culpa e reparação]. In *The writings of Melanie Klein, vol. 1*. London: Hogarth (1975).

Klein, M. (1940). Mourning and its relation to manic-depressive states [Luto e sua relação com estados maníacos-depressivos]. In *The writings of Melanie Klein, vol. 1*. London: Hogarth (1975).

Klein, M. (1946). Notes on some schizoid mechanisms [Notas sobre alguns mecanismos esquizoides]. In *The writings of Melanie Klein, vol. 3*. London: Hogarth (1975).

366 REFERÊNCIAS

Klein, M. (1952). Some theoretical conclusions regarding the emotional life of the infant [Algumas conclusões teóricas a respeito da vida emocional do bebê]. In *The writings of Melanie Klein, vol. 3*. London: Hogarth (1975).

Klein, M. (1955). On identification [Sobre identificação]. In *The writings of Melanie Klein, vol. 3*. London: Hogarth (1975).

Klein, M. (1961). *Narrative of a child analysis* [Narrativa da análise de uma criança]. London: Hogarth.

Kleitman, N. (1963). *Sleep and wakefulness* [Sono e despertar]. Chicago: University of Chicago Press.

Kohut, H. (1985). *The analysis of the self* [A análise do *self*]. New York: International University Press.

Kolvin, I. et al. (1971). Studies in the childhood psychoses I to VI [Estudos sobre as psicoses infantis I a VI], *Brit. J. Psychiat., 118*.

Kundera, M. (1981). *The book of laughter and forgetting* [O livro da risada e do esquecimento]. Harmondsworth, Middx.: Penguin.

Kundera, M. (1984). *The unbearable lightness of being* [A insustentável leveza do ser]. London: Faber.

Kundera, M. (1986). Palestra em Mishkenot, quando recebeu o Prêmio Jerusalém pela Liberdade do Indivíduo em Sociedade.

Kut Rosenfeld, S. & Sprince, M. (1963). An attempt to formulate the meaning of the concept "Borderline" [Uma tentativa de reformular o significado do conceito de *"borderline"*], *Psychoanal Study Child, 18*.

Kut Rosenfeld, S. & Sprince, M. (1965). Some thoughts on the technical handling of borderline children [Alguns pensamentos sobre o manejo técnico de crianças *borderline*], *Psychoanal Study Child, 20*.

ANNE ALVAREZ 367

Laplanche, J. & Pontalis, B. (1973). *The language of psychoanalysis* [A língua da psicanálise]. London: Hogarth.

LeBoit, J. & Capponi, A. (1979). The technical problem with the borderline patient [O problema técnico com o paciente *borderline*]. In *Advances in the psychotherapy of the borderline patient*. London: Aronson.

Leslie, A. M. (1987). Pretence and representation: the origins of "Theory of Mind" [Pretexto e representação: as origens da "Teoria da Mente"], *Psycholog. Rev., 94*.

Liley, A. W. (1972). The foetus as a personality [O feto como uma personalidade], *Australian and New Zealand J. Psychiat., 6*.

Lowenfeld, M. (1935). *Play in childhood* [Brincadeira na infância]. London: Gollancz.

Luria, A. R. (1968). *The mind of a mnemonist* [A mente de um mnemonista]. New York: Basic Books.

Macfarlane, A. (1977). *The psychology of childbirth* [A psicologia do parto]. London: Fontana/Open Books.

Malcolm, R. (1986). Interpretation: the past in the present [Interpretação: o passado no presente]. In E. Spillius (Ed.). *Melanie Klein today, vol 2: mainly practice*. London: Routledge (1988).

Mandelstam, N. (1970). *Hope against hope* [Esperança contra esperança]. New York: Atheneum.

Meltzer, D. (1973). The origins of the fetishistic plaything of sexual perversions [As origens do objeto de brincadeira fetichista das perversões sexuais]. In *Sexual states of mind*. Strath Tay: Clunie.

368 REFERÊNCIAS

Meltzer, D. (1975). *Explorations in autism: a psycho-analytical study* [Explorações no autismo: um estudo psicanalítico]. Strath Tay: Clunie.

Meltzer, D. (1978). *The Kleinian development: part II – Richard week-by-week* [O desenvolvimento Kleiniano: parte II – Richard semana a semana]. Strath Tay: Clunie.

Miller, L., Rustin, M., Rustin, M. & Shuttleworth, J. (1989). *Closely observed infants* [Bebês observados de perto]. London: Duckworth.

Money-Kyrle, R. (1977). On being a psychoanalyst [Sobre ser um psicanalista]. In D. Meltzer & E. O'Shaughnessy (Eds.) *The collected papers of Roger Money-Kyrle*. Strath Tay: Clunie.

Muir, E. (1987). *Autobiography* [Autobiografia]. London: Hogarth.

Murray, L. (1992). The impact of postnatal depression on infant development [O impacto da depressão pós-parto no desenvolvimento do bebê], *J. Child Psychol Psychiat., 33*(3), 543-61.

Murray, L. & Trevarthen, C. (1985). Emotional regulation of interactions between two month olds and their mothers [Regulação emocional de interações entre bebês de dois meses e suas mães]. In T. M. Filed & N. Fox (Eds.). *Social perception in infants*. New Jersey: Ablex.

Newson, J. (1977). An intersubjective approach to the systematic description of mother-infant interaction [Uma abordagem intersubjetiva da descrição sistemática da interação mãe-bebê]. In H. R. Schaffer (Ed.). *Studies in mother-infant interaction* [Estudos da interação mãe-bebê]. London: Academic Press.

Ornstein, P. H. (1983). Discussion of papers by Drs. Goldberg, Stolorow and Wallerstein [Discussão dos artigos dos drs. Goldberg, Stolorow e Wallerstein]. In J. D. Lichtenberg & S. Kaplan (Eds.). *Reflections on self psychology*. London: Analytic Press.

O'Shaughnessy, E. (1964). The absent object [O objeto ausente], *J. Child Psychother.*, *1*(2), 34-43.

O'Shaughnessy, E. (1989). The invisible Oedipus complex [O complexo de Édipo invisível]. In J. Steiner (Ed.). *The Oedipus complex today: clinical implications*. London: Karnac.

Papousek, H. & Papousek, M. (1976). Mothering and the cognitive head start: psychobiological considerations [Maternidade e o início da cabeça cognitiva: considerações psicobiológicas]. In H. R. Schaffer (Ed.). *Studies in mother-infant interaction*. London: Academic Press.

Piontelli, A. (1987). Infant observation from before birth [Observação de bebês antes do parto], *Int. J. Psycho-Anal.*, *68*.

Pynoos, R. & Eth, S. (1985). *Post traumatic stress disorder in children* [Distúrbio de estresse pós-traumático em crianças]. Washington, DC: American Psychiatric Press.

Rayner, E. (1981). Infinite experiences, affects, and the characteristics of the unconscious [Experiências infinitas, afetos e as características do inconsciente], *Int. J. Psycho-Anal.*, *62*.

Reid, S. (1990). The importance of beauty in the psychoanalytic experience [A importância da beleza na experiência psicanalítica], *J. Child Psychother.*, *16*.

Robson, K. (1967). The role of eye-to-eye contact in maternal-infant attachment [O papel do contato olho no olho no vínculo maternal-infantil], *J. Child Psychol. Psychiat.*, *8*.

Rosenfeld, H. (1964). On the psychopathology of narcissism: a clinical approach [Sobre a psicopatologia do narcisismo: uma

370 REFERÊNCIAS

abordagem clínica]. In *Psychotic states*. London: Hogarth (1965).

Rosenfeld, H. (1965). *Psychotic states: a psycho-analytical approach* [Estados psicóticos: uma abordagem psicanalítica]. London: Hogarth.

Rosenfeld, H. (1972). A critical appreciation of James Strachey's paper on the nature of the therapeutic action of psychoanalysis [Uma apreciação clínica do artigo de James Strachey sobre a natureza da ação terapêutica da psicanálise], *Int. J. Psycho-Anal.*, 53.

Rosenfeld, H. (1981). On the psychology and treatment of psychotic patients [Sobre a psicologia e tratamento de pacientes psicóticos]. In J. Grotstein (Ed.). *Do I dare disturh the universe*. Beverly Hills, CA: Caesura Press.

Rosenfeld, H. (1987). *Impasse and interpretation* [Impasse e interpretação]. London: Tavistock.

Rutter, M. (1981). *Maternal deprivation reassessed* [Privação materna reavaliada]. Harmondsworth, Middx.: Penguin.

Rutter, M. (1983). Cognitive deficits in the pathogenesis of autism [Déficits cognitivos na patogênese do autismo], *J. Child Psychol. Psychiat.*, 24.

Sacks, O. (1973). *Awakenings* [Despertares]. London: Duckworth.

Sacks, O. (1985). *The man who mistook his wife for a hat* [O homem que confundiu sua mulher com um chapéu]. London: Picador.

Sandler, J. (1988). *Projection, identification, projective identification* [Projeção, identificação e identificação projetiva], London: Karnac.

Sandler, J. & Freud, A. (1985). *The analysis of defence* [A análise da defesa]. New York: Int. Univ. Press.

Schaffer, H. R. (1977). Early interactive development [Desenvolvimento interativo inicial]. In H. R. Schaffer (Ed.). *Studies in mother-infant interaction.* London: Academic Press.

Segal, H. (1950). Some aspects of the analysis of a schizophrenic [Alguns aspectos da análise de um esquizofrênico]. In *The work of Hanna Segal.* New York: Aronson (1981).

Segal, H. (1957). Notes on symbol formation [Notas sobre a formação de símbolos]. In *The work of Hanna Segal.* New York: Aronson (1981).

Segal, H. (1964). *Introduction to the work of Melanie Klein* [Introdução à obra de Melanie Klein]. London: Heinemann.

Segal, H. (1981). *The work of Hanna Segal: a Kleinian approach to clinical practice* [A obra de Hanna Segal: uma abordagem kleiniana à prática clínica]. London: Aronson.

Sinason. V. E. (1986). Secondary mental handicap and its relationship to trauma [Deficiência mental secundária e sua relação com trauma], *Psychoanal. Psychother.*, *2*(2).

Sinason. V. E. (1988). Smiling, swallowing, sickening and stupefying: the effect of abuse on the child [Sorrindo, engolindo, adoentando e surpreendendo: o efeito do abuso na criança], *Psychoanal. Psychother.*, *3*(2).

Spensley, S. (1985). Cognitive deficit, mindlessness and psychotic depression [Déficit cognitivo, ausência de mente e depressão psicótica], *J. Child Psychother.*, *11*(1).

Spillius, E. (1988a). *Melanie Klein today, vol.1* [Melanie Klein hoje, vol. 1]. London: Routledge.

372 REFERÊNCIAS

Spillius, E. (1988b). *Melanie Klein today, vol. 2: mainly practice* [Melanie Klein hoje, vol. 2: principalmente prática]. London: Routledge.

Spitz, R. A. (1946). Anaclitic depression [Depressão anaclítica], *Psychoanal. Study Child, 2.*

Steiner, J. (1979), The border between the paranoid-schizoid and the depressive positions in the borderline patient [A fronteira entre as posições paranoide-esquizoide e depressiva no paciente *borderline*], *Brit. J. Med. Psychol., 52.*

Steiner, J. (1991). A psychotic organization of the personality [Uma organização psicótica da personalidade], *Int. J. Psycho-Anal., 72.*

Stern, D. (1974). Mother and infant at play: the dyadic interaction involving facial, vocal and gaze behaviours [Mãe e bebê brincando: interação envolvendo comportamentos faciais, vocais e visuais]. In M. Lewis & L. A. Rosenblum (Eds.). *The effect of the infant on its caregiver.* New York: Wiley.

Stern, D. (1977). Missteps in the dance [Passos em falso na dança]. In *The first relationship: infant and mother.* Cambridge, MA: Harvard University Press.

Stern, D. (1983). The early development of schemas of self, other and self with other [O primeiro desenvolvimento de esquemas precoces de *self*, outro e *self* com outro]. In J. D. Lichtenberg & S. Kaplan (Eds). *Reflections on self psychology.* Hillsdale, NJ: Erlbaum.

Stern, D. (1985). *The interpersonal world of the infant* [O mundo interpessoal do bebê]. New York: Basic Books.

Stern, D. & Gibbon, J. (1978). Temporal expectancies of social behavior in mother-infant play [Expectativas temporais de comportamento social na brincadeira entre mãe e bebê]. In E. B. Thoman (Ed.). *Origins of the infant's social responsiveness.* Hillsdale, NJ: Erlbaum.

Stolorow, R. D., Brandchaft, B. & Atwood, G. E. (1987). *Psychoanalytic treatment: an intersubjective approach* [Tratamento psicanalítico: uma abordagem intersubjetiva]. Hillsdale, NJ: Analytic Press.

Stolorow, R. D. e Lachmann, F. M. (1980). *Psychoanalysis of developmental arrests* [Psicanálise de interrupções do desenvolvimento]. Madison, Conn.: Int. Univ. Press.

Storr, A. (1983). *Jung: selected writings* [Jung: textos selecionados]. London: Fontana, 1986.

Strachey, J. (1934). The nature of the therapeutic action of psychoanalysis [A natureza da ação terapêutica da psicanálise], *Int. J. Psycho-Anal., 15.*

Sullivan. H. S. (1953). *The interpersonal theory of psychiatry* [A teoria interpessoal de psicanálise]. New York: Norton.

Symington, N. (1980). The response aroused by the psychopath [A resposta excitada do psicopata], *Int. Rev. Psycho-Anal., 7.*

Symington, N. (1986). The analyst's act of freedom as agent of therapeutic change [O ato de liberdade do analista como agente de mudança terapêutica]. In G. Kohon (Ed.). *The British school of psychoanalysis: the independent tradition* [Escola britânica de psicanálise: a tradição independente]. London: Free Association Books.

Trevarthen, C. (1974). Conversations with a two-month old [Conversas com um bebê de dois meses], *New Scientist,* 2 maio.

Trevarthen, C. (1977). Descriptive analyses of infant communicative behavior [Análise descritiva do comportamento comu-

374 REFERÊNCIAS

nicativo do bebê]. In H. R. Schaffer (Ed.). *Studies in mother--infant interaction* [Estudos da interação mãe-bebê]. London: Academic Press.

Trevarthen, C. (1978). Modes of perceiving and codes of acting [Modos de percepção e códigos de atuação]. In H. J. Pick (Ed.). *Psychological modes of perceiving and processing information.* Hillsdale, NJ: Erlbaum.

Trevarthen, C. (1984). Emotions in infancy: regulators of contacts and relationships with persons [Emoções na primeira infância: reguladores de contatos e relações com pessoas]. In K. Scherer & P. Ekman (Eds.). *Approaches to emotion.* Hillsdale, NJ: Erlbaum.

Trevarthen, C. (1986). Development of intersubjective motor control in infants [Desenvolvimento de controle motor intersubjetivo em bebês]. In M. G. Wade & H. G. A. Whiting (Eds.). *Motor development in children: aspects of coordination and control.* Dordrecht: Martinus Nijhof.

Trevarthen, C. & Hubley, P. (1978). Secondary intersubjectivity: confidence, confiding and acts of meaning in the first year [Intersubjetividade secundária: confiança, confiabilidade e atos de significado no primeiro ano]. In A. Lock (Ed.). *Action, gesture and symbol: the emergence of language* [Ação, gesto e símbolo: o surgimento da linguagem]. London: Academic Press.

Trevarthen, C. & Logotheti, K. (1989). Child and culture: genesis of co-operative knowing [Criança e cultura: a gênese do saber cooperativo]. In P. Gellatly, D. Rogers & J. A. Sloboda (Eds.). *Cognition and social worlds.* Oxford: Clarendon Press.

Trevarthen, C. & Marwick (1986). Signs of motivation for speech in infants, and the nature of a mother's support for development of language [Sinais de motivação para a fala em bebês, e

ANNE ALVAREZ 375

a natureza do apoio da mãe para o desenvolvimento de linguagem]. In B. Lindblom & R. Zetterstrom, R. (Eds.). *Precursors of early speech*. Basingstoke, Hants: Macmillan.

Tustin, F. (1972). *Autism and childhood psychosis* [Autismo e psicose na infância]. London: Hogarth.

Tustin, F. (1980). *Autistic objects* [Objetos autistas], *Int. Rev. Psycho-Anal.*, 7.

Tustin, F. (1981). *Autistic states in children* [Estados autistas em crianças]. London: Routledge & Kegan Paul.

Tustin, F. (1986). *Autistic barriers in neurotic patients* [Barreiras autistas em pacientes neuróticos]. London: Karnac.

Tustin, F. (1990). *The protective shell in children and adults* [A concha protetora em crianças e adultos]. London: Karnac.

Urwin, C. (1987). Developmental psychology and psychoanalysis: splitting the difference [Psicologia e psicanálise do desenvolvimento: cindindo a diferença]. In M. Richards & P. Light (Eds.). *Children of social worlds*. Cambridge: Polity.

Vygotsky, L. (1978). *Mind in society: the development of higher psychological processes* [Mente em sociedade: o desenvolvimento de processos patológicos elevados]. London: Harvard University Press.

Wallerstein, R. S. (1983). Self psychology and "Classical" psychoanalysis – the nature of their relationship [Psicologia do *self* e psicanálise "clássica" – a natureza desta relação]. In J. D. Lichtenberg & S. Kaplan (Eds.). *Reflections on self psychology*. London: Analytic Press.

Wells, H. G. (1985). *Christina Alberta's father* [O pai de Christina Alberta]. London: Hogarth.

376 REFERÊNCIAS

White, A. (1979). *Beyond the glass* [Além do vidro]. London: Virago.

Wing, L. & Gould, J. (1979). Severe impairments of social interaction and associated abnormalities in children: epidemiology and classification [Dificuldades severas de interação social e anormalidades associadas em crianças: epidemiologia e classificação], *J. Aut. Devel Dis., 9.*

Winnicott, D. (1935). The manic defence [A defesa maníaca]. In *Collected papers: through paediatrics to psycho-analysis.* London: Tavistock (1958).

Winnicott, D. (1951). Transitional objects and transitional phenomena [Objetos transicionais e fenômenos transicionais]. In *Collected papers: through paediatrics to psycho-analysis.* London: Tavistock (1958).

Winnicott, D. (1958). *Collected papers: through paediatrics to psycho-analysis* [Artigos colecionados: através da pediatria para a psicanálise]. London: Tavistock.

Winnicott, D. (1960). The theory of the parent-infant relationship [A teoria da relação responsável-criança]. In *The maturational processes and the facilitating environment.* London: Hogarth (1965).

Winnicott, D. (1965). The maturational processes and the facilitating environment [O processo de maturação e o ambiente facilitador]. London: Hogarth.

Winnicott, D. (1971). *Playing and reality* [Brincadeira e realidade]. London: Tavistock.

Wolff, P. H. (1965). The development of attention in young infants [O desenvolvimento de atenção em bebês pequenos]. In L. J.

Stone, H. T. Smith & L. B. Murphy (Eds.). *The competent infant: research and commentary*. London: Tavistock (1974).

Wollheim, R. (1971). *Freud*. London: Fontana Modern Masters.

Wollheim, R. (1984). *The thread of life* [O fio da vida]. Cambridge: Cambridge University Press.

Woolridge, M. W. (1986). The "anatomy" of infant sucking [A "anatomia" do bebê que suga], *Midwifery*, 2.

Índice onomástico

Abraham, K. 189

Achinto, F. 283

Adler, A. 42

Alan 249-252

Alessandro 145, 150

Alice 197, 198

Andrew 199, 202, 203, 204, 205

Asperger 318, 332

Atwood, G. E. 317

Bach, J.S. 35, 230

Baron-Cohen, S. 302-307

Barrows, A. 332

Barzun, Jacques 81

Bateson, Gregory 104

Beckett, S. 266

Bentovim, A. 123

Bick, Esther 110, 307

Bion, Wilfred 21, 23, 25, 28, 29, 33, 57, 59, 60, 86, 98, 99, 101, 104, 105, 108, 112, 116, 126, 130, 134, 135, 146, 150, 156, 157, 158, 159, 166, 167, 168, 175, 185, 190, 191, 192, 211, 212, 252, 262, 268, 277, 279, 282, 283, 299, 302, 307, 308, 309, 310, 311, 337

Bollas, C. 307

Bondioli, A. 283

Bower, T. G. R. 123, 127, 137

Bowlby, J. 140, 191

Brandchaft, B. 299, 317

Brazelton, T. B. 108, 118, 119, 120, 121, 124, 143, 165, 166, 234, 308, 309, 310

Brendel, Alfred 107

Bruner, Jerome 156, 159, 160, 161, 162, 177, 191, 269, 337

Capponi, A. 179, 181

Carol 284, 285

380 ÍNDICE ONOMÁSTICO

Catherine 255

Chethik, M. 180

Cindy 164-167, 169-171

Clara 183, 184

Coltart, N. 143, 145

Cordélia 95, 100

Cousteau, Jacques 81

Curcio, F. 317

Danny 285

Dawson, G. 292, 300-301, 319

Escher, M. C. 35, 231

Fairbairn, W. R. D. 189

Fast, I. 180

Fordham, Michael 262

Freud, Anna 27, 185, 186, 191, 212

clínica 180

Freud 15, 21, 22, 24, 26, 27, 30, 32, 42, 83,
97, 98, 110, 112, 116, 128, 150, 155, 189,
194, 208, 209, 210, 245, 262, 263, 267,
268, 269, 274, 331

Frith, Uta 292, 294, 296, 298, 301, 302, 303,
307, 317, 318, 322, 325, 326, 327, 336

Giannotti, A. 290

Gillberg, C. 292

Gleick, J. 294

Gödel, K. 35

Goethe, J. W. von 288

Gould, J. 295

Grotstein, J. 181, 185, 189

Hamlet 316

Harriet 147, 148, 149

Hartmann, Ernest 27, 242, 243, 253

Haydn, M. 107

Hedges, L. E. 205

Heimann, Paula 134, 219

Herbert, George 214, 215, 274

Hinshelwood, R. D. 193, 224, 225

Hobson, P. 292, 303, 306, 307, 308, 316

Hofstadter, Douglas 34, 35, 230

Howlin, P. 321

Hutt, Corinne 269

Isaacs, Susan 263

Jasper 238

John 220, 260

Jolly, A. 269

Joseph, Betty 17, 18, 128, 138, 139, 183,
283, 290, 319, 330

Judy 188

Jung, Carl 27, 279

Kanner, L. 291, 292, 295, 296, 303, 313,
314, 319, 325, 330

Kanter, J. S. 251

Kennell, J. H. 121, 122, 308, 322

Klaus, M. H. 121, 122, 308, 322

Klein, Melanie 15, 21, 23, 24, 27, 32, 33, 34,
45, 55, 94, 104, 112, 116, 126, 134, 135,
138, 145, 150, 156, 159, 188, 189, 190,
192, 193, 194, 195, 196, 206, 208, 209,
210, 211, 212, 214, 216, 218, 219, 220,
224, 225, 226, 227, 228, 231, 233, 234,

235, 238, 261, 268, 276, 281, 298. 307, 311, 351

Klein, Wim 261

Kleitman, N. 117

Kohut, H. 155, 178, 182, 205

Krech, David 156

Kundera, Milan 12, 38, 55, 84, 85, 207, 260, 336

Kut Rosenfeld, S. 180

Lachmann, F. M. 186

Laplanche, J. 193

LeBoit, J. 179, 180, 181

Lee 236-237

Leslie, A. M. 301, 303

Lowenfeld, Margaret 276

Lowry, Malcolm 51

Lucy 109

Luria, A. R. 323, 328

Macfarlane, A. 121, 122

Mandelstam, Nadezhda 39

Mark 318

Matte-Blanco, I. 149

Meltzer, D. 135, 138, 158, 163, 209, 212, 292, 297, 298, 302, 307, 321, 325, 326, 327, 330, 331

Meltzoff, A. N. 127

Miller, Sheila 109

Molly 270-274

Money-Kyrle, R. 187, 228

Mozart, A. 107

Murray, L. 124, 140

Newson, J. 122, 123

Nietzsche, F. W. 207

Oficina *Borderline* 180

Ornstein, R. H. 182

O'Shaughnessy, E. 112, 113, 117

Papousek, H. 123, 137

Papousek, M. 123, 137

Parmênides 207

Perner, J. 303

Piaget, J. 127

Pontalis, B. 193

Pynoos, R. 243, 253

Ravetto, professor 211

Rayner, E. 149

Rei Lear 95

Reid, Sue 168, 292, 297, 325, 332

Ricky 199, 200, 201

Robbie 40-80, 82-91, 94-103, 109, 114, 115, 116, 120, 125, 126, 140, 141, 143, 144, 145, 150, 151, 162, 164, 175, 177, 178, 184, 191, 194, 208, 218, 223, 241, 259, 275, 276, 297, 299, 300, 305, 307, 308, 313, 314, 318, 319, 323, 324, 325, 327, 328, 329, 330, 331, 332, 333, 334, 335, 336, 337, 338, 340, 341, 343, 344, 345

etiologia da condição 140

Rosenfeld, H. 102, 144, 145, 146, 158, 180, 194, 197, 307

Rosie 171, 172, 173, 174, 175

Rutter, M. 140, 157, 296, 298, 300, 307, 321

382 ÍNDICE ONOMÁSTICO

Sacks, Oliver 93, 94, 261, 323, 325

Sally 216, 217, 218

Sandler, Joseph 27, 138, 185, 186, 212

Sandra 247, 248, 252

Savio, D. 283

Schaffer, H. R. 123

Segal, Hanna 83, 112, 196, 208, 209, 212, 218, 226, 227, 264, 265, 266, 267, 278

Sinason, V. E. 252

Spensley, S. 157

Spillius, Elizabeth 134, 135, 138, 193, 209

Spitz, R. A. 140

Sprince, M. 180

Stack Sullivan, Henry 126

Stern, Daniel 126-130, 141, 167, 211, 234, 274, 296, 307, 321

Sterne, Laurence 260

Storolow, R. D. 186, 317

Strachey, James 101-102, 145, 244

Sylva, K. 269

Symington, N. 143

Tamina 37, 38, 39, 44, 55, 84

Tinbergen, N. 296

Tommy 279

Tracey 168, 169

Trevarthen, C. 108, 110, 122, 123, 124, 133, 140, 141, 142, 167, 168, 169, 170, 308, 309, 317

Tustin, Frances 54, 73, 83, 84, 85, 114, 115, 143, 151, 163, 210, 265, 290, 292, 296, 297, 298, 302, 307, 325, 326, 330, 331, 332, 333, 344

Urwin, C. 157

Vygotsky, L. 276, 283

Wallerstein, R. S. 155

White, Antonia 183

Wimmer, H. 303

Wing, L. 295, 314, 330

Winnicott, Donald 25, 26, 29, 83, 112, 126, 156, 159, 167, 212, 213, 214, 218, 220, 264, 265, 266, 267, 268, 278, 282, 287, 307, 326, 339

Wolff, Peter 33, 116, 117, 118, 347

Wollheim, Richard 323, 325

Woolridge, M. W. 136

Índice remissivo

abuso *ver* acessibilidade a abuso sexual

acalmar o bebê 119, 348, 349

afetos:

    categóricos 129

    déficit de 316

    vitalidade 129

    ver também emoções

agitação 74

agressão 224

alarme, excitação de 104, 105, 107, 144

alerta 108, 112

    papel materno em 117, 118, 348

alteridade, noção de 75, 112, 265,

alternância 160, 162

alucinações 67, 97, 152, 184, 252, 267, 275, 338

    auditivas 152

amor 191, 226

    busca por parte de bebês 33

    crescimento de 27

    funções de 225

    poder de 225

    restrito por ódio 225

anorexia 152

ansiedade 14, 130, 147, 224

    alívio de 195

    depressiva 190

    fuga de 338

    persecutória 193

apatia 63, 67, 89, 292

aprendizado 135

    bloqueios ao 261

    teoria psicanalítica do 112-113

    tipos de 28

aqui e agora, importância de 23

arrogância 27, 209, 212, 224, 285

384 ÍNDICE REMISSIVO

ascensão, sentimento de 214

atenção:

compartilhada 317

desvios de 320

intensificação350

nível de 118

ativação, nível de 130

atração 163, 322

ausência, noção de 112, 269

autismo 40, 55, 78, 138, 139, 199, 202, 221, 223, 239, 310, 311

características psicológicas do 294-300

causação de 289

descrição comportamental 314

despertar do 259

do tipo ameboide 297, 336, 344

do tipo concha 297

do tipo "emaranhado" 297

estudo de 311

etiologia do 293, 295, 310, 311

subtipos de 297

teoria afetiva do 306

teoria cognitiva do 303

teoria organicista do 13, 289, 291

teoria psicanalítica do 289

tratamento de 68, 289

autistas: objetos 83, 84, 263, 307, 309, 326

resíduos 327

ver também objetos transicionais

autoconfiança 27,

autocontrole, ensino de 30

auto-hipnose 54

autoproteção, capacidade de 48, 54

avivamento *ver* alerta

beleza, apreciação da 198

brincadeira 272, 273, 276, 278, 281

ausência de 286

imaginativa 75, 76, 295

importância de 205

regressiva 283

sentido de 260

teoria psicanalítica de 259-262

terapia com 332

catarse 24, 31

caos, teoria do 294

causalidade, compreensão de 64, 157, 163

ver também escala de tempo

círculo virtuoso 125

círculos viciosos no comportamento 125, 190

cisão 29, 158, 159, 187, 189, 191, 231, 251

cognitivo(a): déficit 14, 125, 92, 156, 171, 175, 296, 297, 300, 303, 306, 308

função 175

comunicação:

de sentimentos 104

dificuldade de 295, 308

não verbal 105

pré-verbal 25

ver também interação

"companhia viva" 171, 309

compensações 292

compreensão: busca por parte de bebês 33

concentração *ver* nível de atenção

concepção 175, 204, 267, 299, 302,

conflito 155, 156, 163, 175, 244, 331

confusão 124, 189, 225, 335

consciência 27

   ausência de 29

conservação 191

contratransferência 23, 95, 135, 144, 174, 187, 246, 313, 314, 316, 324, 330, 333

coordenação *ver* duas vias

corda salva-vidas da terapia 68, 101, 115, 125

cordão, brincadeira com o 262

crescimento: emocional 216

   físico 216

   mental 28-31, 79, 216

   promover 264

   ver também desenvolvimento

culpa 27, 225, 227, 228

curiosidade, de bebês 110

defesa, mecanismos de 50, 53, 55, 209, 296, 326

   contra a ansiedade 298

   contra a dor 264

   contra a morte 212

   contra o medo 244

   de protesto, comparados a 55

   maníacos 207

   noção de 214

déficit: cognitivo 297

   emocional 158, 297

   teoria do 178, 182, 298

delinquente, criança 226

dependência 236, 239

depressão 28, 50, 109, 124, 197, 201, 285

   clínica 14, 185, 207

   crônica 14, 103, 193

   dor de 264

   maníaca *ver* maníaco

   materna 50, 124, 126, 140, 141, 292

   negação de 109, 190, 209, 226

   patológica 209

   pós-parto 33, 140

   psicótica 157

   recuperação de 207

   sentimentos de 213

   superação de 276

depressivo(a): ansiedade *ver* ansiedade

   colapso 296, 297, 305

   posição 182, 183, 191, 195, 201, 207, 209, 210, 211, 212, 213, 215, 216, 225, 226, 227, 229, 239, 268, 326, 352

deriva, estar à 72

desamparadas, crianças 179, 181, 235

desenvolvimento:

   de crianças 137

   de bebês 157

   de caráter 22, 27

   de personalidade 27, 32

   etapas de 193

   mental 293

   processo de 279

   sonhos e 276

   ver também crescimento

desdém *ver* desprezo

386 ÍNDICE REMISSIVO

desdobramento *ver* tradutora

desespero, sentimentos de 316, 340

desilusão 63, 112, 116, 236, 268

desintegração 158, 159

deslocamento 180, 245, 246, 256

desmascaramento, tendência do 244

desmantelamento 158, 326, 327

desorientação 64

despertar 63-68, 93-94

desprezo 148, 208, 218, 219, 224, 236, 341

desvalorização de desapego *ver* desprezo

diferenciação 64, 160, 190, 266, 328

digestivo(a) sistema, analogia de *ver*
modelo alimentar

dimensionalidade, problemas com 138, 203

dissociação 158

distração 191

doses mínimas 245

dureza *ver* firmeza

ego 27, 153
desenvolvimento de 78, 178, 194, 195,
196
falta de 226
fraqueza de 189, 190
funções de 73, 101, 165
ideal 194
liberdade de 208
perturbação de 180

einsteiniano, pensamento 32

emoções, filtragem de 177
do bebê 194
ver também afetos

encapsulamento 54, 243

equilíbrio 178
entre ilusão e desilusão 268
mental 342

espacial, desorientação 64

esperança 191, 274

espinha dorsal, como metáfora 85-88
ver também firmeza

esquecimento, teoria do 241, 244, 328

esquizofrenia 14, 179, 252
ver também psicose

estereotipia 300, 308, 319, 320, 321, 322,
331, 338

estímulo-resposta, modelos de 127

evacuação 104

excitação: inabilidade em modular 300
do bebê 25

exibicionismo 34, 212

existência, consciência de 165

êxtase, em pacientes autistas 331

externalização 101, 138

fala: problemas de 85

fantasia, uso de 276, 352

fetichismo 325

filtragem, mecanismos de, para
experiências sensoriais 151

firmeza 134
com Robbie 95, 115

fonoaudiologia 64, 65

força coesiva central 301, 322

forças destrutivas, na natureza humana 26

fragmentação 29, 158, 189, 191, 251

freudiana, teoria 34, 155

frustração 75, 112, 117, 128, 130, 185, 211, 279

fuga 35, 38, 103, 185, 208

função: alfa da mente 129, 130, 150

    continente, materna 119, 279, 307, 309

    foco, da mãe 118, 322

    tradutora 25

futuro, consciência de 275

ganho, ajuste a 211

genética 35, 125, 231

geográfica, posição 228

gratificação, estados de 128

guardar lugar 162

habituação, falta de 319, 320

hiperatividade 172

holding, *ver* função continente

hostilidade 32, 173

humor, sinais de 105

icônico, estado mental 323

id 26

idealização 189, 199, 201, 205, 226

    como defesa 187, 195, 197, 200

    definição de 194

    papel no desenvolvimento 193, 196, 198

identificação 211

    ver também identificação antecipatória e identificação projetiva

identificação antecipatória 277, 282, 288

imaginação:

inadequada 205

    uso de 76

imaturidade 178

impotência 60, 219, 273, 279, 282

inconsciente 26

incorporação 135, 187

inibição 31

integração:

    de pensamento 244

    impedimentos a 195

inteligência 159

    busca por 310

intencionalidade 157, 160, 161, 164, 327

interação 114, 119, 347

    amplitude de 349

    bebê-mãe 139

    direção de 349

    empática 316

    intensidade de 349

    modelo de 311

    prazerosa 335

    qualidade de 349

    reciprocidade de 350

    rítmica 349

interesse *ver* atração

interferente, redução de atividade 223

interpessoal, contato *ver* interação

interpretação 135, 173, 174, 180, 181, 333

    do tipo desmame 181

intersubjetividade 110, 140, 141, 168, 298, 317

intrauterino, ambiente (importância do) 125

388 ÍNDICE REMISSIVO

introjeção 91, 102, 133, 195, 229

de objetos bons 209, 268

de objetos ideais 206

nova 211

inveja 211, 219

jogos *ver* brincadeira

junguiana, teoria 262, 276

"K" *ver* qualidade psíquica

kleiniana, teoria 32, 34, 182, 212, 239, 268

latência, período de 251, 252

leveza 38, 55, 127, 213, 340

de alma 220

libidinal:

impulso 196

relação 195

libido, teoria da 189

looping, fenômeno de 35, 230, 232, 234, 235, 294

loucura *ver* psicose

luto 27, 187, 211, 214, 216, 245, 274, 276

mães geladeiras 291

"motherese" (língua) 308

maníaco(a):

depressão 189, 190

funções 107, 108

maníaco-depressiva, posição 211

materna: ausência 140

objeto 310

posição 207, 208, 209, 210, 212

ver também defesa; reparação

medo 27, 28, 52, 55, 218

fóbico 189

mecanicista: teoria 31

visão, da psique 228

melancolia 208, 352

memória 37, 39

falta de 73

necessidade de esquecer 328

necessidade de lembrar 246

mente:

caráter mental 31

diferenciação de 328

do bebê 77

reconhecimento de outra 317

teoria de 301

mentiras, como sinal de esperança 277

mesmice, desejo por 291, 296, 314, 330

metacomunicação 104

metáfora, em psicanálise 86, 250

modelo alimentar 136

moralidade 229

mudança, medo de 77

processos de 34, 60

narcisismo 92, 187, 191, 194, 212, 307

patológico 219

ver também personalidade

natureza/cuidado, debate de 293

não eu, posse 265, 266

não identificação projetiva 282

não integração 189

negação 187, 190, 228

neurológica, disfunção 291, 292, 306, 322

neurose 179

neurose obsessiva compulsiva 331

neutralidade psicanalítica 96, 97

newtoniano, pensamento 32

nomeação, atividade de 121

novidade: desgosto de 79, 82

de mente 60

noz, desenho de 194

objeto(s):

alternativo 307

constância de 137, 270

inanimados, preocupação com 123, 141, 142, 168, 169

internos 32, 138, 139, 173, 251, 299, 308

teoria das relações de 263, 307, 308

obsessivo:

comportamento 138, 220, 260, 291, 326, 331

posição 208

ver também rituais obsessivos

olfato, uso do 53

olho no olho, contato (do/com o bebê) 121

onipotência, sentimento de 47, 181, 191, 209, 216, 266

onipotente:

controle 73, 218

manipulação 212

orgânico, déficit ver autismo

organização:

do processo do pensamento 159

por alternância 160

orgulho 212

orientação 142

paranoide: condição

paranoide-esquizoide, posição 188, 211, 224, 239, 326

patológico(a) 212

passado, importância do 21-26

passividade 343

patológico(a) 12, 34, 54, 189, 194, 210, 215, 232, 235, 351

pensamento(s):

capacidade de 177, 334

condições para 28

defeito de 162

desordem de ver defeito de pensamento

dissociados 159

entre parênteses 160, 171

percepção:

amodal 128

qualidades de 127

perda:

experiência de 268

sentimento de 227

superação de 265

perdido, sentimento 50, 54, 99, 101

persecução 189

papel da, no desenvolvimento 193

personalidade:

behaviorista 110

desenvolvimento de ver desenvolvimento

desordem de 178

estrutura de 186

modelo-máquina polo de, narcisista 182

teoria de 26

perspectiva: dual

noção de

perturbação, estado de 168, 337

perversão 340

poço, como um símbolo 51, 61, 65, 71, 100, 141, 144

porta enganchada (desenho) 60

ponte, como símbolo 43, 60

pós-parto, depressão *ver* depressão

pós-traumático, transtorno de estresse (TSPT) 242

potência 191, 216, 218

prazer:

como pulsão 116

dar 225, 235, 236

princípio do 112, 263

preconcepção inata 309

previsibilidade 191

pré-reparativa, posição *ver* reparação

presente *ver* aqui e agora; presente objeto 259-267

projeção 24, 28, 34, 55, 56, 105, 133, 173, 174, 186, 187, 189, 190, 228, 246, 305, 338

projetiva, identificação 23, 24, 25, 55, 57, 104, 138, 146, 158, 187, 189, 191, 277, 281, 304

proximidade 134, 136, 137

psiquiatria preventiva 29

psíquico(a):

equilíbrio 183

morte 72, 102, 163

qualidade ("K") 126, 309

realidade 209, 216

vida 128

psicanálise 22, 35, 155

ação terapêutica da 23, 35

custos emocionais de 30

equilíbrio em 103

teoria em 225

ver também psicoterapia

psicanalítica:

modelos psicanalíticos 153

técnica 13, 14, 26, 133

teoria 31, 83, 94

psicogênese 189, 195, 208

psicológico(a):

objeto 309

poderes, aumento dos 221

ser 118

psicologia:

associacionista 127, 128

cognitiva 159

de duas pessoas 311

de uma pessoa 311, 322

psicose 88, 115, 184

borderline 19, 179

psicoterapia 29, 130, 242

de apoio 155, 182

de bebê-mãe 309

permissiva 332

psicanalítica 40, 290

psicótico(a):

    pacientes *ver* psicose

    posição 351

queda, como símbolo 51, 52

realidade:

    absoluta 287

    interna 212

    princípio de 117, 268

    reivindicação 99, 107, 111, 308

    recuperação, noção de 214

    reducionismo da, em psicanálise 34, 35, 229

regeneração:

    de crianças autistas 40

    trabalho de 274

reintrojeção *ver* introjeção

rejeição:

    inabilidade de tolerar 70

    sentimentos de 316

relação, potencialidade para 301

reparação 34, 155, 157, 214, 224, 225, 229

    impulso para 227, 234

    maníaca 190, 209, 225, 228, 233, 238

    negativa 228

    obsessiva 190, 225, 238

    precursores da 223

    verdadeira 190, 225, 228, 238

repetição, de comportamento *ver* estereotipia

representacionais, modelos 298

representações abstratas 127

repressão 26, 97, 149, 180, 186, 228, 331

retraimento, estados de 39, 78, 103, 202, 327

    em bebês 29, 108

    materno 124, 293

    uso deliberado de 51

rêverie 98, 99, 100, 107

reversão 246

rígido, vínculo, com a realidade 59

rítmico, movimento 319

rituais obsessivos 74, 84, 220

sadismo 174, 232

sanidade, motivações para 341

segurança 191, 195

self:

    emergente 127, 128, 129

    extensões do 73

    representações do 309

    senso de 126, 341

sensualidade, de crianças perturbadas 70, 85

sentidos, atrofia dos 79

sentimentos 32, 114

separação, efeitos da 50

sexual: abuso, infantil 151

sexualidade 26

    teoria da 35

simbólico(a):

    atividade 336

    equação 83, 267, 265267, 281

    funcionamento 265

simbolismo, teoria do 264, 266

392 ÍNDICE REMISSIVO

simbolização 251, 257, 326

    falta de 322

social:

    afetivo, déficit 308, 316

    capacidade, do recém-nascido 122

    incapacidade 292, 295, 296, 306

sofrimento do bebê 30

sonhos:

    como experiências de vida 282

    necessidade de 276

    significado dos 226

sorridente, comportamento (de bebês) 234

sublimação 34, 228

suicídio, desejo de 38, 45

superação, conceito de 190

superego 101, 135, 153, 212, 220

supressão 160

    ver também repressão

símbolo 264, 265, 278

    formação de 83, 278

tédio, do psicanalista 96, 314, 320, 333

tempo:

    preocupação com 72

    escala de (ausência de) 64, 157, 163

transferência 22, 23, 95, 100, 135, 144, 152, 167, 170, 181, 316

    narcisista 179, 181, 182

transformação 25, 98, 130, 135, 174

transição, dificuldade com 82

transicional(is):

    estágio 266

    identificações 282

objetos 83, 84, 264, 265, 326

    espaço, respeito ao 339

trauma 241, 242, 243, 245

triunfo 218

vazio 319

    de expressão 45, 46

    sentimento de 219

    vegetativo, apego (à vida) 80

vínculo 44, 48, 59, 115

    articulado, com realidade 59

    responsável pelo bebê 121

    ver também ponte

visão binocular 150, 168, 337

vivacidade, expressão de 115, 212

Zona de Desenvolvimento Proximal 283